JINGJINJI DILI BIAOZHI
NONGCHANPIN BIAOZHUN HUIBIAN

京津冀 地理标志农产品 标准汇编

郝建强　习佳林　于寒冰　主编

北京市农产品质量安全中心　组编

中国农业科学技术出版社

图书在版编目(CIP)数据

京津冀地理标志农产品标准汇编／郝建强，习佳林，于寒冰主编．--北京：中国农业科学技术出版社，2025.7. --ISBN 978-7-5116-7400-5

Ⅰ.F724.72-65

中国国家版本馆 CIP 数据核字第 2025B5Q271 号

责任编辑　张　羽
责任校对　王　彦
责任印制　姜义伟　王思文

出 版 者	中国农业科学技术出版社
	北京市中关村南大街 12 号　邮编：100081
电　　话	（010）82109705（编辑室）　　（010）82106624（发行部）
	（010）82109709（读者服务部）
网　　址	https://castp.caas.cn
经 销 者	各地新华书店
印 刷 者	北京建宏印刷有限公司
开　　本	185 mm×260 mm　1/16
印　　张	15.125
字　　数	350 千字
版　　次	2025 年 7 月第 1 版　2025 年 7 月第 1 次印刷
定　　价	79.00 元

◀━━　版权所有·翻印必究　▶━━

《京津冀地理标志农产品标准汇编》
编委会

主　　编：郝建强　习佳林　于寒冰

副主编：宗　超　陶湛文　王振雨　肖　帅　吕建

参编人员：高　峰　王　芳　李小凤　王　岚　李　琳
　　　　　王文峰　祖　恒　李　浩　李晓奇　孙　敏
　　　　　姜春光　李　甜　方紫薇　朱冬雪　明晓煜
　　　　　杨　超　李　阔

前言

近年来，随着京津冀协同发展战略的纵深推进，三地农业产业一体化进程不断加快。地理标志农产品作为区域特色产业的"金字招牌"，在传承农耕文化、推动产业升级、促进农民增收等方面发挥着日益显著的作用。然而，部分地理标志农产品存在品质降低、特色丢失、标准化建设滞后、质量评价体系不统一、品牌价值和市场竞争力不强等问题。

北京市农产品质量安全中心立足京津冀地域特色、强化标准引领，以服务产业升级为宗旨，收录了京津冀地区截至 2025 年 3 月 15 日现行有效的部分地理标志农产品标准和质量技术规范，编写了《京津冀地理标志农产品标准汇编》。本书既是京津冀地理标志农产品标准化建设的集中展示，也是服务农业高质量发展的重要实践。

由于时间仓促、限于编者水平，本书在编写过程中难免存在疏漏之处，敬请广大读者批评指正。书中如有与标准单行本或技术规范不一致处，均以标准单行本和技术规范为准。

编　者

2025 年 3 月

目录

第一部分　相关文件 ... 1

第一章　地理标志产品保护办法 ... 3
第二章　农产品地理标志管理办法 ... 7
第三章　农产品地理标志使用规范 ... 10

第二部分　北京篇 ... 13

第四章　地理标志产品　昌平苹果（GB/T 22444—2008） ... 15
第五章　地理标志产品　房山磨盘柿（GB/T 22445—2008） ... 20
第六章　地理标志产品　大兴西瓜（GB/T 22446—2008） ... 24
第七章　地理标志产品　平谷大桃（DB11/T 396—2016） ... 27
第八章　地理标志产品　昌平草莓（DB11/T 992—2021） ... 34
第九章　地理标志产品　北寨红杏（DB11/T 1438—2017） ... 37
第十章　地理标志产品　张家湾葡萄（张湾葡萄）（DB11/T 1189—2015） ... 41
第十一章　中华人民共和国农产品地理标志质量控制技术规范——延庆国光苹果 ... 56
第十二章　中华人民共和国农产品地理标志质量控制技术规范——安定桑椹 ... 59
第十三章　中华人民共和国农产品地理标志质量控制技术规范——通州大樱桃 ... 62
第十四章　中华人民共和国农产品地理标志质量控制技术规范——延庆葡萄 ... 65
第十五章　中华人民共和国农产品地理标志质量控制技术规范——妙峰山玫瑰 ... 67
第十六章　中华人民共和国农产品地理标志质量控制技术规范——海淀玉巴达杏 ... 69
第十七章　中华人民共和国农产品地理标志质量控制技术规范——延怀河谷葡萄 ... 72

第十八章　中华人民共和国农产品地理标志质量控制技术规范——泗家水红头香椿 ... 74

第十九章　中华人民共和国农产品地理标志质量控制技术规范——京西稻 ... 76

第二十章　中华人民共和国农产品地理标志质量控制技术规范——庞各庄金把黄鸭梨 ... 77

第二十一章　中华人民共和国农产品地理标志质量控制技术规范——茅山后佛见喜梨 ... 79

第二十二章　中华人民共和国农产品地理标志质量控制技术规——北京鸭 ... 81

第二十三章　中华人民共和国农产品地理标志质量控制技术规范——上方山香椿 ... 84

第二十四章　中华人民共和国农产品地理标志质量控制技术规范——北京油鸡 ... 85

第三部分　天津篇 ... 89

第二十五章　地理标志产品　盘山磨盘柿（DB12/T 399—2008） ... 91

第二十六章　地理标志产品　天津板栗（DB12/T 400—2008） ... 96

第二十七章　地理标志产品　台头西瓜（DB12/T 412—2009） ... 101

第二十八章　地理标志产品　七里海河蟹（DB12/T 430—2010） ... 106

第二十九章　地理标志产品　州河鲤（DB12/T 482—2013） ... 111

第三十章　地理标志产品　黄花山核桃（DB12/T 510—2014） ... 115

第三十一章　地理标志产品　红花峪桑椹（DB12/T 577—2015） ... 118

第三十二章　地理标志产品　宝坻大葱（DB12/T 1087—2021） ... 121

第三十三章　地理标志产品　宝坻大蒜（DB12/T 1088—2021） ... 124

第四部分　河北篇 ... 129

第三十四章　地理标志产品　宣化牛奶　葡萄　果品质量（DB13/T 911.1—2007） ... 131

第三十五章　地理标志产品　魏县鸭梨（DB13/T 998—2008） ... 134

第三十六章　地理标志产品　泊头鸭梨（DB13/T 1176—2018） ... 138

第三十七章　地理标志产品　富岗苹果（DB13/T 1278—2010） ... 141

第三十八章　地理标志产品　唐县大枣（DB13/T 1315—2010） ... 147

第三十九章　地理标志产品　赞皇大枣（DB13/T 1321—2010） ... 150

第四十章　地理标志产品　望都辣椒（DB13/T 1357—2011） ... 154

第四十一章　地理标志产品　晋州鸭梨（DB13/T 1366—2023） ... 158

第四十二章　地理标志产品　顺平桃（DB13/T 1421—2011） ... 161

第四十三章　地理标志产品　永年大蒜（DB13/T 1493—2011） ... 163

第四十四章	地理标志产品　玉田白菜（玉田包尖白菜）栽培技术规程（DB13/T 1502—2020）	166
第四十五章	地理标志产品　深州蜜桃（DB13/T 1514—2018）	169
第四十六章	地理标志产品　隆尧大葱（DB13/T 2012—2014）	174
第四十七章	地理标志产品　乐亭甜瓜（DB13/T 2144—2014）	177
第四十八章	地理标志产品　新乐西瓜（DB13/T 2180—2015）	181
第四十九章	地理标志产品　青县羊角脆（DB13/T 2420—2016）	184
第五十章	地理标志产品　饶阳葡萄（DB13/T 454—2017）	187
第五十一章	地理标志产品　赵县雪花梨（赵州雪花梨）（DB13/T 2652—2018）	190
第五十二章	地理标志产品　兴隆山楂（DB13/T 2694—2018）	195
第五十三章	地理标志产品　定州鸭梨（DB13/T 2829—2018）	198
第五十四章	地理标志产品　鹿泉香椿（DB13/T 2915—2018）	203
第五十五章	地理标志产品　涉县黑枣（DB13/T 5226—2020）	206
第五十六章	地理标志产品　迁西栗蘑（DB13/T 5278—2020）	210
第五十七章	地理标志产品　饶阳甜瓜（DB13/T 5370—2021）	215
第五十八章	地理标志产品　平泉滑子菇（DB13/T 5657—2023）	217
第五十九章	地理标志产品　沧州金丝小枣（DB13/T 5680—2023）	223
第六十章	地理标志产品　满城草莓（DB13/T 5784—2023）	228

第一部分

相关文件

第一章　地理标志产品保护办法*

一、总则

第一条　为了有效保护我国的地理标志产品，规范地理标志产品名称和地理标志专用标志的使用，保证地理标志产品的质量和特色，根据《中华人民共和国民法典》《中华人民共和国商标法》《中华人民共和国产品质量法》《中华人民共和国标准化法》《中华人民共和国反不正当竞争法》等有关规定，制定本办法。

第二条　本办法所称地理标志产品，是指产自特定地域，所具有的质量、声誉或者其他特性本质上取决于该产地的自然因素、人文因素的产品。地理标志产品包括：

（一）来自本地区的种植、养殖产品；

（二）原材料全部来自本地区或者部分来自其他地区，并在本地区按照特定工艺生产和加工的产品。

第三条　地理标志产品应当具备真实性、地域性、特异性和关联性。

真实性是地理标志产品的名称经过长期持续使用，被公众普遍知晓。地域性是地理标志产品的全部生产环节或者主要生产环节应当发生在限定的地域范围内。特异性是产品具有较明显的质量特色、特定声誉或者其他特性。关联性是产品的特异性由特定地域的自然因素和人文因素所决定。

第四条　本办法适用于地理标志产品的保护申请、审查认定、撤销、变更以及专用标志的使用管理等。

第五条　国家知识产权局负责全国地理标志产品以及专用标志的管理和保护工作；统一受理和审查地理标志产品保护申请，依法认定地理标志产品。

地方知识产权管理部门负责本行政区域内的地理标志产品以及专用标志的管理和保护工作。

第六条　地理标志产品保护遵循申请自愿、认定公开的原则。申请地理标志产品保护、使用地理标志产品名称和专用标志应当遵循诚实信用原则。

第七条　获得地理标志产品保护的，应当规范使用地理标志产品名称和专用标志。

地理标志产品名称可以是由具有地理指示功能的名称和反映产品真实属性的通用名称构成的组合名称，也可以是具有长久使用历史的约定俗成的名称。

第八条　有下列情形之一，不给予地理标志产品认定：

（一）产品或者产品名称违反法律、违背公序良俗或者妨害公共利益的；

（二）产品名称仅为产品的通用名称的；

（三）产品名称为他人注册商标、未注册的驰名商标，误导公众的；

（四）产品名称与已受保护的地理标志产品名称相同，导致公众对产品的地理来源产生误认的；

---

* 注：《地理标志产品保护办法》已经国家知识产权局局务会审议通过，自2024年2月1日起施行。

（五）产品名称与国家审定的植物品种或者动物育种名称相同，导致公众对产品的地理来源产生误认的；

（六）产品或者特定工艺违反安全、卫生、环保要求，对环境、生态、资源可能产生危害的。

二、申请

第九条 地理标志产品保护申请，由提出产地范围的县级以上人民政府或者其指定的具有代表性的社会团体、保护申请机构（以下简称申请人）提出。

第十条 申请保护的产品产地在县域范围内的，由县级以上人民政府提出产地范围的建议；跨县域范围的，由共同的上级地方人民政府提出产地范围的建议；跨地市范围的，由有关省级人民政府提出产地范围的建议；跨省域范围的，由有关省级人民政府共同提出产地范围的建议。

第十一条 地理标志产品的保护申请材料应当向省级知识产权管理部门提交。

申请材料包括：

（一）有关地方人民政府关于划定地理标志产品产地范围的建议；

（二）有关地方人民政府关于地理标志产品申请、保护机制的文件；

（三）地理标志产品的相关材料，包括：

1. 地理标志产品保护申请书；
2. 地理标志产品保护要求，包括产品名称、产品类别；申请人信息；产地范围；产品描述；产品的理化、感官等质量特色、特定声誉或者其他特性及其与产地的自然因素和人文因素之间关系的说明；作为专用标志使用管理机构的地方知识产权管理部门信息；
3. 产品质量检验检测报告；
4. 拟申请保护的地理标志产品的技术标准；
5. 产品名称长期持续使用的文献记载等材料；
6. 产品的知名度，产品生产、销售情况的说明；
7. 地理标志产品特色质量检验检测机构信息。

（四）其他说明材料或者证明材料。

第十二条 省级知识产权管理部门应当自收到申请之日起3个月内提出初审意见。审查合格的，将初审意见和申请材料报送国家知识产权局；审查不合格的，书面通知申请人。

三、审查及认定

第十三条 国家知识产权局对收到的申请进行形式审查。审查合格的，予以受理并书面通知申请人；审查不合格的，书面通知申请人，申请人应当自收到书面通知之日起4个月内答复，期满未答复或者审查仍然不合格的，不予受理并书面通知申请人。

第十四条 对受理的地理标志产品保护申请，国家知识产权局组织开展技术审查。技术审查由国家知识产权局设立的地理标志产品专家审查委员会负责。

技术审查包括会议审查和必要的产地核查，申请人应当予以配合。

技术审查合格的，国家知识产权局发布初步认定公告；技术审查不合格的，驳回申请并书面通知申请人。

第十五条 有关单位或者个人对初步认定公告的地理标志产品有异议的，应当自初步认定公告之日起2个月内向国家知识产权局提出，提交请求书，说明理由，并附具有关证据材料。

期满无异议的，国家知识产权局发布认定公告。

异议请求有下列情形之一，国家知识产权局不予受理并书面通知异议人：

（一）未在法定期限内提出的；

（二）未具体说明异议理由的。

第十六条　国家知识产权局受理异议请求后，及时通知被异议人，并组织双方协商。协商不成的，国家知识产权局组织地理标志产品专家审查委员会审议后裁决。

异议成立的，国家知识产权局作出不予认定决定，并书面通知异议人和被异议人；异议不成立的，驳回异议请求，并书面通知异议人和被异议人，国家知识产权局发布认定公告。

四、地理标志产品保护体系及专用标志使用

第十七条　地理标志产品所在地人民政府规划并实施标准体系、检测体系和质量保证体系等保护体系建设。

第十八条　地理标志产品获得保护后，根据产品产地范围、类别、知名度等方面的因素，申请人应当配合制定地理标志产品有关国家标准、地方标准、团体标准，根据产品类别研制国家标准样品。

标准不得改变保护要求中认定的名称、产品类型、产地范围、质量特色等强制性规定。

第十九条　地理标志产品特色质量检验检测工作由具备相关资质条件的检验检测机构承担。必要时由国家知识产权局组织检验检测机构进行复检。

第二十条　地理标志产品产地范围内的生产者使用专用标志，应当向产地知识产权管理部门提出申请，并提交以下材料：

（一）地理标志专用标志使用申请书；

（二）地理标志产品特色质量检验检测报告。产地知识产权管理部门对申请使用专用标志的生产者的产地进行核验。上述申请经所在地省级知识产权管理部门审核，并经国家知识产权局审查合格注册登记后，发布公告，生产者即可在其产品上使用地理标志专用标志。

国家知识产权局也可以委托符合条件的省级知识产权管理部门进行审查，审查合格的，由国家知识产权局注册登记后发布公告。

第二十一条　在研讨会、展览、展会等公益性活动中使用地理标志专用标志的，应当向所在地省级知识产权管理部门提出备案申请，并提交以下材料：

（一）地理标志专用标志使用登记备案表；

（二）地理标志专用标志使用设计图样。

所在地省级知识产权管理部门对上述备案申请进行审查，审查合格后报国家知识产权局备案。国家知识产权局备案后，有关主体可以在公益性活动中使用地理标志专用标志。

第二十二条　地理标志专用标志合法使用人应当在国家知识产权局官方网站下载基本图案矢量图。地理标志专用标志矢量图可按照比例缩放，标注应当清晰可识，不得更改专用标志的图案形状、构成、文字字体、图文比例、色值等。

第二十三条　地理标志产品生产者应当按照相应标准组织生产。其他单位或者个人不得擅自使用受保护的地理标志产品名称或者专用标志。

地理标志产品获得保护后，申请人应当采取措施对地理标志产品名称和专用标志的使用、产品特色质量等进行管理。

第二十四条 地方知识产权管理部门负责对本行政区域内受保护地理标志产品的产地范围、名称、质量特色、标准符合性、专用标志使用等方面进行日常监管。

省级知识产权管理部门应当定期向国家知识产权局报送地理标志产品以及专用标志监管信息和保护体系运行情况。

第二十五条 本办法所称地理标志产品名称或者专用标志的使用，是指将地理标志产品名称或者专用标志用于产品、产品包装或者容器以及产品交易文书上，或者将地理标志产品名称或者专用标志用于广告宣传、展览以及其他商业活动中，用以识别产品产地来源或者受保护地理标志产品的行为。

五、变更和撤销

第二十六条 地理标志产品保护要求需要变更的，应当向国家知识产权局提出变更申请。

（一）对保护要求的更新、完善，但不改变质量特色和产品形态，不涉及产品名称、产地范围变更的，国家知识产权局收到省级知识产权管理部门初审意见后，组织开展地理标志产品保护要求变更申请审查，审查合格的，国家知识产权局发布变更公告；审查不合格的，书面通知申请人。

（二）对地理标志产品名称、产地范围、质量特色和产品形态等主要内容变更的，国家知识产权局收到省级知识产权管理部门初审意见后，组织地理标志产品专家审查委员会开展技术审查。审查合格的，国家知识产权局发布初步变更公告，公告之日起2个月无异议或者有异议但异议不成立的，国家知识产权局发布变更公告；审查不合格的，书面通知申请人。

第二十七条 有下列情形之一，自国家知识产权局发布认定公告之日起，任何单位或者个人可以请求国家知识产权局撤销地理标志产品保护，说明理由，并附具有关证据材料：

（一）产品名称演变为通用名称的；

（二）连续3年未在生产销售中使用地理标志产品名称的；

（三）自然因素或者人文因素的改变致使地理标志产品质量特色不再能够得到保证，且难以恢复的；

（四）产品或者产品名称违反法律、违背公序良俗或者妨害公共利益的；

（五）产品或者特定工艺违反安全、卫生、环保要求，对环境、生态、资源可能产生危害的；

（六）以欺骗手段或者其他不正当手段取得保护的。

第二十八条 撤销请求未具体说明撤销理由的，国家知识产权局不予受理，并书面通知请求人。

第二十九条 国家知识产权局对撤销请求进行审查，作出决定并书面通知当事人。国家知识产权局决定撤销地理标志产品保护的，发布撤销公告。

当事人对撤销决定不服的，可以自收到通知之日起6个月内向人民法院起诉。

六、保护和监督

第三十条 有下列行为之一，依据相关法律法规处理：

（一）在产地范围外的相同或者类似产品上使用受保护的地理标志产品名称的；

（二）在产地范围外的相同或者类似产品上使用与受保护的地理标志产品名称相似的名

称,误导公众的;

(三) 将受保护的地理标志产品名称用于产地范围外的相同或者类似产品上,即使已标明真实产地,或者使用翻译名称,或者伴有如"种""型""式""类""风格"等之类表述的;

(四) 在产地范围内的不符合地理标志产品标准和管理规范要求的产品上使用受保护的地理标志产品名称的;

(五) 在产品上冒用地理标志专用标志的;

(六) 在产品上使用与地理标志专用标志近似或者可能误导消费者的文字或者图案标志,误导公众的;

(七) 销售上述产品的;

(八) 伪造地理标志专用标志的;

(九) 其他不符合相关法律法规规定的。

第三十一条 获准使用地理标志专用标志的生产者,营业执照已注销或者被吊销的,或者相关生产许可证已注销或者被吊销的,或者已迁出地理标志产品产地范围的,或者不再从事该地理标志产品生产的,或者未按相应标准组织生产且限期未改正的,或者在 2 年内未在受保护的地理标志产品上使用专用标志且限期未改正的,国家知识产权局注销其地理标志专用标志使用注册登记,停止其使用地理标志专用标志并发布公告。

第三十二条 地理标志产品生产者违反有关产品质量、标准方面规定的,依据《中华人民共和国产品质量法》《中华人民共和国标准化法》等有关法律予以行政处罚。

第三十三条 将受保护的地理标志产品名称作为企业名称中的字号使用,误导公众,构成不正当竞争行为的,依据《中华人民共和国反不正当竞争法》处理。

第三十四条 对从事地理标志产品管理和保护工作以及其他依法履行公职的人员玩忽职守、滥用职权、徇私舞弊、弄虚作假、违法违纪办理地理标志产品管理和保护事项,收受当事人财物,牟取不正当利益的,依法依纪给予处分;构成犯罪的,依法追究刑事责任。

七、附则

第三十五条 国外地理标志产品在中华人民共和国的申请、审查、专用标志使用、监督管理等特殊事项,由国家知识产权局另行规定。

第三十六条 本办法自 2024 年 2 月 1 日起施行。

第二章 农产品地理标志管理办法[*]

一、总则

第一条 为规范农产品地理标志的使用,保证地理标志农产品的品质和特色,提升农产品市场竞争力,依据《中华人民共和国农业法》《中华人民共和国农产品质量安全法》相关

---

[*] 注:2007 年 12 月 25 日农业部令第 11 号发布,2019 年 4 月 25 日农业农村部令 2019 年第 2 号修订。

规定，制定本办法。

第二条　本办法所称农产品是指来源于农业的初级产品，即在农业活动中获得的植物、动物、微生物及其产品。

本办法所称农产品地理标志，是指标示农产品来源于特定地域，产品品质和相关特征主要取决于自然生态环境和历史人文因素，并以地域名称冠名的特有农产品标志。

第三条　国家对农产品地理标志实行登记制度。经登记的农产品地理标志受法律保护。

第四条　农业农村部负责全国农产品地理标志的登记工作，农业农村部农产品质量安全中心负责农产品地理标志登记的审查和专家评审工作。

省级人民政府农业行政主管部门负责本行政区域内农产品地理标志登记申请的受理和初审工作。

农业农村部设立的农产品地理标志登记专家评审委员会，负责专家评审。农产品地理标志登记专家评审委员会由种植业、畜牧业、渔业和农产品质量安全等方面的专家组成。

第五条　农产品地理标志登记不收取费用。县级以上人民政府农业行政主管部门应当将农产品地理标志管理经费编入本部门年度预算。

第六条　县级以上地方人民政府农业行政主管部门应当将农产品地理标志保护和利用纳入本地区的农业和农村经济发展规划，并在政策、资金等方面予以支持。

国家鼓励社会力量参与推动地理标志农产品发展。

二、登记

第七条　申请地理标志登记的农产品，应当符合下列条件：

（一）称谓由地理区域名称和农产品通用名称构成；

（二）产品有独特的品质特性或者特定的生产方式；

（三）产品品质和特色主要取决于独特的自然生态环境和人文历史因素；

（四）产品有限定的生产区域范围；

（五）产地环境、产品质量符合国家强制性技术规范要求。

第八条　农产品地理标志登记申请人为县级以上地方人民政府根据下列条件择优确定的农民专业合作经济组织、行业协会等组织。

（一）具有监督和管理农产品地理标志及其产品的能力；

（二）具有为地理标志农产品生产、加工、营销提供指导服务的能力；

（三）具有独立承担民事责任的能力。

第九条　符合农产品地理标志登记条件的申请人，可以向省级人民政府农业行政主管部门提出登记申请，并提交下列申请材料：

（一）登记申请书；

（二）申请人资质证明；

（三）产品典型特征特性描述和相应产品品质鉴定报告；

（四）产地环境条件、生产技术规范和产品质量安全技术规范；

（五）地域范围确定性文件和生产地域分布图；

（六）产品实物样品或者样品图片；

（七）其他必要的说明性或者证明性材料。

第十条　省级人民政府农业行政主管部门自受理农产品地理标志登记申请之日起，应当在 45 个工作日内完成申请材料的初审和现场核查，并提出初审意见。符合条件的，将申请材料和初审意见报送农业农村部农产品质量安全中心；不符合条件的，应当在提出初审意见之日起 10 个工作日内将相关意见和建议通知申请人。

第十一条　农业农村部农产品质量安全中心应当自收到申请材料和初审意见之日起 20 个工作日内，对申请材料进行审查，提出审查意见，并组织专家评审。

专家评审工作由农产品地理标志登记评审委员会承担。农产品地理标志登记专家评审委员会应当独立做出评审结论，并对评审结论负责。

第十二条　经专家评审通过的，由农业农村部农产品质量安全中心代表农业农村部对社会公示。

有关单位和个人有异议的，应当自公示截止日起 20 日内向农业农村部农产品质量安全中心提出。公示无异议的，由农业农村部做出登记决定并公告，颁发《中华人民共和国农产品地理标志登记证书》，公布登记产品相关技术规范和标准。

专家评审没有通过的，由农业农村部做出不予登记的决定，书面通知申请人，并说明理由。

第十三条　农产品地理标志登记证书长期有效。

有下列情形之一的，登记证书持有人应当按照规定程序提出变更申请：

（一）登记证书持有人或者法定代表人发生变化的；

（二）地域范围或者相应自然生态环境发生变化的。

第十四条　农产品地理标志实行公共标识与地域产品名称相结合的标注制度。农产品地理标志使用规范由农业农村部另行制定公布。

三、标志使用

第十五条　符合下列条件的单位和个人，可以向登记证书持有人申请使用农产品地理标志：

（一）生产经营的农产品产自登记确定的地域范围；

（二）已取得登记农产品相关的生产经营资质；

（三）能够严格按照规定的质量技术规范组织开展生产经营活动；

（四）具有地理标志农产品市场开发经营能力。

使用农产品地理标志，应当按照生产经营年度与登记证书持有人签订农产品地理标志使用协议，在协议中载明使用的数量、范围及相关的责任义务。

农产品地理标志登记证书持有人不得向农产品地理标志使用人收取使用费。

第十六条　农产品地理标志使用人享有以下权利：

（一）可以在产品及其包装上使用农产品地理标志；

（二）可以使用登记的农产品地理标志进行宣传和参加展览、展示及展销。

第十七条　农产品地理标志使用人应当履行以下义务：

（一）自觉接受登记证书持有人的监督检查；

（二）保证地理标志农产品的品质和信誉；

（三）正确规范地使用农产品地理标志。

四、监督管理

第十八条　县级以上人民政府农业行政主管部门应当加强农产品地理标志监督管理工

作，定期对登记的地理标志农产品的地域范围、标志使用等进行监督检查。

登记的地理标志农产品或登记证书持有人不符合本办法第七条、第八条规定的，由农业农村部注销其地理标志登记证书并对外公告。

第十九条　地理标志农产品的生产经营者，应当建立质量控制追溯体系。农产品地理标志登记证书持有人和标志使用人，对地理标志农产品的质量和信誉负责。

第二十条　任何单位和个人不得伪造、冒用农产品地理标志和登记证书。

第二十一条　国家鼓励单位和个人对农产品地理标志进行社会监督。

第二十二条　从事农产品地理标志登记管理和监督检查的工作人员滥用职权、玩忽职守、徇私舞弊的，依法给予处分；涉嫌犯罪的，依法移送司法机关追究刑事责任。

第二十三条　违反本办法规定的，由县级以上人民政府农业行政主管部门依照《中华人民共和国农产品质量安全法》有关规定处罚。

五、附则

第二十四条　农业农村部接受国外农产品地理标志在中华人民共和国的登记并给予保护，具体办法另行规定。

第二十五条　本办法自2008年2月1日起施行。

第三章　农产品地理标志使用规范*

第一条　为规范农产品地理标志使用，维护农产品地理标志登记证书持有人和标志使用人合法权益，根据《中华人民共和国农产品质量安全法》《农产品地理标志管理办法》等规定，制定本规范。

第二条　农产品地理标志实行公共标识与地域产品名称相结合的标注制度。

公共标识基本图案由中华人民共和国农业部中英文字样、农产品地理标志中英文字样和麦穗、地球、日月图案等元素构成。公共标识基本组成色彩为绿色（C100Y90）和橙色（M70Y100）。公共标识基本图案如图3-1所示。

图3-1　全国农产品地理标志图标

第三条　符合《农产品地理标志管理办法》第十五条规定条件的标志使用申请人可以

---

* 注：《农产品地理标志使用规范》由农业农村部在2021年1月18日发布。

向登记证书持有人提出标志使用申请，并提交下列材料：

（一）使用申请书；

（二）生产经营者资质证明；

（三）生产经营计划和相应质量控制措施；

（四）规范使用农产品地理标志书面承诺；

（五）其他必要的证明文件和材料。

第四条 经审核符合标志使用条件的，农产品地理标志登记证书持有人应当按照生产经营年度与标志使用申请人签订农产品地理标志使用协议，在协议中载明标志使用数量、范围及相关责任义务。

第五条 农产品地理标志使用协议生效后，标志使用人方可在农产品或者农产品包装物上使用农产品地理标志，并可以使用登记的农产品地理标志进行宣传和参加展览、展示及展销活动。

第六条 印刷农产品地理标志应当符合《农产品地理标志公共标识设计使用规范手册》要求。

全国可追溯防伪加贴型农产品地理标志由农业农村部农产品质量安全中心统一设计、制作，农产品地理标志使用人可以根据需要选择使用。

第七条 农产品地理标志登记证书持有人应当建立规范有效的标志使用管理制度，对农产品地理标志的使用实行动态管理、定期检查，并提供技术咨询与服务。

第八条 农产品地理标志使用人应当建立农产品地理标志使用档案，如实记载地理标志使用情况，并接受登记证书持有人的监督。

农产品地理标志使用档案应当保存五年。

第九条 农产品地理标志登记证书持有人和标志使用人不得超范围使用经登记的农产品地理标志。

第十条 任何单位和个人不得冒用农产品地理标志。

冒用农产品地理标志的，依照《中华人民共和国农产品质量安全法》第五十一条规定处罚。

第十一条 对违反农产品地理标志管理规定的行为，任何单位和个人有权向县级以上地方农业行政主管部门举报或者投诉。接到举报或者投诉的农业行政主管部门应当依法处理。

第十二条 农产品地理标志登记证书持有人应当定期向所在地县级农业行政主管部门报告农产品地理标志使用情况。

县级以上地方农业行政主管部门应当加强对农产品地理标志使用情况的监督检查。

第十三条 县级以上地方农业行政主管部门应当定期将农产品地理标志使用及监督检查情况逐级报省级农业行政主管部门。

省级农业行政主管部门应当于每年 1 月底前向农业农村部农产品质量安全中心报送上一年度农产品地理标志使用及监督检查情况。农业农村部农产品质量安全中心汇总全国农产品地理标志使用及监督检查情况，并于每年 2 月底前报农业农村部。

第十四条 农产品地理标志使用申请书、标志使用协议样式和《农产品地理标志公共标识设计使用规范手册》等，由农业农村部农产品质量安全中心组织制定。

第十五条 本规范自发布之日起施行。

第二部分

北京篇

第四章 地理标志产品 昌平苹果
（GB/T 22444—2008）

1 范围

本标准规定了昌平苹果的术语和定义、地理标志产品保护范围、要求、试验方法、检验规则、标志、包装、运输和贮存等技术要求。

本标准适用于地理标志产品昌平苹果。

2 规范性引用文件

下列文件中的条款通过本标准的引用而成为本标准的条款。凡是注日期的引用文件，其随后所有的修改单（不包括勘误的内容）或修订版均不适用于本标准，然而，鼓励根据本标准达成协议的各方研究是否可使用这些文件的最新版本。凡是不注日期的引用文件，其最新版本适用于本标准。

GB 2762 食品中污染物限量

GB 2763 食品中农药最大残留限量

GB/T 8321（所有部分） 农药合理使用准则

GB 8370 苹果苗木产地检疫规程

GB 9847 苹果苗木

GB/T 10651 鲜苹果

NY/T 856 苹果产地环境技术条件

NY/T 1075 红富士苹果

国家质量监督检验检疫总局公告 2006 年第 155 号

3 术语和定义

GB/T 10651、NY/T 1075 确立的以及下列术语和定义适用于本标准。

3.1 昌平苹果 Changping apple

在本标准规定的保护范围内，按照规定的生产技术规程生产并达到相应质量要求的富士系、王林、桑沙品种果实。

3.2 矮化中间砧 Dwarfing interstock piece

把 SH6 矮化砧段嫁接在八楞海棠实生砧木上，再在矮化砧段上嫁接苹果品种培育苗木，这段矮化砧段称为矮化中间砧。

3.3 拉枝 Fixing branches at a certain angle

用"E"型器等专用工具改变苹果枝条角度或方向的措施。

4 地理标志产品保护范围

昌平苹果地理标志产品保护范围限于国家质量监督检验检疫总局公告 2006 年第 155 号

批准的范围,即北京市昌平区南邵、崔村、流村、兴寿、南口、马池口、阳坊、百善、长陵、十三陵、沙河、城南共 12 个镇、街道现辖行政区域,具体见本标准发布版附录 A。

5 要求

5.1 自然环境

昌平苹果保护区地处北京市北郊,属暖温带大陆性季风气候,境内形成的山前暖带区域,冬暖夏凉,昼夜温差大,年平均温度 12.1℃,年平均无霜期 200 d,年平均日照时数 2 764.7 h,地下水资源丰富,生态环境良好,年平均降水量 542.9 mm,降水量多集中在 6—9 月,属苹果生产适宜区。

5.2 产地空气环境质量

产地环境空气质量应符合 NY/T 856 的规定。

5.3 产地农田灌溉水质量

产地农田灌溉水质应符合 NY/T 856 的规定。

5.4 产地土壤质量

海拔 40~100 m,土层厚度≥100 cm,壤土或砂壤土,pH 值 6.5~7.8,土壤有机质含量 1.2%以上,其他按 NY/T 856 的规定执行。

5.5 栽培技术

栽培技术见标准发布版附录 B。

5.6 果品质量

5.6.1 等级规格

等级规格见表 4-1。

表 4-1 等级规格

项目		特级	一级
感官要求		果形端正,果梗完整,果面新鲜洁净、具蜡质、有光泽; 富士系苹果果肉硬脆多汁、有香味; 王林苹果果肉硬脆多汁、乳黄色、香味浓郁; 桑沙苹果果肉硬脆多汁、乳黄色、有清香味	
色泽	富士系	片红或条红,果面着色比例≥95%	
	王林	果面黄绿色	
	桑沙	片红、果面着色比例≥90%	
单果重,g	富士系	≥300	≥250
	王林	≥300	≥250
	桑沙	≥250	≥220
果形指数	富士系	≥0.9	
	王林	≥0.95	
	桑沙	≥0.85	
果锈、果面缺陷		应符合 GB/T 10651 的规定	

（续表）

项目	特级	一级
容许度	容许3%的果实不符合本等级规定。其中磨伤、碰压伤、刺伤不合格果之和不得超过1%	容许5%的果实不符合本等级规定。其中磨伤、碰压伤、刺伤不合格果之和不得超过1%
容许度的测定以检验全部抽检包装件的平均数计算，容许度规定的百分率一般以重量或果数计算。		

5.6.2 理化要求

理化要求见表4-2。

表4-2 理化要求

项目	富士系	王林	桑沙
可溶性固形物，%	≥14	≥14	≥12
糖酸比	35～40	40～45	30～35
硬度，N/cm²	≥7	≥6.5	≥7

5.6.3 卫生要求

果实的污染物限量应符合 GB 2762 的规定，农药最大残留限量应符合 GB 2763 及其他有关国家法律法规的规定。

6 试验方法

6.1 等级规格

6.1.1 按 GB/T 10651 的规定执行。

6.1.2 果形指数按式（1）计算：

$$K = \frac{L}{D} \tag{1}$$

式中：

K——果形指数；

L——果实最大纵径，单位为毫米（mm）；

D——果实最大横径，单位为毫米（mm）。

6.2 理化要求

6.2.1 可溶性固形物

按 GB/T 10651 的规定执行。

6.2.2 糖酸比

6.2.2.1 总酸量的测定

6.2.2.1.1 仪器

a) 天平：感量 0.1 mg、0.1 g；

b) 电烘箱；

c) 高速组织捣碎机或研钵；

d）滴定管：刻度0.05 mL或半微量滴定管；

　　e）容量瓶：1 000 mL、250 mL；

　　f）量杯或量筒：100 mL；

　　g）锥形瓶：250 mL；

　　h）移液管：50 mL；

　　i）玻璃漏斗、指示剂滴瓶等。

6.2.2.1.2 试剂

6.2.2.1.2.1　0.1 mol/L氢氧化钠标准溶液

　　溶解化学纯氢氧化钠4 g于1 000 mL容量瓶中，加蒸馏水至刻度，摇匀，按下法标定溶液浓度。

　　将化学纯邻苯二甲酸氢钾放入120℃烘箱中烘1~2 h，待恒重冷却后，准确称取0.3~0.4 g（精确至0.1 mg），置于250 mL锥形瓶中，放入100 mL蒸馏水溶解后，摇匀，加酚酞指示剂3滴，用以上配制好的氢氧化钠溶液滴定至微红色。

　　氢氧化钠标准溶液的浓度按式（2）计算：

$$C = \frac{m}{V \times 0.204\ 2} \tag{2}$$

　　式中：

　　C——氢氧化钠标准溶液的浓度，单位为摩尔每升（mol/L）；

　　V——滴定时消耗氢氧化钠标准溶液的体积，单位为毫升（mL）；

　　m——邻苯二甲酸氢钾的质量，单位为克（g）；

　　0.204 2——与1 mL氢氧化钠标准溶液［c（HCl）= 1 mol/L］相当的邻苯二甲酸氢钾的质量，单位为克（g）。

6.2.2.1.2.2　酚酞指示剂（1%乙醇溶液）

　　称取酚酞1 g溶于100 mL的中性乙醇中。

6.2.2.1.3 测定方法

　　称取试样（果肉匀浆）20 g（精确至0.01 g）于小烧杯中，用煮沸放冷的蒸馏水50~80 mL将试样洗入250 mL容量瓶中，置75~80℃水浴30 min，并摇动数次促使溶解，冷却后定容，摇匀，用脱脂棉过滤。吸取滤液50 mL于250 mL锥形瓶中，加入1%酚酞指示剂3滴，用0.1 mol/L氢氧化钠标准溶液滴至微红色。

　　总酸量按式（3）计算：

$$B = \frac{V \times c \times 0.067 \times 5}{m} \times 100 \tag{3}$$

　　式中：

　　B——总酸量，%；

　　V——滴定时消耗氢氧化钠标准溶液的体积，单位为毫升（mL）；

　　c——氢氧化钠标准溶液的浓度，单位为摩尔每升（mol/L）；

　　m——试样质量，单位为克（g）。

　　平行试验结果允许误差为0.05%，取其平均值。

6.2.2.2 糖酸比的计算

　　糖酸比按式（4）计算：

$$P = \frac{A}{B} \tag{4}$$

式中：

P——糖酸比；
A——可溶性固形物，%；
B——总酸量，%。

6.2.3 硬度

按 GB/T 10651 的规定执行。

7 检验规则

7.1 检验批次

同一生产基地、同一品种、同一成熟度、同一包装日期的苹果为一个批次。

7.2 抽样方法

按 GB/T 8855 的规定执行。

7.3 检验分类

7.3.1 交收检验

7.3.1.1 昌平苹果每批产品交收前，生产单位都应进行交收检验。交收检验合格并附合格证，产品方可交收。

7.3.1.2 交收检验项目为等级规格、包装、标志。

7.3.1.3 判定规则：在整批样品中不合格果率超过5%时，判定等级规格不合格，允许降等或重新分级。包装、标志若有一项不合格，则判定交收检验不合格。

7.3.2 型式检验

7.3.2.1 有下列情形之一者应进行型式检验：

  a) 每年采摘初期；
  b) 两次抽检结果差异较大时；
  c) 因人为或自然因素使生产环境发生较大变化时；
  d) 国家质量监督检验机构提出时。

7.3.2.2 型式检验为本标准规定的全部要求。

7.3.2.3 判定规则：在整批样品中不合格果率超过5%时，判定不合格，等级规格不合格时，允许降等或重新分级。理化要求或卫生要求有一项不合格时，允许加倍抽样复检，如仍有不合格即判为不合格。

8 标志、包装、运输和贮存

8.1 标志

包装箱上应有地理标志产品专用标志，并标明产品名称、数量（个数或净含量）、等级、产地、包装日期、生产单位、执行标准号等。销售和运输包装均应标注昌平苹果地理标志。同一批货物的包装标志，在形式和内容上应完全统一。

8.2 包装、运输和贮存

按 NY/T 1075 的规定执行。

第五章 地理标志产品 房山磨盘柿
（GB/T 22445—2008）

1 范围

本标准规定了房山磨盘柿的术语和定义、地理标志产品保护范围、要求、试验方法、检验规则及标签、标志、包装、运输、贮存。

本标准适用于地理标志产品房山磨盘柿。

2 规范性引用文件

下列文件中的条款通过本标准的引用而成为本标准的条款。凡是注日期的引用文件，其随后所有的修改单（不包括勘误的内容）或修订版均不适用于本标准，然而，鼓励根据本标准达成协议的各方研究是否可使用这些文件的最新版本。凡是不注日期的引用文件，其最新版本适用于本标准。

GB 2762 食品中污染物限量
GB 2763 食品中农药最大残留限量
GB/T 6543 运输包装用单瓦楞纸箱和双瓦楞纸箱
GB 7718 预包装食品标签通则
GB/T 8321（所有部分） 农药合理使用准则
GB/T 20453 柿子产品质量等级
NY/T 394 绿色食品 肥料使用准则
国家质量监督检验检疫总局公告 2006 年第 211 号

3 术语和定义

GB/T 20453 确立的以及下列术语和定义适用于本标准。

房山磨盘柿 Fangshan Mopan persimmon

在本标准规定的范围内，按照规定的技术规程种植生产的，质量达到本标准要求的果形端正，扁方或扁圆形，中部缢痕明显，形似磨盘，果实橙黄色至橙红色、无核、耐贮运且品质极佳的柿子。

4 地理标志产品保护范围

房山磨盘柿地理标志产品保护范围限于国家质量监督检验检疫总局公告 2006 年第 211 号批准的范围，即北京市房山区十渡镇、张坊镇、大石窝镇、长沟镇、韩村河镇、周口店镇、城关街道、阎村镇、青龙湖镇、河北镇、佛子庄乡共 11 个乡镇现辖行政区域。

5 要求

5.1 自然环境

房山磨盘柿产区地处太行山与华北平原的过渡地带。

5.1.1 气候条件

年平均气温 12.7℃，年平均无霜期 208 d，大于 0℃的积温为 4 839.2℃，全年日照时数 2 621.3 h 左右，极端最低气温高于-19.1℃。

5.1.2 地形条件

应选择海拔 300 m 以下的浅山丘陵、山麓地带及与之相邻的山前平原暖区。特别应选择这一区域的背风向阳的小流域、岗台地、缓坡地，且应避开低洼地及风口、冰雹区域。

5.1.3 土壤条件

土层厚度不小于 80 cm 的壤土或黏壤土，pH 值 7.0~8.5，土壤有机质含量不小于 1.0%，地下水位 1.2 m 以下。

5.1.4 水分条件

年平均降水量 400~800 mm。

5.2 栽培技术

栽培技术见标准发布版附录 B。

5.3 果品质量

5.3.1 等级规格

等级规格见表 5-1。

表 5-1 等级规格

项目		特级	一级
单果重，g		≥300	≥250
果形		端正，扁方或扁圆，缢痕明显	端正，扁方或扁圆，缢痕明显
柿蒂		柿蒂完整	柿蒂基本完整
色泽		橙黄色至橙红色	橙黄色至橙红色
果面缺陷	刺伤	无	无
	碰压伤	无	允许轻微碰压伤，总面积不超过 0.5 cm^2
	磨伤	无	允许轻微磨伤，总面积不超过果面的 1/50
	水锈、药斑	无	允许轻微薄层，总面积不超过果面的 1/20
	日灼	无	允许轻微日灼，总面积不超过 1 cm^2
	雹伤	无	无
	虫伤	无	允许轻微虫伤，不超过 3 处
	软化	无	允许轻微软化，总面积不超过 1 cm^2
	病斑	无	无
	允许度	无	不得超过 2 项

5.3.2 理化要求

理化要求见表 5-2。

表 5-2 理化要求

项目	指标
可溶性固形物/%	≥16
果实硬度*，(kg/cm²)	≥10
* 果实硬度为果实采后 24 h 之内测定值。	

5.3.3 卫生要求

果实的污染物限量应符合 GB 2762 的规定，农药最大残留限量应符合 GB 2763 及其他有关国家法律法规的规定。

6 试验方法

6.1 等级规格

6.1.1 单果重

用分度值为 0.1 g 的计量器具进行称量。

6.1.2 果形、柿蒂、色泽

采用目测法测量。

6.1.3 果面缺陷

采用目测法和游标卡尺测量。

6.2 理化要求

6.2.1 可溶性固形物

6.2.1.1 仪器

手持折光仪。

6.2.1.2 测定方法

每个果实中部环形均匀选 2~3 个点，分别用不锈钢刀削去皮后取一定量的果肉，用取汁器挤出果汁，滴于折光仪载样板上，读数并记录。将每个果实 2~3 个点测定数值平均，得出单果可溶性固形物含量。

6.2.2 果实硬度

6.2.2.1 仪器

果实硬度计。

6.2.2.2 测定方法

逐个在试样果实相对两面的胴部，用不锈钢刀削去果皮，削去面积略大于硬度计测头面积，尽可能少损及果肉，持硬度计垂直地对准果面的测试部位，施加压力，使测头压入果肉至规定标线为止。从硬度计指示盘上直接读数或进行数据转换，即为果实的硬度。以 kg/cm² 表示，将每个果实 2 个点测定数值平均，得出单果硬度值。

6.3 卫生要求

果实的污染物限量按 GB 2762 规定的方法检验，农药最大残留限量按 GB 2763 规定的方法检验。

7 检验规则

7.1 组批与抽样

7.1.1 组批
以同等级、同一批采收、同一包装日期的果实作为一个检验批次。

7.1.2 抽样
按相关规定执行。

7.2 检验分类

7.2.1 交收检验
每批产品交收前,生产单位应进行交收检验,交收检验项目包括包装、标签、标志、等级规格。检验合格后附合格证方可交收。

7.2.2 型式检验
型式检验为本标准技术要求的全部内容。有下列情形之一时应进行型式检验:
a) 每年采摘初期;
b) 两次抽检结果差异较大时;
c) 因人为或自然因素使生产环境发生较大变化时;
d) 国家质量监督检验机构提出时。

7.3 判定规则
等级规格不合格果及邻级果数合计不超过5%且理化要求、卫生要求、净含量均合格,则判定该批产品合格。

等级规格不合格果及邻级果数合计超过5%,或理化要求、卫生要求、净含量有一项不合格,则判定该批产品不合格。

理化要求、卫生要求不合格项允许加倍抽样复检,复检结果仍不合格时,则判定该批产品不合格。

8 标签、标志、包装、运输、贮存

8.1 标签、标志
标签按GB 7718的规定执行。包装箱上应有地理标志产品专用标志,并标明产品名称、数量或净含量、等级、产地、包装日期、生产单位、执行标准号等。

8.2 包装

8.2.1 选用符合GB/T 6543规定的瓦楞纸箱或其他适宜的包装容器。包装容器内不得有枝、叶、砂、石、尘土及其他异物。内包装材料新而洁净、无异味,不会对果实造成伤害和污染。同一包装件中果实应属同一等级且大小均匀。

8.2.2 果品冷藏专用箱应排列整齐,内衬垫箱纸,垫箱纸质量与包果纸纸质相同,干燥,无霉变、虫蛀、污染。

8.3 运输

8.3.1 运输工具应清洁、干燥、无异味,应有防雨、防晒设施。

8.3.2 鲜柿易碰伤、腐烂,运输应做到及时快捷,尽量缩短运输时间,不得日晒雨淋,装卸搬运时应轻拿轻放,垛码整齐,不得与有毒、有腐蚀、有异味物品混运。

8.3.3 待运时,批次分明、垛码整齐、环境清洁、通风良好、防雨、防潮湿。

8.4 贮存

果实采收后,分级包装,去除病虫果和伤果,采后不直接上市的应采用低温或低温气调贮存,亦可进行冷冻贮存。采用低温或低温气调贮存的磨盘柿,贮存期不大于 120 d;采用冷冻贮存的磨盘柿,贮存期不超过一年。库房贮存使用专用箱,应距墙壁、地面 20 cm 以上,垛层不超过 2 m,总码放量不大于库容量的 80%。

8.4.1 短期贮存

将果实用专用包果纸和瓦楞纸箱包装后,置于 0~1.0℃ 冷库内,贮存期 30 d。

8.4.2 中期贮存

将果实用聚乙烯薄膜单果包装后,置于 0~1.0℃ 冷库内,贮存期 60 d。

8.4.3 长期贮存

采用气调贮存,按以下设定条件贮存期可达 90~120 d:
a) 气体及浓度为:氮气 90%、二氧化碳 8%、氧气 2%;
b) 温度 -1.0~0℃;
c) 相对湿度 90% 以上。

第六章 地理标志产品 大兴西瓜
(GB/T 22446—2008)

1 范围

本标准规定了地理标志产品大兴西瓜的术语和定义、地理标志产品保护范围、要求、试验方法、检验规则及标志、包装、运输、贮存。

本标准适用于地理标志产品大兴西瓜。

2 规范性引用文件

下列文件中的条款通过本标准的引用而成为本标准的条款。凡是注日期的引用文件,其随后所有的修改单(不包括勘误的内容)或修订版均不适用于本标准,然而,鼓励根据本标准达成协议的各方研究是否可使用这些文件的最新版本。凡是不注日期的引用文件,其最新版本适用于本标准。

GB/T 5009.7 食品中还原糖的测定

GB/T 5009.8 食品中蔗糖的测定

GB/T 6195 水果、蔬菜维生素 C 含量测定法(2,6-二氯靛酚滴定法)

GB/T 8321(所有部分) 农药合理使用准则

GB/T 12143.1 软饮料中可溶性固形物的测定方法 折光计法

GB/T 12456 食品中总酸的测定

国家质量监督检验检疫总局公告 2007 年第 49 号

3 术语和定义

下列术语和定义适用于本标准。

大兴西瓜　Daxing watermelon

在本标准第 4 章规定的范围内，按照本标准栽培技术生产的，符合本标准产品质量技术要求的，品种为京欣一号、京欣二号、京欣三号、航兴一号的西瓜果实。

4　地理标志产品保护范围

大兴西瓜地理标志产品保护范围限于国家质量监督检验检疫总局公告 2007 年第 49 号批准的范围，即北京市大兴区现辖行政区域内庞各庄镇、北臧村镇、安定镇、礼贤镇、魏善庄镇、榆垡镇。

5　要求

5.1　自然环境

5.1.1　环境特征

本区域地处北京市南郊，华北大平原北部。全境属永定河冲积、洪积平原，海拔 13~52 m，属暖温带半湿润大陆季风气候，四季分明，少雨，光照充足。

5.1.2　气温

年平均气温 12.1℃，年平均无霜期为 209 d。

5.1.3　日照

年平均日照时数 2 620.4 h。

5.1.4　降水量

年平均降水量 552.9 mm。

5.1.5　土壤

砂壤土，土壤透气性好，有机质含量不低于 1.0%，pH 值 6.0~8.5。

5.2　栽培技术

应符合标准发布版附录 B 的要求。

5.3　质量要求

5.3.1　感官要求

感官要求应符合表 6-1 的规定。

表 6-1　感官要求

项目	指标
果形	果实圆形或高圆形
果皮	厚度不超过 1.2 cm，皮色为绿底上覆墨绿色条带
果面	表面平滑，不起棱，无裂果，无腐烂、霉变、病虫斑和机械损伤
瓤色	粉红色至桃红色，色泽鲜艳
质地与风味	瓜瓤脆沙，甘甜多汁，爽口，无黄筋

5.3.2　理化要求

理化要求应符合表 6-2 的规定。

表 6-2 理化要求

项目	指标
单果重，kg	4~8
可溶性固形物，%	瓜新中心≥11；瓜瓤边缘≥8
糖酸比	45~50
番茄红素（鲜重），(mg/100 g)	≥3.0
维生素 C（鲜重），(mg/100 g)	≥6.0

5.3.3 卫生要求

按 NY 5109 执行。

6 试验方法

6.1 感官要求

感官要求中的果形、果皮、果面、瓤色以目测确定，质地与风味以品尝确定，果皮厚度以精确度 0.1 cm 的刻度尺测量确定。

6.2 理化要求

6.2.1 单果重

单果重用分度值为 0.1 kg 的秤进行称量。

6.2.2 可溶性固形物

按 GB/T 12143.1 执行。

6.2.3 糖酸比

蔗糖的测定按 GB/T 5009.8 执行，还原糖的测定按 GB/T 5009.7 执行，总酸的测定按 GB/T 12456 执行。总糖与总酸的比值按式（1）计算：

$$A = \frac{B}{C} \tag{1}$$

式中：

A——糖酸比；

B——总糖（为蔗糖、还原糖相加值），单位为克每百克（g/100 g）；

C——总酸，单位为克每千克（g/kg）。

6.2.4 番茄红素

按原标准附录 C 执行。

6.2.5 维生素 C

按 GB/T 6195 执行。

6.3 卫生要求

按 NY 5109 执行。

7 检验规则

7.1 检验批次

同一生产基地、同一品种、同一成熟度、同一包装日期的西瓜为一个批次。

7.2 抽样方法
按相关标准执行。

7.3 检验分类

7.3.1 交收检验
7.3.1.1 每批产品交收前，生产单位都应进行交收检验。交收检验合格并附合格证，产品方可交收。

7.3.1.2 交收检验项目为感官要求、包装、标志。

7.3.2 型式检验
7.3.2.1 有下列情形之一者应进行型式检验：
a) 每年采摘初期；
b) 两次抽检结果差异较大时；
c) 因人为或自然因素使生产环境发生较大变化时；
d) 国家质量监督检验机构提出时。

7.3.2.2 型式检验项目为本标准规定的全部要求。

7.3.3 判定规则
在整批样品中，感官要求不合格时，允许整改后复检；理化要求和卫生要求有一项不合格时，允许加倍抽样复检，如仍有不合格即判定该批产品为不合格。对包装、标志不合格产品，允许整改后复检。

8 标志、包装、运输、贮存

8.1 标志
销售和运输包装均应标注地理标志产品专用标志，并标明产品名称、品种、产地、包装日期、生产单位、数量或净含量、执行标准号等。

8.2 包装
产品可包装，包装物符合食品卫生的要求。

8.3 运输
8.3.1 运输工具应清洁卫生，无异味。不与有毒有害物品混运。

8.3.2 待运时，应批次分明、堆码整齐、环境清洁、通风良好。不得烈日暴晒、雨淋。注意防冻、隔热、缩短待运时间。

8.4 贮存
8.4.1 大兴西瓜的贮存适宜温度为 12~15℃，相对湿度 75%~80%。

8.4.2 库房无异味。不得与有毒、有害物品混合存放。

第七章 地理标志产品 平谷大桃
（DB11/T 396—2016）

1 范围
本标准规定了地理标志产品平谷大桃的产地范围、品种、地域、环境特点、栽培技术、质量要求、理化指标、卫生指标、试验方法、检验规则、标志、包装、运输、贮存。

本标准适用于地理标志产品平谷大桃。

2 规范性引用文件

下列文件对于本文件的应用是必不可少的。凡是注日期的引用文件，仅所注日期的版本适用于本文件。凡是不注日期的引用文件，其最新版本（包括所有的修改单）适用于本文件。

GB 2762 食品安全国家标准 食品中污染物限量

GB 2763 食品安全国家标准 食品中农药最大残留限量

GB/T 12456 食品中总酸的测定

NY/T 586 鲜桃

NY/T 2637 水果和蔬菜可溶性固形物含量的测定 折射仪法

3 术语和定义

下列术语和定义适用于本文件。

3.1 平谷大桃 Peaches of Pinggu

本标准4规定的产地范围内生产的5规定的品种，按本标准进行生产并符合本标准要求的桃。

3.2 果面缺陷 Surface blemish of fruit

人为或自然因素对果实表皮造成的损伤。

4 产地范围

平谷大桃的产地范围限于国家质量监督检验检疫行政主管部门根据《地理标志产品保护规定》批准的范围。即为平谷区现辖行政区域内的平谷镇、金海湖镇、峪口镇、马昌营镇、马坊镇、东高村镇、夏各庄镇、山东庄镇、王辛庄镇、南独乐河镇、镇罗营镇、大华山镇、刘家店镇、大兴庄镇、黄松峪乡、熊耳寨乡。

5 品种

平谷大桃的品种限于国家质量监督检验检疫行政主管部门根据《地理标志产品保护规定》批准的品种。即为大久保、庆丰（北京26号）、京艳（北京24号）、燕红（绿化9号）、八月脆（北京33号）、艳丰1号、陆王仙、华玉、大红桃、二十一世纪。

6 地域环境特点

6.1 地理环境

本区域地处北京市东北部，燕山西麓、华北大平原北缘，三面环山。地形分为中低山区，岗台阶地区和沟、洳河洪积冲积平原，属于暖温带大陆性季风气候，海拔11~1 188 m。平谷大桃适合的海拔范围为600 m左右。

6.2 气候环境

6.2.1 气温

年平均气温为11.5℃，5—8月平均气温在20℃以上。最热月7月平均日温26.1℃，最冷月1月平均日温-5.5℃。极端最高温度40.2℃，极端最低温度-26℃，按80%的保证率计算，大于0℃的积温4 470℃，大于10℃的积温4 121~4 945℃，年平均无霜期191 d，最长205 d，最短160 d。昼夜温差大，雨热同季。

6.2.2 光照

全年日照时数为2 729.4 h，年平均日照百分率为62%。太阳辐射量559.24 kJ/m^2。5月日照时数最多，为287.3 h，6月最低为268.9 h。

6.2.3 降水量

年平均降水量639.5 mm。降水季节分配不均，冬季降水仅9.6 mm，占全年降水量的1.5%，一般年份从10月至翌年5月干旱缺水，夏季最多，年平均降水为479.1 mm，占全年降水量的74.9%。

6.2.4 蒸发量

年平均蒸发量1 762.3 mm，以5月最高。蒸发量远远大于降水量是本区气候条件的主要特点。

6.3 水资源

水资源丰富，地表水年径流量多年平均值为3.10亿 m^3（包括入境地表水1.11亿 m^3）。地下水补给量多年平均值为2.97亿 m^3，地下水可开采量为每年2.2亿 m^3。

6.4 土壤

砂壤土和轻壤土。pH值6.0~8.0，含盐量（以NaCl计）≤0.14%，有机质含量≥0.8%。

7 栽培技术

应符合标准发布版附录B的要求。

8 质量要求

8.1 等级

8.1.1 等级分为特级、一级、二级、三级。

8.1.2 等级要求按单果重计，应符合表7-1的规定。

表7-1 等级要求

品种	单果重，g			
	特级	一级	二级	三级
大久保	≥375	325~374	275~324	225~274
庆丰（北京26号）	≥300	250~299	200~249	150~199
京艳（北京24号）	≥400	350~399	300~349	250~299
燕红（绿化9号）	≥400	350~399	300~349	250~299
八月脆（北京33号）	≥450	400~449	350~399	300~349
艳丰1号	≥400	350~399	300~349	250~299
华玉	≥400	350~399	300~349	250~299
陆王仙*	≥400	350~399	300~349	250~299
大红桃*	≥400	350~399	300~349	250~299
二十一世纪*	≥375	325~374	275~324	225~274
*陆王仙、大红桃、二十一世纪栽培面积逐年减少。				

8.2 一般要求

8.2.1 果实充分发育，新鲜清洁，无异常风味，不带不正常的外来水分，具有适宜市场或贮存要求的成熟度。

8.2.2 成熟度可按以下分级：

——七成熟：底色绿，果实发育良好，果面基本平展，缝合线附近有少量坑洼，果面茸毛较厚；

——八成熟：底色绿，果实充分发育，果面基本无坑洼，中晚熟品种在缝合线附近有少量坑洼痕迹，果面茸毛较厚；

——九成熟：绿色大部褪尽，不同品种呈现该品种应有底色，白色、乳白色、橙黄色、阴面局部可有淡绿色，绒毛少，果肉具有弹性，芳香，有色品种大部分着色；表现品种风味特性；

——十成熟：果面茸毛易脱落，无残留绿色，溶质品种柔软多汁，皮易破裂；软溶质桃稍压即流汁破裂；硬溶质稍少破裂，但易压伤。

8.3 果面缺陷

果面缺陷应符合表7-2的规定。

表7-2 果面缺陷

项目		等级			
		特级	一级	二级	三级
果面缺陷	碰伤 压伤 磨伤 雹伤 虫伤	无	无	允许轻微伤一处，总面积不超过 0.5 cm²	允许轻微碰、压、雹、虫、磨伤，总面积不超过 1.0 cm²，伤处不得褐变，对果肉无明显伤害
	裂果	无	无	允许风干裂口一处，总长度不超过 0.5 cm	允许风干裂口两处，总长度不超过 1.0 cm

8.4 感官特征

感官特征应符合表7-3的规定。

表7-3 感官特征

品种	项目				
	果形	色泽	着色率	粘离核	果肉
大久保	近圆形、顶平、缝合线浅	底色浅白，着红色	不套袋≥40% 套袋≥60%	离核	硬溶质，肉质密，甜酸适口
庆丰 （北京26号）	近圆形、顶平、缝合线浅	底色绿白，着红黄色	不套袋≥25% 套袋≥40%	粘核	硬溶质，味甜
京艳 （北京24号）	近圆形、顶平、缝合线浅	底色黄白，果面红色	不套袋≥40% 套袋≥60%	粘核	硬溶质，肉质细而致密，柔软，有香味，味甜

(续表)

品种	项目				
	果形	色泽	着色率	粘离核	果肉
燕红（绿化9号）	近圆形稍扁、顶平微凹、缝合线浅	底色淡绿，果面红色	不套袋≥60% 套袋≥80%	粘核	硬溶质，肉质致密，汁液多，有香味，味甜
八月脆（北京33号）	近圆形、顶平、缝合线浅	底色乳白，果面红色	不套袋≥55% 套袋≥80%	粘核	硬溶质，肉质细脆，汁液中等，味甜
艳丰1号	近圆形、顶平、缝合线浅	底色黄白，果面红色	不套袋≥60% 套袋≥70%	粘核	硬溶质，肉质细而致密，脆而多汁，味甜
陆王仙	近椭圆形、顶平、缝合线浅	底面黄白，果面红色	不套袋≥30% 套袋≥50%	离核	硬溶质，肉质细，汁液中等，味甜
华玉	近圆形、果顶圆平、缝合线浅、梗洼深度和宽度中等，茸毛中等	底色黄白，果面1/2以上着玫瑰红色或紫红色晕，外观鲜艳	不套袋≥40% 套袋≥60%	离核	硬溶质，果肉白色，皮下无红，近核处有少量红色，外观鲜艳肉质硬，细而致密，汁液中等，纤维少，风味甜浓，有香气
大红桃	果实近圆形，果顶圆平，缝合线浅	底色黄白，果面粉红色，外观鲜艳，全面着色	全面着色	粘核	硬溶质，果肉红色，肉质脆而致密，汁液中等，纤维少，风味酸甜
二十一世纪	果实近圆形，果顶圆平，缝合线浅，梗洼深度和宽度中等，茸毛少	底色乳白，着红色，外观鲜艳	不套袋≥40% 套袋≥60%	粘核	软溶质，果肉白色，皮下无红，近核处有少量红色，肉质细而致密，汁液多，纤维少，风味甜浓

9 理化指标

理化指标应符合表7-4的规定。

表7-4 理化指标

品种	项目	
	可溶性固形物，%	总酸（以苹果酸计），(g/kg)
大久保	≥11.50	≤2.00
庆丰（北京26号）	≥10.50	≤4.20
京艳（北京24号）	≥11.50	≤2.00

(续表)

品种	项目	
	可溶性固形物,%	总酸（以苹果酸计），(g/kg)
燕红（绿化9号）	≥12.00	≤1.80
八月脆（北京33号）	≥10.50	≤2.00
艳丰1号	≥12.00	≤2.00
陆王仙	≥11.50	≤2.80
华玉	≥12.00	≤2.00
大红桃	≥11.50	≤2.00
二十一世纪	≥12.00	≤1.80

10 卫生指标

应符合GB 2762与GB 2763及其他国家法律法规的规定。

11 试验方法

11.1 单果重

单果重用分度值为0.1 g的秤进行计量。

11.2 一般要求、果面缺陷

一般要求、果面缺陷由目测或用分度值为0.1 cm的直尺测量确定。

11.3 感官特征

感官特征要求用目测、闻及口尝。

11.4 理化指标

11.4.1 可溶性固形物的测定

按NY/T 2637规定的方法执行。

11.4.2 总酸的测定

按GB/T 12456规定的方法执行。

11.5 卫生指标

按GB 2762和GB 2763规定的方法执行。

12 检验规则

12.1 检验批次

同一地块、同一品种、同一成熟度、同一等级、同一货批的桃为一个批次。

12.2 抽样方法

按相关标准的规定执行。

12.3 检验分类

分为交收检验和型式检验。

12.3.1 交收检验

12.3.1.1 每批产品销售前，都应进行交收检验。

12.3.1.2　交收检验项目为等级、一般要求、果面缺陷、感官特征、包装和标志。

12.3.1.3　判定规则

整批样品中等级不合格果率超过5%时，允许降等级和重新分级。果面缺陷、包装、标志若有一项不符合规定，允许重新分装。

不合格果率按式（1）计算：

$$p = m/m_1 \times 100\% \tag{1}$$

式中：

p——不合格果百分率，%；

m——抽样样果总重，单位为克（g）；

m_1——不合格果总重，单位为克（g）。

12.3.2　型式检验

12.3.2.1　有下列情况之一时应进行型式检验：

——每年采摘初期；

——因人为或自然因素使生产环境发生较大变化；

——国家质量监督机构或主管部门提出型式检验要求时。

12.3.2.2　型式检验项目应包括本标准技术要求中的全部项目。

12.3.2.3　判定规则

型式检验结果中，如卫生指标、理化指标有一项不合格，等级、果面缺陷、感官特征整批样品不合格果率超过5%时，则判定该批产品为不合格品。

13　标志、采收、包装、运输和贮存

13.1　标志

用于销售的平谷大桃，其包装和/或产品上应标明地理标志产品专用标志，并标明产品名称、品种、等级、包装日期、生产单位名称、注册地址、产地、净含量、执行标准号等。

13.2　采收

果实成熟度七成熟即可采收。

13.3　包装

应符合 NY/T 586 中 7.1 的规定。

13.4　运输和贮存

13.4.1　桃采后立即按标准规定的质量条件挑选分级，包装验收。迅速组织调运至鲜销地或入库贮存。

13.4.2　待运的桃，应批次分明，堆码整齐，环境清洁，通风良好，严禁烈日暴晒、雨淋，注意隔热。

13.4.3　贮放和装卸时应轻搬轻放，运输工具应清洁卫生。严禁与有毒、有异味等有害物品混装、混运。

13.4.4　长途运输的桃果应冷藏。果实入库前应进行预冷处理，预冷温度为4℃。

第八章 地理标志产品 昌平草莓
（DB11/T 992—2021）

1 范围

本文件规定了昌平草莓的术语和定义、地理标志产品保护范围、要求、检验规则、标志、包装、运输和贮存等技术要求。

本文件适用于地理标志产品昌平草莓。

2 规范性引用文件

下列文件中的内容通过文中的规范性引用而构成文本必不可少的条款。其中，注日期的引用文件，仅该日期的版本适用于本文件；不注日期的引用文件，其最新版本（包括所有的修改单）适用于本文件。

GB 2762 食品中污染物限量

GB 2763 食品中农药最大残留限量

NY/T 391 绿色食品 产地环境质量

NY/T 444 草莓

NY/T 2725 氯化苦土壤消毒技术规程

NY/T 3129 棉隆土壤消毒技术规程

DB11/T 821 草莓日光温室生产技术规程

3 术语和定义

下列术语和定义适用于本文件。

昌平草莓 Changping strawberry

在本标准规定的保护范围内，按照规定的生产技术规程生产并达到相应质量要求的章姬、金中三姬、燕香等为主的香甜型品种和阿尔比（Albion）、卡玛罗莎（Camarosa）等为主的酸甜型品种果实。

4 地理标志产品保护范围

昌平草莓地理标志产品保护范围限于原国家质量监督检验检疫总局公告2011年第33号批准的范围，即北京市昌平区兴寿镇、崔村镇、小汤山镇、百善镇、南邵镇、沙河镇共6个镇现辖行政区域。

5 要求

5.1 自然环境

昌平草莓生长自然环境为海拔20~60 m，空气质量好，通透性强，光照充足，昼夜温差大。年平均日照时数为2 684 h，年平均气温为11.7℃，年平均降水量为550~600 mm，年无霜期为 200 d 左右。

5.2 产地环境

产地空气质量、农田灌溉水质、土壤环境质量按 NY/T 391 的规定执行。土壤类型为褐土、褐潮土，土质砂壤土和壤土，土壤 pH 值 6.5~8.5，土壤有机质含量≥1.5%。

5.3 栽培技术

5.3.1 栽培方式

栽培方式为促成栽培。

5.3.2 整地

清除地上物植株残体，破畦，耙平土壤。

5.3.3 土壤消毒

连作地块，宜根据土传病虫害发生程度，在每季生产前选择下列方法之一进行土壤消毒：

——太阳能消毒：6月中旬至7月上旬，每亩*温室均匀撒施 600~1 200 kg、长度为 2~3 cm 的秸秆，或于5月初套种禾本科作物，消毒前粉碎撒施。用旋耕机深旋耕，与土壤混匀，灌透水。土壤表面覆盖 0.02~0.04 mm 的透明塑料膜，密闭温室 40 d 以上。

——氰氨化钙（俗称石灰氮）消毒：6月中下旬，每亩温室均匀撒施 40~80 kg 氰氨化钙和 600~1 200 kg、长度为 2~3 cm 的秸秆，用旋耕机深旋起垄，垄沟内灌水，土壤表面覆膜，盖严，密闭温室。消毒时间 30~40 d。消毒后，撤膜晾晒 7 d 以上。

——熏蒸剂消毒：6—7月，采用氯化苦、棉隆等熏蒸剂进行土壤消毒。氯化苦土壤消毒按 NY/T 2725 的规定执行，棉隆土壤消毒按 NY/T 3129 的规定执行。

5.3.4 施基肥

宜采用测土配方施肥。基肥使用标准应符合原标准附录 B 的规定。

5.3.5 起垄

定植前 7~10 d 起垄。垄距 80~100 cm，垄台高 35~45 cm，上宽 40~60 cm，下宽 60~80 cm。

5.3.6 定植

8月下旬至9月中旬定植。定植前去除老叶和黄叶，按种苗新茎粗度分开定植。定植前，裸根种苗宜使用广谱性杀菌剂进行处理。采取双行"丁"字形交错定植，植株距垄边 10~15 cm，株距 15~25 cm。每亩定植 6 000~9 000 株。定植时，根系顺直，深不埋心，浅不露根。

5.3.7 栽培管理

按 DB11/T 821 的规定执行。

5.3.8 病虫害防治

按 DB11/T 821 的规定执行。

5.4 果实质量

5.4.1 感官品质指标

感官品质指标应符合表 8-1 的规定。检测方法按 NY/T 444 的规定执行。

---

* 注：1亩≈666.67 m²，全书同。

表 8-1 感官品质指标

项目		要求
外观品质基本要求		具有该品种的特征，果实新鲜洁净，无异味，果肉质地细腻，口感纯正、香味浓郁，无不正常外来水分，带新鲜萼片，具有适于市场或贮存要求的成熟度
果形及色泽		果形端正、饱满，果面光泽亮丽，瘦果分布均匀，果实硬度较大，耐贮运
果实着色度,%		≥90
单果重, g	大果型品种	≥25
	中小果型品种	≥20
碰压伤		无明显碰压伤，无汁液浸出
畸形果,%		≤1

5.4.2 理化指标

理化指标应符合表 8-2 的规定。检测方法按 NY/T 444 的规定执行。

表 8-2 理化指标

项目	要求	
	香甜型（章姬、金中三姬、燕香等）	酸甜型（阿尔比、卡玛罗莎等）
可溶性固形物,%	≥9.0	≥7.0
总酸量,%	≤1.0	≤1.3

5.4.3 质量安全指标

按 GB 2762、GB 2763 的规定执行。

6 检验规则

6.1 检验批次

同一生产基地、同一品种、同一成熟度、同一包装日期的草莓为一个批次。

6.2 抽样方法

按 NY/T 444 的规定执行。

6.3 检验分类

6.3.1 交收检验

6.3.1.1 每批产品交收前，生产单位都应进行交收检验。交收检验合格，产品方可交收。

6.3.1.2 交收检验项目为感官品质指标、包装、标志。

6.3.1.3 判定规则：在整批样品中感官品质指标中出现不合格果率超过5%，包装、标志若有一项不合格，判定交收检验不合格。

6.3.2 型式检验

6.3.2.1 有下列情形之一者应进行型式检验：

a) 每年采摘初期；

b) 两次抽检结果差异较大时；

c) 因人为或自然因素使生产环境发生较大变化时。

6.3.2.2 型式检验为本文件规定的全部要求。

6.3.2.3 判定规则：在整批样品中感官品质指标不合格果率超过5%时，判定不合格，理化要求或卫生要求有一项不合格时，允许加倍抽样复检，如仍有不合格即判为不合格。

7 标志、包装、运输和贮存

7.1 标志

包装箱（盒）上应有地理标志专用标志，并标明产品名称、数量（个数或净含量）、产地、包装日期、生产单位、执行标准号等。销售和运输包装均应标注昌平草莓地理标志。同一批货物的包装标志，在形式和内容上应完全统一。

7.2 包装

7.2.1 同一批草莓的包装箱（盒）应装入品种、成熟度一致的产品。

7.2.2 内包装材料采用符合食品卫生要求的材质。外包装箱应坚固耐用、清洁卫生、干燥无异味、对产品具有良好的保护作用，有通风气孔。

7.3 运输和贮存

按 NY/T 444 的规定执行。

第九章 地理标志产品 北寨红杏
（DB11/T 1438—2017）

1 范围

本标准规定了地理标志产品北寨红杏的保护范围、保护品种、要求、试验方法、检验规则及标签、标志、包装、运输、贮存。

本标准适用于地理标志产品北寨红杏。

2 规范性引用文件

下列文件对于本文件的应用是必不可少的。凡是注日期的引用文件，仅所注日期的版本适用于本文件。凡是不注日期的引用文件，其最新版本（包括所有的修改单）适用于本文件。

GB 2762　食品安全国家标准　食品中污染物限量

GB 2763　食品安全国家标准　食品中农药最大残留限量

NY/T 586　鲜桃

NY/T 696　鲜杏

JJF 1070　定量包装商品净含量计量检验规则

3 术语与定义

3.1 北寨红杏
本标准第 4 条规定的产地范围内生产的品种、按本标准进行生产并符合本标准要求的北寨红杏。

3.2 果面缺陷
人为或自然因素对果实表皮造成的损伤。

4 地理标志产品保护范围
北寨红杏地理标志保护产品保护范围限于国家质量监督检验检疫总局公告 2014 年第 23 号批准的范围,即北京市平谷区南独乐河镇北寨村现辖行政区域。

5 保护品种
当地原生品种。

6 要求

6.1 自然环境

6.1.1 地形条件
北寨红杏产区地处燕山山脉东端浅山区的一条狭长的山谷里,为深山区,海拔 135~151 m。山地森林覆盖率达 95%。

6.1.2 气候条件
本地区气候属暖温带半湿润大陆性季风区,四季分明。春季干旱多风,夏季高温多雨,秋季凉爽湿润,冬季寒冷干燥。冬季气温在-8~1℃,夏季气温在 25~30℃,白天日照充足,气温高,夜晚温度低,昼夜温差大,北寨红杏成熟前及成熟期的昼夜温差在 12~15℃。

6.1.3 水分条件
年平均降水量 500~800 mm。

6.1.4 土壤条件
土壤类型为淋溶褐土。土壤质地为轻壤,pH 值 5.4~6.8,土层厚度≥30 cm,土壤有机质含量≥1.5%。

6.2 栽培技术
应符合标准发布版附录 B 的要求。

6.3 质量要求

6.3.1 等级要求
等级要求应符合表 9-1 的规定。

表 9-1 等级要求

项目	等级要求		
	特级	一级	二级
单果重,g	≥90	65~89	50~64

(续表)

项目		等级要求		
		特级	一级	二级
果面缺陷，mm²	碰伤	无	≤1	1.1~2.0
	压伤	无	≤1	1.1~2.0
	磨伤	无	≤1	1.1~2.0
	雹伤	无	≤2	2.1~3.0
	虫伤	无	≤1	1.1~2.0
	裂果	无	≤2	2.1~3.0
病果及腐烂果		无	无	无

6.3.2 感官特征

感官特征应符合表9-2的规定。

表9-2 感官特征

外观	新鲜，清洁，无不正常外来水分 果实圆形，果皮底色为黄，成熟时着红晕，果肉桔黄色
风味	甜酸适口，风味独特，具有玫瑰花香
果肉果核	肉厚核小，肉质细，纤维少，甜仁，离核
果汁	汁液中多

6.3.3 理化要求

理化要求应符合表9-3的规定。

表9-3 理化要求

可溶性固形物（20℃），%	总酸量（可滴定酸），%
≥15.0	≤1.45

6.3.4 成熟度

——八成熟：底色浅黄，果实充分发育，缝合线略带淡绿色；

——九成熟：底色黄，具有玫瑰香味，有弹性，已表现出本产品特色。

6.3.5 安全要求

应符合GB 2762、GB 2763的规定。

6.4 净含量

应符合国家质量监督检验检疫总局《定量包装商品计量监督管理办法》的规定。

7 试验方法

7.1 单果重

单果重用分度值为0.1 g的计量器具进行称量。

7.2 果面缺陷、感官特征、成熟度

从每件供试样品（如每箱）中随机抽取杏果实 5 个，果面缺陷、感官特征、成熟度用品尝、嗅、目测、手触的方法检测，果面缺陷不明显而有怀疑者，应剖开检测。

7.3 理化要求

应按 NY/T 696 规定的方法执行。

7.4 安全要求

应按 GB 2762、GB 2763 规定的方法执行。

7.5 净含量

应按 JJF 1070 规定的方法执行。

8 检验规则

8.1 组批与抽样

8.1.1 组批

同一成熟度、同一等级、同一批采收、同一包装日期的北寨红杏为一个批次。

8.1.2 抽样

按相关标准的规定执行。

8.2 检验分类

8.2.1 交收检验

每批产品交收前，都应进行交收检验。交收检验项目包括包装、标志、标签、等级要求、净含量。

8.2.2 型式检验

型式检验为本标准质量要求中的全部内容，有下列情况之一时应进行型式检验：
——每年采摘初期；
——因人为或自然因素使生产环境发生较大变化；
——国家质量监督机构或主管部门提出型式检验要求时。

8.3 判定规则

等级要求不合格果及邻级果数合计不超过 5%且理化要求、安全要求、成熟度、净含量均合格，则判定该批产品合格。

等级要求不合格果及邻级果数合计超过 5%，或理化要求、安全要求、成熟度、净含量有一项不合格，则判定该批产品不合格。

安全要求、理化要求不合格项允许加倍抽样复检，复检结果仍不合格时，则判定该产品不合格。

9 标签、标志、采收、包装、运输和贮存

9.1 标签、标志

用于销售的北寨红杏，其包装或（和）产品上应有地理标志产品专用标志，并标明产品名称、品种、等级、包装日期、生产单位名称、注册地址、产地、净含量以及执行标准号，字迹应清晰、完整、准确。

不符合本标准的产品，其产品名称不应使用含有"北寨红杏"（包括连续或断开）的名称。

9.2 采收

6月至7月中旬按成熟度分批采收，采收时应先树上后树下、先树外后树内，轻拿轻放，非雨天露水干后采摘。

9.3 包装

应符合 NY/T 586 的规定。

9.4 运输和贮存

9.4.1 采后应按标准规定的质量要求挑选分级、包装、入库贮存。

9.4.2 待运的杏，应批次分明，堆码整齐，环境清洁，通风良好，严禁烈日暴晒、雨淋，注意隔热。

9.4.3 贮放和装卸时应轻搬轻放，运输工具应清洁卫生。严禁与有毒、有异味等有害物品混装、混运。

9.4.4 贮存的适宜温度为 2~4℃，贮存期为 15 d 之内。

第十章　地理标志产品　张家湾葡萄（张湾葡萄）（DB11/T 1189—2015）

1 范围

本标准规定了地理标志产品张家湾葡萄的术语和定义、地理标志产品保护范围、要求、试验方法、检验规则及标志、包装、运输、贮存。

本标准适用于地理标志产品张家湾葡萄（张湾葡萄）。

2 规范性引用文件

下列文件对于本文件的应用是必不可少的。凡是注日期的引用文件，仅所注日期的版本适用于本文件。凡是不注日期的引用文件，其最新版本（包括所有的修改单）适用于本文件。

GB 2762　食品安全国家标准　食品中污染物限量

GB 2763　食品安全国家标准　食品中农药最大残留限量

GB/T 12143　饮料通用分析方法

GB/T 12456　食品中总酸的测定

GB/T 16862　鲜食葡萄冷藏技术

NY/T 1986　冷藏葡萄

NY 5087　无公害食品　鲜食葡萄产地环境条件

DB11/T 431　葡萄无公害生产综合技术

国家质量监督检验检疫公告 2013 第 55 号

3 术语和定义

3.1 张家湾葡萄（张湾葡萄） Zhangjiawang Grape（Zhangwan Grape）

在本标准第4条规定的范围内栽植的葡萄，以本标准栽培技术进行管理，果实质量符合本标准要求的葡萄果实，品种为巨峰、京亚、玫瑰香、意大利、里扎马特、矢富罗莎、瑞都香玉、红地球、巨玫瑰、醉金香、藤稔、瑞都脆霞、美人指、维多利亚、红巴拉蒂、泽香、红双味、贵妃玫瑰、摩尔多瓦、夏黑等品种。

3.2 整齐度 Uniformity

果穗和果粒在形状、大小等方面有一致程度。

3.3 果穗紧密度 Spece of berries on main and lateral stalks

果粒在果穗上着生的紧密程度。

3.4 新鲜洁净 Fresh and clean

果皮、果梗不皱缩，无污物。

3.5 果粉 Bloom

果实表面的白色粉状物质。

3.6 霉烂果粒 Rotten berries

腐败变质，不能食用的果粒。

3.7 异常果 Abnormal berries

由于自然因素或人为机械作用，在外观、肉质、风味方面有较明显异常的果实。

3.8 色泽 Color

本品种果实采收时的颜色。

4 地理标志产品保护范围

张家湾葡萄地理标志产品保护范围限于国家质量监督检验检疫总局公告2013年第55号批准的范围，即北京市通州区张家湾镇现辖行政区域。

5 要求

5.1 自然环境

张家湾葡萄生长的自然环境为海拔18.5 m，属暖温带半湿润大陆季风气候，四季分明，9月少雨多晴天，光照充足，昼夜温差大。年平均日照时数2 711 h，年平均气温11.2℃，年平均降水量553.0~604.0 mm，年平均无霜期180~200 d。

5.2 产地空气环境质量

产地空气环境质量应符合 NY 5087 的规定。

5.3 产地农田灌溉水质量

产地农田灌溉水质量应符合 NY 5087 的规定。

5.4 产地土壤质量

90%以上为潮土，土层深厚，上层为砂壤土或轻壤土，土壤通气透水性良好，土壤pH值7.5~8.1，土壤有机质含量≥1.2%，其他按 NY 5087 的规定执行。

5.5 栽培技术

按 DB11/T 431 的规定执行。

5.6 质量要求
5.6.1 感官要求
各品种感官要求应符合表 10-1 至表 10-20 的规定。

表 10-1 巨峰葡萄感官指标

项目	特级品	一级品	二级品
穗形和果形	穗形圆柱或圆锥形、果粒圆形		
果面	新鲜洁净		
色泽	90%以上果粒呈现黑色	90%以上果粒呈现紫色	90%以上果粒呈现红紫色或紫红色
口感	酸甜适口、具有浓郁的草莓香味、无异味		
整齐度	整齐	比较整齐	
紧密度	适中	紧或松	
异常果	无	≤1%	≤2%
果粉	完整	较完整	较完整
霉烂果粒	不得检出		

表 10-2 京亚葡萄感官指标

项目	特级品	一级品	二级品
穗形和果形	穗形圆柱或圆锥形、果粒圆形		
果面	新鲜洁净		
色泽	90%以上果粒呈现黑色	90%以上果粒呈现紫黑色	90%以上果粒呈现红紫色
口感	酸甜适口、具有浓郁的草莓香味、无异味		
整齐度	整齐	比较整齐	
紧密度	适中	紧或松	
异常果	无	≤1%	≤2%
果粉	完整	较完整	较完整
霉烂果粒	不得检出		

表 10-3 玫瑰香葡萄的感官指标

项目	特级品	一级品	二级品
穗形和果形	穗形圆锥形、果粒椭圆形		
果面	新鲜洁净		
色泽	90%以上果粒呈现黑紫色	90%以上果粒呈现紫色	90%以上果粒呈现紫红色
口感	味甜、具有浓郁的玫瑰香味		

(续表)

项目	特级品	一级品	二级品
整齐度	整齐	比较整齐	
紧密度	适中	紧或松	
异常果	无	≤1%	≤2%
果粉	完整	较完整	较完整
霉烂果粒	不得检出		

表 10-4 意大利葡萄的感官指标

项目	特级品	一级品	二级品
穗形和果形	穗形圆锥形、果粒椭圆形		
果面	新鲜洁净		
色泽	90%以上果粒黄色	90%以上果粒黄绿色	
口感	肉脆味甜、有玫瑰香味		
整齐度	整齐	比较整齐	
紧密度	适中	松	
异常果	无	≤1%	≤2%
果粉	完整	较完整	较完整
霉烂果粒	不得检出		

表 10-5 里扎马特葡萄的感官指标

项目	特级品	一级品	二级品
穗形和果形	穗形圆锥形、果粒长椭圆形		
果面	新鲜洁净		
色泽	90%以上果粒呈现紫红色	90%以上果粒呈现鲜红色	90%以上果粒呈现红色
口感	皮薄肉脆、味甜清香		
整齐度	整齐	比较整齐	
紧密度	适中	松	
异常果	无	≤1%	≤2%
果粉	完整	较完整	较完整
霉烂果粒	不得检出		

表 10-6 矢富罗莎葡萄果实的感官指标

项目	特级品	一级品	二级品
穗形和果形	果穗圆锥形、果粒长椭圆形		

（续表）

项目	特级品	一级品	二级品
果面	新鲜洁净		
色泽	90%以上果粒呈现紫红色	90%以上果粒呈现鲜红色	90%以上果粒呈现红色
口感	皮薄、汁多、肉软、味甜		
整齐度	整齐	比较整齐	
紧密度	适中	松	
异常果	无	≤1%	≤2%
果粉	完整	较完整	较完整
霉烂果粒	不得检出		

表10-7 瑞都香玉葡萄感官指标

项目	特级品	一级品	二级品
穗形和果形	穗形圆柱或圆锥形、果粒椭圆		
果面	新鲜洁净		
色泽	90%以上果粒呈现黄色	90%以上果粒呈现绿黄色	90%以上果粒呈现黄绿色
口感	酸甜、脆硬、具有浓郁的玫瑰香味		
整齐度	整齐	比较整齐	
紧密度	松散或适中		
异常果	无	≤1%	≤2%
果粉	完整	较完整	较完整
霉烂果粒	不得检出		

表10-8 红地球葡萄感官指标

项目	特级品	一级品	二级品
穗形和果形	穗形圆柱或圆锥形、果粒圆形		
果面	新鲜洁净		
色泽	红色或紫红色		
口感	脆硬、酸甜适口		
整齐度	整齐	比较整齐	
紧密度	适中		
异常果	无	≤1%	≤2%
果粉	完整	较完整	较完整
霉烂果粒	不得检出		

表 10-9 巨玫瑰葡萄感官指标

项目	特级品	一级品	二级品
穗形和果形	穗形圆柱或圆锥形、果粒近圆形		
果面	新鲜洁净		
色泽	90%以上果粒呈现紫黑色	90%以上果粒红紫色或紫色	90%以上果红至紫红色
口感	酸甜适口、具明显玫瑰香味		
整齐度	整齐	比较整齐	
紧密度	适中		
异常果	无	≤1%	≤2%
果粉	完整	较完整	较完整
霉烂果粒	不得检出		

表 10-10 醉金香葡萄感官指标

项目	特级品	一级品	二级品
穗形和果形	穗形圆柱或圆锥形、果粒圆形		
果面	新鲜洁净		
色泽	90%以上果粒呈现黄色		90%以上果粒呈现黄绿色
口感	酸甜适口、具浓郁的草莓香味		
整齐度	整齐	比较整齐	
紧密度	适中或稍紧		
异常果	无	≤1%	≤2%
果粉	完整	较完整	较完整
霉烂果粒	不得检出		

表 10-11 藤稔葡萄感官指标

项目	特级品	一级品	二级品
穗形和果形	穗形圆柱或圆锥形、果粒圆形		
果面	新鲜洁净		
色泽	90%以上果粒呈现紫-紫黑色	90%以上果粒呈现红紫色	90%以上果粒呈现紫红色
口感	酸甜适口		
整齐度	整齐	比较整齐	
紧密度	适中或稍紧		
异常果	无	≤1%	≤2%
果粉	完整	较完整	较完整

(续表)

项目	特级品	一级品	二级品
霉烂果粒	不得检出		

表 10-12　瑞都脆霞葡萄感官指标

项目	特级品	一级品	二级品
穗形和果形	穗形圆柱或圆锥形、果粒圆形		
果面	新鲜洁净		
色泽	90%以上果粒呈现红紫色	90%以上果粒呈现紫红色	90%以上果粒呈现红色
口感	酸甜适口		
整齐度	整齐	比较整齐	
紧密度	适中或紧		
异常果	无	≤1%	≤2%
果粉	完整	较完整	较完整
霉烂果粒	不得检出		

表 10-13　美人指葡萄感官指标

项目	特级品	一级品	二级品
穗形和果形	穗形圆锥形、果粒长椭圆形		
果面	新鲜洁净		
色泽	90%以上果粒呈现红紫色	90%以上果粒呈现紫红色	90%以上果粒呈现红色
口感	清甜爽口		
整齐度	整齐	比较整齐	
紧密度	适中或紧		
异常果	无	≤1%	≤2%
果粉	完整	较完整	较完整
霉烂果粒	不得检出		

表 10-14　维多利亚葡萄感官指标

项目	特级品	一级品	二级品
穗形和果形	穗形圆锥形、果粒椭圆形		
果面	新鲜洁净		
色泽	90%以上果粒呈现黄色	90%以上果粒呈现绿黄色	90%以上果粒呈现黄绿色
口感	清甜爽口		
整齐度	整齐	比较整齐	

(续表)

项目	特级品	一级品	二级品
紧密度	适中		
异常果	无	≤1%	≤2%
果粉	完整	较完整	较完整
霉烂果粒	不得检出		

表10-15 红巴拉蒂葡萄感官指标

项目	特级品	一级品	二级品
穗形和果形	穗形圆锥形、果粒椭圆形		
果面	新鲜洁净		
色泽	90%以上果粒呈现鲜红色	90%以上果粒呈现红色	90%以上果粒呈现红或淡红色
口感	清甜爽口		
整齐度	整齐	比较整齐	
紧密度	适中或紧		
异常果	无	≤1%	≤2%
果粉	完整	较完整	较完整
霉烂果粒	不得检出		

表10-16 泽香葡萄感官指标

项目	特级品	一级品	二级品
穗形和果形	穗形圆锥形、果粒圆形		
果面	新鲜洁净		
色泽	90%以上果粒黄色	90%以上果粒呈现绿黄色	90%以上果粒呈现黄绿色
口感	甜、具浓郁玫瑰香味		
整齐度	整齐	比较整齐	
紧密度	适中或紧		
异常果	无	≤1%	≤2%
果粉	完整	较完整	较完整
霉烂果粒	不得检出		

表10-17 红双味葡萄感官指标

项目	特级品	一级品	二级品
穗形和果形	穗形圆锥或圆柱形、果粒椭圆形		
果面	新鲜洁净		

（续表）

项目	特级品	一级品	二级品
色泽	90%以上果粒紫红色或紫色	90%以上果粒红色至紫红色	90%以上果粒呈现红色
口感	酸甜、有玫瑰香味和香蕉味		
整齐度	整齐	比较整齐	
紧密度	适中或紧		
异常果	无	≤1%	≤2%
果粉	完整	较完整	较完整
霉烂果粒	不得检出		

表 10-18　贵妃玫瑰葡萄感官指标

项目	特级品	一级品	二级品
穗形和果形	穗形圆锥或圆柱形、果粒圆形		
果面	新鲜洁净		
色泽	90%以上果粒黄色	90%以上果粒呈现绿黄色	90%以上果粒呈现黄绿色
口感	有玫瑰香味		
整齐度	整齐	比较整齐	
紧密度	适中或紧		
异常果	无	≤1%	≤2%
果粉	完整	较完整	较完整
霉烂果粒	不得检出		

表 10-19　摩尔多瓦葡萄感官指标

项目	特级品	一级品	二级品
穗形和果形	穗形圆锥或圆柱形、果粒卵圆形		
果面	新鲜洁净		
色泽	黑色	紫黑色	黑紫色
口感	酸甜适度		
整齐度	整齐	比较整齐	
紧密度	适中		
异常果	无	≤1%	≤2%
果粉	完整	较完整	较完整
霉烂果粒	不得检出		

表 10-20　夏黑葡萄感官指标

项目	特级品	一级品	二级品
穗形和果形	穗形圆锥或圆柱形、果粒圆形		
果面	新鲜洁净		
色泽	90%以上果粒呈现黑色	90%以上果粒呈现紫黑色	90%以上果粒呈现紫色
口感	味甜、草莓香味浓		
整齐度	整齐	比较整齐	
紧密度	适中		
异常果	无	≤1%	≤2%
果粉	完整	较完整	较完整
霉烂果粒	不得检出		

5.6.2 理化指标

各品种理化指标应符合表 10-21 至表 10-40 的规定。

表 10-21　巨峰葡萄果实的理化指标

项目	特级品	一级品	二级品
粒重,g	≥12.0	≥10.0	≥8.0
穗重,g	300~600		≥300
可溶性固形物含量,%	≥20.0	≥18.0	≥16.0
总酸含量,(%,以酒石酸计)	≤0.7		≤0.8

表 10-22　京亚葡萄果实的理化指标

项目	特级品	一级品	二级品
粒重,g	≥9.5	≥8.0	≥6.5
穗重,g	300~600		≥300
可溶性固形物含量,%	≥19.0	≥17.5	≥16.0
总酸含量,(%,以酒石酸计)	≤0.75		≤0.85

表 10-23　玫瑰香葡萄果实的理化指标

项目	特级品	一级品	二级品
粒重,g	≥6.0	≥4.5	≥3.5
穗重,g	300~600		≥250
可溶性固形物含量,%	≥20.0	≥18.0	≥16.0
总酸含量,(%,以酒石酸计)	≤0.55		≤0.7

表 10-24 意大利葡萄果实的理化指标

项目	特级品	一级品	二级品
粒重,g	≥9.0	≥7.5	≥6.0
穗重,g	300~700		≥300
可溶性固形物含量,%	≥20.0	≥18.0	≥16.0
总酸含量,(%,以酒石酸计)	≤0.55		≤0.75

表 10-25 里扎马特葡萄果实的理化指标

项目	特级品	一级品	二级品
粒重,g	≥13.0	≥10.0	≥8.0
穗重,g	400~800		≥300
可溶性固形物含量,%	≥18.5	≥17.0	≥16.0
总酸含量,(%,以酒石酸计)	≤0.5		≤0.6

表 10-26 矢富罗莎葡萄果实的理化指标

项目	特级品	一级品	二级品
粒重,g	≥9.5	≥8.0	≥6.5
穗重,g	400~700		≥300
可溶性固形物含量,%	≥19.0	≥17.5	≥16.0
总酸含量,(%,以酒石酸计)	≤0.5		≤0.6

表 10-27 瑞都香玉葡萄果实理化指标

项目	特级品	一级品	二级品
粒重,g	≥8.0	≥7.0	≥6.0
穗重,g	300~600		≥300
可溶性固形物含量,%	≥20.0	≥18.0	≥16.0
总酸含量,(%,以酒石酸计)	≤0.6		≤0.7

表 10-28 红地球葡萄果实的理化指标

项目	特级品	一级品	二级品
粒重,g	≥12.7	≥10.4	≥8.5
穗重,g	400~900		≥400
可溶性固形物含量,%	≥19.0	≥17.5	≥16.0
总酸含量,(%,以酒石酸计)	≤0.6		≤0.75

表 10-29 巨玫瑰葡萄果实的理化指标

项目	特级品	一级品	二级品
粒重,g	≥9.0	≥7.5	≥6.0
穗重,g	300~600		≥300
可溶性固形物含量,%	≥20.0	≥18.0	≥16.0
总酸含量,(%,以酒石酸计)	≤0.6		≤0.7

表 10-30 醉金香葡萄果实的理化指标

项目	特级品	一级品	二级品
粒重,g	≥9.0	≥7.5	≥6.0
穗重,g	300~600		≥300
可溶性固形物含量,%	≥20.0	≥18.0	≥16.0
总酸含量,(%,以酒石酸计)	≤0.6		≤0.7

表 10-31 藤稔葡萄果实的理化指标

项目	特级品	一级品	二级品
粒重,g	≥13.0	≥11.0	≥9.0
穗重,g	300~600		≥300
可溶性固形物含量,%	≥20.0	≥18.0	≥16.0
总酸含量,(%,以酒石酸计)	≤0.6		≤0.7

表 10-32 瑞都脆霞葡萄果实的理化指标

项目	特级品	一级品	二级品
粒重,g	≥8.0	≥7.0	≥6.0
穗重,g	400~700		≥400
可溶性固形物含量,%	≥20.0	≥18.0	≥16.0
总酸含量,(%,以酒石酸计)	≤0.6		≤0.7

表 10-33 美人指葡萄果实的理化指标

项目	特级品	一级品	二级品
粒重,g	≥12.0	≥10.0	≥8.0
穗重,g	400~700		≥400
可溶性固形物含量,%	≥20.0	≥18.0	≥16.0
总酸含量,(%,以酒石酸计)	≤0.6		≤0.7

表 10-34　维多利亚葡萄果实的理化指标

项目	特级品	一级品	二级品
粒重，g	≥9.5	≥8.5	≥7.5
穗重，g	400~700		≥400
可溶性固形物含量，%	≥18.0	≥17.0	≥16.0
总酸含量，(%，以酒石酸计)	≤0.5		≤0.6

表 10-35　红巴拉蒂葡萄果实的理化指标

项目	特级品	一级品	二级品
粒重，g	≥8.0	≥7.0	≥6.0
穗重，g	400~700		≥400
可溶性固形物含量，%	≥20.0	≥18.0	≥16.0
总酸含量，(%，以酒石酸计)	≤0.6		≤0.7

表 10-36　泽香葡萄果实的理化指标

项目	特级品	一级品	二级品
粒重，g	≥7.0	≥6.0	≥5.0
穗重，g	400~700		≥400
可溶性固形物含量，%	≥20.0	≥18.0	≥16.0
总酸含量，(%，以酒石酸计)	≤0.5		≤0.6

表 10-37　红双味葡萄果实的理化指标

项目	特级品	一级品	二级品
粒重，g	≥7.0	≥6.0	≥5.0
穗重，g	400~700		≥400
可溶性固形物含量，%	≥20.0	≥18.0	≥16.0
总酸含量，(%，以酒石酸计)	≤0.6		≤0.7

表 10-38　贵妃玫瑰葡萄果实的理化指标

项目	特级品	一级品	二级品
粒重，g	≥8.0	≥7.0	≥6.0
穗重，g	400~700		≥400
可溶性固形物含量，%	≥20.0	≥18.0	≥16.0
总酸含量，(%，以酒石酸计)	≤0.6		≤0.7

表 10-39 摩尔多瓦葡萄果实的理化指标

项目	特级品	一级品	二级品
粒重,g	≥8.0	≥7.0	≥6.0
穗重,g	400~700		≥400
可溶性固形物含量,%	≥20.0	≥18.0	≥16.0
总酸含量,(%,以酒石酸计)	≤0.60		≤0.70

表 10-40 夏黑葡萄果实的理化指标

项目	特级品	一级品	二级品
粒重,g	≥5.0		≥3.5
穗重,g	400~800		≥300
可溶性固形物含量,%	≥20.0	≥18.0	≥16.0
总酸含量,(%,以酒石酸计)	≤0.6		≤0.7

5.6.3 卫生要求

果实的污染物限量应符合 GB 2762 的规定,农药最大残留量应符合 GB 2763 及其他有关国家法律法规的规定。

6 试验方法

6.1 感官指标

按 NY/T 1986 的规定执行。

6.2 理化指标

6.2.1 粒重的测定

粒重采用感量 0.1 g 的天平测定,随机取 5 穗葡萄,按每果穗上、中、下、左、右各取 5 粒,共取 25 粒,称重取平均值。

6.2.2 穗重的测定

穗重采用感量 1 g 的天平测定随机取 5 穗葡萄,称重取平均值。

6.2.3 可溶性固形物的测定

6.2.3.1 取样

随机取 5 穗葡萄,按每果穗上、中、下、左、右各取 5 粒,共取 25 粒。

6.2.3.2 试验制备

将 6.2.3.1 所取的 25 粒葡萄压成汁,用玻璃棒搅匀。

6.2.3.3 可溶性固形物测定

取 1~2 滴 6.2.3.2 制备的试样,按 GB/T 12143 的方法执行。

6.2.4 总酸含量的测定

取 6.2.3.2 制备的试样,按 GB/T 12456 的方法执行。

6.3 卫生指标

按 GB 2762、GB 2763 的规定执行。

7 检验规则

7.1 检验批次
同一生产基地、同一品种、同一成熟度、同一等级、同样包装日期并在同一贮存条件下存放的葡萄为一批。

7.2 抽样方法
按相关标准的规定执行。

7.3 检验分类

7.3.1 交收检验
7.3.1.1 每批产品交收前，生产单位都应进行交收检验。交收检验合格并附合格证，产品方可交收。

7.3.1.2 交收检验项目为感官指标、包装、标志。

7.3.2 型式检验
有下列情况之一时应进行型式检验，型式检验项目为本标准的全部技术要求：
——每年采摘初期；
——两次抽样结果差异较大时；
——因人为或自然因素使生产环境发生较大变化时；
——国家质量技术监督机构或主管部门提出型式检验要求时。

7.3.3 判定规则
7.3.3.1 每批受检样品抽样检验时，感官指标应符合相应等级的规定，当感官指标出现不合格项时，允许降等或重新分级。

7.3.3.2 每批受检样品抽样检验时，理化指标有一项不合格时，允许加倍抽样复检一次，如仍不合格，则判为该批次产品不合格。

7.3.3.3 型式检验结果中，卫生指标有一项不合格，则判定该批产品为不合格品。

7.3.3.4 对包装、标志不合格时，允许整改后申请复检。

8 标志、包装、运输、贮存

8.1 标志
包装箱（盒）上应有地理标志产品专用标志，并标明产品的名称、净含量、产地、包装日期、生产单位、执行标准号等。

8.2 包装
包装材料采用符合食品卫生要求的材质，包装箱应轻质牢固、不变形、清洁卫生、干燥无异味对葡萄具有一定的保护作用。

8.3 运输与贮存
运输工具应清洁卫生，无异味。不与有毒有害物质混运。可采用预冷运输，冷藏车或冷藏集装箱等多种运输方式。贮存按 GB/T 16862 的规定执行。

第十一章　中华人民共和国农产品地理标志质量控制技术规范
——延庆国光苹果

编号：AGI2009-04-00161　　　　　　　　　　　　　　公布日期：2009-07-14

本质量控制技术规范规定了经中华人民共和国农业部登记的延庆国光苹果地域范围、自然生态环境和人文因素、生产技术要求、产品典型品质特性和产品质量安全规定、产品包装标识等相关内容。

1 地域范围

延庆区位于北京西北部，距北京城区 80 km，地处东经 115°44′~116°34′，北纬 40°16′~40°47′，海拔 500 m 以上。延庆盆地北靠北京第二高峰海坨山，南依八达岭长城的军都山，为南、北、东三面环山，西南临官厅水库的小盆地。盆地的形成是第三世纪初期我国受太平洋板块的挤压和燕山运动的影响，形成了延庆山脉的雏形；到第四纪，高山和高原剧烈变动，此时海坨山和军都山之间发生塌陷，形成了今日的延庆盆地。国光苹果栽植面积约 200 hm^2，现年产量 100 万 kg，主要分布在以延庆区张山营镇张山营村、下营村；旧县镇黄峪口村、白羊峪村、闫庄村、三里庄村；香营乡黑峪口村、屈家窑村为主线的北山带；八达岭镇里炮村、帮水峪村以及康庄镇、永宁镇、井庄镇等部分地区少量分布。

2 自然生态环境和人文历史因素

2.1 土壤地貌情况

地处延庆区境内的延庆盆地，地形类型比较复杂，中山、低山、丘陵、台阶地、河川、旱地都有。境内群山起伏，连绵不断，中间为西南向东北走向的"V"型延庆盆地，面向官厅水库。地势东北高，西南低，逐渐倾斜，妫水河自东向西穿过盆地流向官厅湖。土壤有碳酸盐褐土、潮土、水稻土、草甸土、风沙土。其中碳酸盐褐土分布最广，占总土壤面积的67.68%。土壤以褐土和壤土为主，土壤pH值7.0左右，山地丘陵属片麻岩风化土，富含铁锰锌等多种矿物，有机质含量≥1%。

2.2 水文情况

延庆地区水资源丰富，水质优良。延庆地处永定河、潮白河水系上游，属独立水系。境内有四级以上河流 18 条，三级河流 2 条，妫水河是全境最大的河流，流域面积 1 064.3 km^2。全县水资源总量7.8 亿 m^3，其中地表水 5.64 亿 m^3，地下水 2.23 亿 m^3，人均水资源占有量 2 088 m^3，是北京市人均占有量的 5 倍。水体质量达到国家饮用水二级标准，空气质量达到国家一级标准，为延庆国光苹果提供了独一无二的自然生长环境，为生产优质国光苹果提供了可靠的保证。

2.3 气候情况

延庆盆地地处海拔高的中纬度地区，海拔500 m以上，昼夜温差较大。年均气温8.5℃，极端最低温度-27.3℃，1月平均气温-7.2℃，7月平均气温24.2℃，平均日较差12.6℃，与北京城区相比昼夜温差相差2~3℃。年平均降水量441.8 mm，7月、8月平均降水量295.5 mm，冬春季平均降水量19 mm，无霜期165 d。大气透明度较大，光能资源较丰富，年太阳能总辐射量为134.1 kcal/m²，全年中最高值出现在6月，为15.9 kcal/cm²，最低值出现在12月，为6.2 kcal/cm²，与北京其他区县相比，年太阳辐射量最高。平均日照时数为2 826.3 h，日照百分率为64%。其分布规律是：3—10月最多，5月高达292.5 h，11月至翌年2月偏少，11月为197.4 h，其中生长季4—10月平均日照时数216.8 h，最长日照时数为6月，平均日照时数9.75 h。可满足国光苹果生长着色对光能的需要。

2.4 人文历史情况

历史渊源：据《嘉靖隆庆志》记载，在明朝嘉靖年间以前我县就有棉苹果、小苹果（如沙果、香果等）栽培历史记载，距今已有480年的历史。

产业发展：延庆区20世纪50年代引进国光苹果品种，随着不断走俏的市场种植面积不断扩大，至80年代国光苹果成为延庆区晚熟苹果树种中主栽品种。规模最大时曾达3万余亩，占当时全区苹果种植总面积的70%。80年代后期，随着红富士苹果的引进，果个大、糖度高、色泽光艳等特点使国光苹果受到冲击，延庆大部分地区逐渐将国光苹果通过高接换成富士以争抢市场。国光苹果随之遇冷。目前，全区境内尚存国光面积不足3 000亩，仅占苹果总面积的1/10。其他地区更是寥寥无几。

近几年，随着大众口味的调换，国光苹果再度成为消费者新宠。2007年，北京市果树处以发展精品农业，保护生物多样性为主题，组织举办了关于"北京市唯一性果品"申报活动。国光苹果作为延庆区唯一性果品之一纳入申报范围。延庆区境内目前还生长着10棵具有50年树龄的国光苹果树，这珍贵而罕见的历史年轮为延庆区国光苹果的唯一性又增添一份神秘而古老的历史气韵。

随着政府的重视程度的增加和管理水平的不断提高，国光苹果的品质不断提升，果个大小均匀、着色度增加，大部分成了全红果，色泽艳丽，酸甜适中。在2006年11月荣获"2006第二届中国国际林业产业博览会优秀参展产品奖"；2007年12月荣获"2007中国国际林业产业博览会金奖"。在第六届中国国际农产品交易会上，延庆国光受到广大市民的欢迎。尽管国光苹果的价格很高，但许多市民还是认为物有所值，出现抢购的现象。

3 生产技术要求

3.1 产地

选择海拔高，光照充足，昼夜温差大的延庆北山产业带。地势平坦、背风向阳，土质差异小，地下水位在1 m以下的地方，土层深厚质地疏松，排水良好的中性或微酸性土壤，遇不良土壤，针对具体情况，进行土壤改良。

3.2 品种选择

国光品种。

3.3 国光苹果管理技术要求

严格按照延庆国光苹果地方标准进行生产管理。①休眠期。做好冬季修剪，幼树以轻剪缓放开张角度缓和枝势，疏除背上直立密挤枝为主。成年树修剪是去强留弱，去直留斜调整各类枝的稀密度，改善树体通透条件，及果枝更新复壮；清除和防治越冬病虫、刮治腐烂病。②萌芽期。在萌芽前主枝和辅养枝进行拉枝，调整角度方位，并进行刻芽，促发大量的中短枝；萌芽前打3°~5°石硫合剂，防治越冬病虫害；萌芽前浇一次水，结合施复合肥。③花期。进行花前复剪，进行疏花，疏掉弱花，花朵少的花，仅留中心花，有条件的可进行花期放蜂或人工授粉。④幼果期。进行人工的疏果，要求每20 cm保留1个单果，疏掉病虫果、小果、畸形果，做到因树因枝定果定产；疏完果后要求及时套袋和进行夏季修剪，对幼树和初果树进行环剥（主干或辅养枝）6月上中旬进行；套袋前要进行一次药剂防治，防止把病虫套进果袋内。⑤夏季修剪。疏去部分密挤新梢，背上直立的新梢及剪据口萌蘖。8月下旬，对幼树进行拿枝、拉枝，调整枝条角度。⑥秋季。9月中下旬摘去果袋，通过摘叶转果等，使得果实达到充分着色；秋施有机肥，一般按果肥比1∶1为宜，对幼树剪去未停长的新梢幼嫩部分，促进其枝条充分成熟。

3.4 产品收获

果实完熟后要适时采收，国光苹果适宜采收时间在10月20日以后。

3.5 生产记录要求

国光苹果生产企业和农民专业合作经济组织，按照农产品质量安全法的要求建立生产记录，记载使用投入品的名称、来源、用法、用量和使用、停用的日期；苹果病虫害的发生和防治情况；采收日期等，生产记录保存两年。

4 产品典型品质特性特征和产品质量安全规定

4.1 外在感观特征

延庆国光果实扁圆形，果面底色黄绿着鲜红色条纹或全面鲜红色；果皮中等厚，果粉较多，果点小而密且明显，形状不规则；果肉淡黄色或绿白色，果肉细、肉质脆，风味甜酸适度，有香气。

4.2 内在品质指标

延庆国光苹果富含对人体有益的多种矿物质。采收时可溶性固形物达到15%~16%（果实套袋后下降1%~2%），果实硬度达到 8.2 kg/cm^2（18磅/cm^2）以上。含糖量高、耐贮存，果实品质明显不同于其他产地。果汁较多，在常温下可贮存5个月，在冷库条件下可贮至翌年6—7月，经贮存的国光风味诱人，是广大消费者所喜爱的果品之一。

4.3 安全要求

延庆国光苹果严格按照苹果栽培生产技术综合标准 DB11/T 081 进行生产和管理，合理使用农业投入品，严禁使用国家明令禁止使用的高剧毒农药，严格执行农药安全间隔期，经农药残毒检测合格方可上市。

5 包装标识等相关规定

5.1 分级包装

见表11-1。包装容器必须坚实牢固、干燥、清洁卫生，无不良气味，内外两面都无尖突物，对产品应具有充分的保护性能。

表11-1 分级包装

等级 项目名称	特级	一级	二级
果形	具有本品种应有特性	允许果形有轻微缺点	有缺点但仍保持本品种基本特征,无畸形果
果梗	完整	允许有轻微损伤	允许无果梗但不得伤害果皮
单果重	大于150 g	大于125 g,小于150 g	大于100 g,小于125g
果锈	果锈是苹果中若干品种的表皮特征,为不影响外观应符合下列规定的限制		
褐色片锈	不超出梗洼,不粗糙	轻微超出梗洼之外表面不粗糙	超出梗洼之外表面轻度粗糙
网状片锈	允许轻微而分离的平滑网状不明显锈痕,总面积不超过果面的1/10	允许平滑网状薄层,总面积不超过果面的1/5	允许轻度粗糙网状果锈,总面积不超过果面的1/2
重斑锈	无	允许最大面积不超过果面的1/20	允许最大面积不超过果面的1/3
果面缺陷	无	允许未伤及果肉、无害于一般外观和贮存质量的果皮损伤	允许对果肉无重大伤害的果皮损伤,允许不超过0.03 cm的干枯者2处

5.2 标识

标志使用人应在其产品或其包装上统一使用农产品地理标志(延庆国光名称和公共标识图案组合标注型式)。在形式和内容上必须完全统一,在箱外的同一部位印刷或贴上不易抹掉的文字和标记,标志内容应标明品名、品种、等级、产地、净重、包装日期,字迹清晰、容易辨认。

5.3 运输

苹果在堆放和装卸时要轻拿轻放,运输工具要清洁卫生,不得与有毒、有害物品混装、混运。

5.4 贮存

苹果贮存时,不得直接着地或靠墙存放,果品库内要加强防蝇、防鼠措施。冷藏时执行GB 8559 和GB/T 10651 标准。

第十二章 中华人民共和国农产品地理标志质量控制技术规范——安定桑椹

编号:AGI2010-07-00374　　　　　　　　　　　　　公布日期:2010-11-15

本质量控制技术规范规定了经中华人民共和国农业部登记的安定桑椹的地域范围、自然生态环境和人文历史因素、生产技术要求、产品典型品质特性特征和产品质量安全规定、产品包装标识等相关内容。

1 地域范围

安定镇位于北京东南部，距北京城区 60 km，毗邻河北省。地处北纬 39°34′~39°39′，东经 116°25′~116°32′，海拔 21~27 m。镇域南北长 13 km，东西宽 13 km，总面积 77.7 km^2。安定桑椹栽植面积约 300 hm^2，现年产量 275.9 万 kg，主要分布在以高店、前野厂、后野厂、通州马坊、沙河、后安定等村为主线的东北带；前辛房、马各庄、大渠、佟营、周园子等部分地区少量分布。

2 自然生态环境和人文历史因素

2.1 土壤地貌情况

安定桑椹种植区域地处永定河洪冲积平原，地势西北高东南低。土壤属潮土类壤质冲积物面沙二合土种，适宜农作物及林果生长。土壤 pH 值 7.0~8.5，富含铁锰锌等多种矿物，有机质含量≥1%。

2.2 水文情况

大、小龙河自西北入境，于东白塔东部汇流后出境，境内流长 13 km。北部岔河自西北流经镇域 10 km。可利用地表水少，地下水埋深 5~10 m，100 m 以内含水层中粗砂为主，年均降水量 589 mm，蒸发量 437 mm，为弱型富水区。水体质量达到国家饮用水二级标准，空气质量达到国家一级标准，为安定桑椹提供了独一无二的自然生长环境，为生产优质桑椹提供了可靠的保证。

2.3 气候情况

安定镇地处低海拔的中纬度地区，海拔 21~27 m，气候属温带半干旱大陆性气候，四季分明，春季干旱、多风沙、增温快；夏季炎热，降水比较集中；秋季天高气爽；冬季寒冷干燥少雪，无霜期 200 d 以上。大气透明度较大，光能资源较丰富，可满足桑椹生长着色对光能的需要。

2.4 人文历史情况

2.4.1 历史

桑椹古籍《尔雅》中称作桑葚。桑树是我国农村常见树种，植桑养蚕在我国有着悠久历史。《诗经》中已有描述桑树的诗句。西汉的农学家氾胜之在给朝廷的奏折中，专门谈了植桑方法和养蚕的重要性，后人还把他有关植桑的阐述整理成《氾胜之书》。

2.4.2 典故

辛弃疾有"陌上柔桑破嫩芽，东邻蚕种已生些"的诗名，陆放翁也有"桑柘成阴百草香，缲车声里午风凉"，不难看出植桑养蚕是当时人们衣着的重要来。桑椹在旧时是祭祀神灵和祖先的必需供品，《帝京岁时记》上说："五月朔……家堂奉祀，蔬供米粽之外，果品则红樱桃、黑桑椹、文官果、八达杏"。

2.4.3 营养

成熟的桑椹果营养丰富，含有丰富的葡萄糖、蔗糖、果糖、胡萝卜素、维生素（A 原、B_1、B_2、PP 及 C）、苹果酸、琥珀酸、酒石酸和钙、镁、铁、锰、锌等矿物质成分磷质等营养成分。

2.4.4 保健

桑椹入肝、肾经。中医主张"发为血之余"、"肾生发"，因桑椹色黑入肾而养血，能营养毛发，使毛发早白的人可由白变黑。根据中医理论，"肝开窍于目"，桑椹既入肝经，可补虚益气、滋阴明目，使双眼有神。

桑椹是水果中含铁量最高的，深具补血功效，可改善缺铁性贫血；其含磷量也是名列前茅，常吃可镇定神经，改善烦躁不安。

作为保健食品，桑椹除鲜食外，还可以制成桑椹酒、桑椹糖、桑椹蜜饯、蜜膏等。用桑椹酿制的酒紫红色、晶莹夺目、味香醇，可用于肝肾阴亏引起的消渴、便秘、关节不利、耳鸣、目暗等症。

2.4.5 大兴桑椹

大兴区安定镇是北京市十大果品产区之一，尤以桑树种植最为著名。这里的沙土洁净，透气性好，适合桑椹生长。桑树耐旱、不生病虫害、不用剪枝打药，结出的桑椹是真正的天然食品，它含有丰富的维生素和胡萝卜素，有利于人体健康长寿。桑树的根、皮、叶都可入药，具有补肝、益肾、明目、补血等功效。

据《大兴县志》记载，公元485年（北魏孝文帝太和九年）大兴区就有桑椹栽培历史记载，距今已有1 500多年的历史。

大兴区安定镇桑椹种植有着悠久的历史及传统，早在明、清时期，安定出产的白色蜡皮桑椹就曾作为"贡品"出现在皇家的餐桌上。御林古桑园位于安定镇东北部地区前野厂村，占地面积350亩。园中有古桑近千株，其树龄均达到100年以上，其中被列为北京市二级保护树木的古桑树树龄已经有240余年。该园是华北最大、北京地区独有的古桑园，这千株古桑已成为一大风景。

民间流传，西汉末年王莽篡位，刘秀出逃慌不择路，逃进安定镇桑园。刘秀又饥又渴，恰逢桑椹掉落，尝之清爽甜美，下令军中食之，使军心大振，反败为胜，后被封为"桑树王"。

现在，大兴区桑树初步形成了果桑、乔桑、饲料桑三大类20多个品种。不仅如此，安定镇还开发出桑椹汁、桑椹酒、桑叶茶等十余个深加工品种，产品远销日本、韩国等国家和地区。

2003年底，安定镇被中国优质农产品开发服务协会确认为"中国桑椹之乡"。2004年，大兴区向国家林业局申报了国家级森林公园建设项目，当年得到了国家林业局的批复，正式定名为"大兴古桑国家森林公园"，规划面积1.7万余亩。2007年1月，安定镇大兴古桑国家森林公园，成为北京奥运会筹备期间接待外国记者采访指定单位。2007年4月，安定镇御林古桑园正式通过专家论证成为大兴区区级非物质文化遗产。

目前御林古桑园已被评为市级观光园，年接待游人近10万人次。为了更好地弘扬安定镇桑文化，推广桑产业的发展，自2002年开始，每年都在园内举办"安定镇桑椹文化节"。2008年，第七届桑椹文化节的主题为"弘扬桑土文化、培育时代农民、构建和谐安定"。

3 生产技术要求

3.1 产地选择与特殊内容规定

土壤含盐量不高于0.3%，以砂壤土、壤土为宜，pH值7.0~8.5。

3.2 品种选择与特定要求

适宜品种：白蜡皮、蚂蟥红、小豆黑、黑蜡皮、小豆白、大10（温室品种）等。

3.3 生产过程管理

按照生产技术规程进行修剪、施肥、灌溉和采收，不需要使用农药，遇特殊情况可少量使用农药。

3.4 产品收获规定

采收时的可溶性固形物含量达到70%以上。选晴天采收，果实采后及时装车，在6 h内运至榨汁厂榨汁，以保持果实新鲜。

生产记录要求：桑椹生产企业和农民专业合作经济组织，应当按照农产品质量安全法的要求建立生产记录，记载使用投入品的名称、来源、用法、用量和使用、停用的日期；病虫害的发生和防治情况；采收日期等，生产记录保存两年。

4 产品典型品质特性特征和产品质量安全规定

4.1 外在感官特征

"安定桑椹"除保持栽培品种固有特征外，因申报区域范围内独特的自然条件和相应的生产技术，形成了以下特殊的品质特征：果实饱满、着色均匀，具有光泽；平均单果重3~5 g；口感纯正、味甜、咀嚼后略有渣滓。手感微软。

4.2 内在品质指标

安定桑椹可溶性固形物含量≥17%。

4.3 安全要求

安定桑椹应严格按照无公害食品生产技术规程进行生产和管理，合理使用农业投入品，严禁使用国家明令禁止使用的高剧毒农药，严格执行农药安全间隔期，经农药残毒检测合格方可上市。

5 包装标识等相关规定

5.1 包装

销售的产品，应按照《中华人民共和国农产品质量安全法》的相关规定进行包装，每盒490~500 g。

5.2 标识

标志使用人应在其产品或其包装上统一使用农产品地理标志（安定桑椹名称和公共标识图案组合标注型式）。

5.3 其他

运输、贮存应符合《中华人民共和国农产品质量安全法》的相关规定。

第十三章 中华人民共和国农产品地理标志质量控制技术规范
——通州大樱桃

编号：AGI2010-09-00444　　　　　　　　　　　　公布日期：2010-12-24

本质量控制技术规范规定了经中华人民共和国农业部登记的通州大樱桃地域范围、自然生态环境和人文因素、生产技术要求、产品典型品质特性和产品质量安全规定、产品包装标识等相关内容。

1 地域范围

通州区位于北京市东南部,京杭大运河北端。地处京津冀三省市交会的中心地带。地理坐标为东经116°32′00″~116°56′00″,北纬39°36′00″~40°02′00″,东西宽36.5 km,南北长48 km,面积912.34 km^2,平均海拔高度20 m。通州大樱桃栽植面积约665 hm^2,年产鲜果50万kg,主要分布在西集镇的沙古堆、儒林、供给店、郎东、小辛庄、老庄户等村,以及北运河沿线的潞城镇、张家湾镇等乡镇。

2 自然生态环境和人文历史因素

2.1 土壤地貌情况

通州大樱桃种植重点区域地处北运河及潮白河冲积平原。地势平坦,局部有沙丘,地面高程15~18 m,呈北高南低态势,高出现代河床2 m;沿河现代河漫滩地,土质肥沃,土壤呈中性,土壤属潮土类壤质冲积物面沙二合土种,为通州大樱桃的生长提供了有力的保证。土壤pH值7.5~8.5,富含铁、锰、锌等多种矿物。

2.2 水文情况

通州区域内水资源丰富,境内分布河流计有13条,均属海河流域,分别属于北运河、潮白河两大河系。

北运河历史上为京杭大运河的起、终点,区内流经通州镇、永顺镇、张家湾镇、漷县镇、西集镇,于西集镇牛牧屯出境,区境内河道长42 km,堤防69 km,流域面积164.5 km^2。潮白河为流经北京市北部、东部的重要河流,上源有两支,东支为潮河,西支为白河。区域内河长41.7 km,堤防36.6 km,流域面积69.6 km^2,水面最宽处约700 m,水量较大。丰富的水资源为通州大樱桃提供了独特的自然生长环境,为生产优质大樱桃提供了可靠的保证。

2.3 气候情况

通州区属温带大陆性季风气候,四季分明,雨热同季。春天干旱少雨、多风;夏季炎热多雨;秋季天高气爽,风和日丽;冬季干燥寒冷。年平均气温13.2℃。最高气温一般出现在7月,月平均气温29.7℃;最低气温一般出现在1月,月平均为-6.1℃。多年平均年降水量615 mm,年际变化比较大。各月降水量分配不均,7、8月降水量最多,占全年降水量75%以上,1月和12月降雨最少,不足全年降雨的1%。全年降雨日数一般70 d左右。无霜期年平均为4月20日—10月15日,无霜期179 d。霜冻一般在10月末至翌年3月末。降雪期一般在11月中旬到3月中下旬,多年平均初雪日12月1日,终雪日3月20日。积雪厚度几毫米。

区域内光照丰富,全年总日照时数多年平均为2 730 h。全年以春季最多,夏季因雨季而减少,秋季少于春季,但较夏季多,冬季最少。年平均日照百分率为62.2%,秋、冬季最高,夏季最低。

相对湿度多年平均为60%,年际间在55%~67%区间变化。一年中,冬季绝对湿度小,最低值出现在1月,夏季绝对湿度大,最高值出现在7月,相对湿度大体也是如此。

2.4 人文历史情况

中国樱桃原产于我国,已有2 000多年的栽培历史。通州樱桃最早开始于明末清初,据《通县志》记载,通州区在战国时期,县内即有枣树种植,金、元、明朝廷倡导栽植,增加桃、杏、梨、葡萄等品种，民国时期又增添樱桃、柿子、李子、苹果、山里红等种植（其中樱桃种植距今已有近百年的历史）。

为了提高知名度，2005年起正式举办通州区樱桃采摘节，2010年已举办第六届。2007年5月26日，北京百万市民观光采摘启动仪式在通州区举办，市领导、市区各相关单位、有关专家、文化名人等200多人参加。对通州大樱桃进行宣传。2010年的第六届通州大樱桃采摘节在王府井大街举办，著名书法家米南阳为通州大樱桃题字。

结合采摘节，通过宣传海报、宣传册等方式进行宣传，通州大樱桃采摘人数逐年增加，2009年采摘人次突破20万，给周边民俗旅游户及餐饮业带来间接收入近百万元。

通州区是北京市主要果品产区之一，尤其以樱桃种植最为著名。这里的砂壤土土质透气性好，特别适合樱桃生长。通过农业结构调整和政策引导，使通州大樱桃种植规模快速发展，种植规模位居全市前列。

3 特定生产技术

3.1 产地选择与特殊内容规定

通州大樱桃基地多为砂壤土、水源充足、交通方便，空气、灌溉水及土壤无污染，符合国家相关生产技术要求，年平均气温为12~14℃，年平均降水量为580~630 mm，无霜期年均为160~180 d，pH值7.5~8.5。

3.2 品种选择与特定要求

适宜品种：主栽品种选择大果型、甜味浓、肉质脆、色泽艳、丰产性好等综合优良性状的大樱桃品种，按成熟时果实颜色分为深红、红、黄三大类，其中深红色的有早大果；红色品种有先锋；黄色品种有雷尼。

3.3 生产过程管理

按照生产技术规程进行修剪、施肥、灌溉和采收，凡使用的投入品应符合国家的相关规定。

3.4 产品收获规定

樱桃采收时一定要由内到外，自下而上，依次采收，避免伤及未采果。采摘后的果品在装箱时不得超过箱口的平面，以免压伤压坏。采收时的可溶性固形物含量达到13%以上。采摘时间选择晴天早上采收为宜，果实采收后及时包装、运输，在12 h内运至销售地点，以保持果实新鲜。

3.5 生产记录要求

大樱桃的生产单位和农民专业合作经济组织，认真做好通州大樱桃的生产情况、病虫害发生情况、技术措施、农药肥料的使用情况、建立通州大樱桃生产过程记录档案，记载投入品的名称、使用时间、使用目的、使用方法、使用量。

4 产品典型品质特性特征和产品质量安全规定

4.1 外在感官特征

通州大樱桃产于北京东部潮白河和北运河两河平原，土壤为砂壤土，昼夜温差大，适宜樱桃生长。果实成熟早。果形个大饱满、整齐美观；红灯等红色品种果色深紫色，雷尼等黄色品种底色嫩黄、阳面鲜红、色泽艳丽；果肉肥厚细腻，柔韧多汁，皮薄而脆；果实糖度高，酸甜适口，风味独特。

4.2 内在品质指标

通州大樱桃单果重 6.5 g 以上，可溶性固形物≥17.5%，硬度≥6.5 N/cm^2。

4.3 安全要求

通州大樱桃严格按照国家的相关规定，生产技术规程进行生产和管理，合理使用农业投入品，严禁使用禁止使用的化学农药，经农药残毒检测合格方可上市。

5 包装标识等相关规定

5.1 包装

销售的产品应按照《中华人民共和国农产品质量安全法》的相关规定进行包装，每盒 2~5 kg。

5.2 标识

标志使用人应在其产品或其包装上统一使用农产品地理标志（通州大樱桃名称和公共标识图案组合标注型式）。

5.3 其他

运输、贮存应符合《中华人民共和国农产品质量安全法》的相关规定。

第十四章 中华人民共和国农产品地理标志质量控制技术规范——延庆葡萄

编号：AGI2011-05-00750　　　　　　　　　　　公布日期：2011-12-20

本质量控制技术规范规定了延庆葡萄的地域范围、独特自然生态环境、特定生产方式、产品品质特色及质量安全规定、标志使用规定等要求。本规范文本经中华人民共和国农业部公告后即为国家强制性技术规范，各相关方必须遵照执行。

1 地域范围

延庆区位于北京西北部，八达岭长城脚下，距北京城区 70 km，地处北纬 40°16′~40°47′，东经 115°44′~116°34′，延庆盆地北靠北京第二高峰海坨山，南依八达岭长城的军都山，为南、北、东三面环山，西南临官厅水库的小盆地，保护区域面积 1 993.75 km^2。现生产面积达 2 万亩，2014 年达 6 万亩。主要分布在县西部沿北山和南山的张山营镇、旧县镇、香营乡、永宁镇、八达岭镇和康庄镇等地。现年产量 680 万 kg，产值 2 856 万元。

2 独特自然生态环境

2.1 土壤地貌情况

延庆盆地地形类型比较复杂，中山、低山、丘陵、台阶地、河川、旱地都有。境内群山起伏，连绵不断，中间为西南向东北走向的"V"形延庆盆地，面向官厅水库。地势东北高，西南低，逐渐倾斜，海拔500~600 m。土壤有碳酸盐褐土、潮土、水稻土、草甸土、风沙土。其中碳酸盐褐土分布最广，占总土壤面积的67.68%。土壤以褐土和壤土为主，土壤pH值7.0左右，山地丘陵属片麻岩风化土，富含铁锰锌等多种矿物质，有机质含量≥1%。

2.2 水文情况

延庆地区水资源丰富，水质优良。延庆地处永定河、潮白河水系上游，属独立水系。境内有四级以上河流18条，三级河流2条，妫水河是全境最大的河流，流域面积1 064.3 km²。全县水资源总量7.8亿 m³，其中地表水5.64亿 m³、地下水2.23亿 m³，人均水资源占有量2 088 m³，是北京市人均占有量的5倍。水体质量达到国家饮用水二级标准，空气质量达到国家一级标准。

2.3 气候情况

延庆盆地地处海拔高的中纬度地区，位居北京城的上风上水位置，空气质量好，大气透明度高，光照充足，紫外线强，昼夜温差大，年平均日照时数为2 826.3 h，与北京其他区县相比，年太阳辐射量最高。年均气温8.5℃，年平均降水量441.8 mm，无霜期180 d左右。延庆盆地春季气温回升很快，促进了葡萄芽萌后的快速生长。据多年观察，延庆盆地葡萄产区从萌芽到开花仅1个月左右时间，有利于营养积累，也有利于开花坐果。

3 特定生产方式

3.1 产地

选择土层深厚、土壤肥沃、地势缓倾、阳光充足、便于耕作的地方；土壤应以肥沃的轻壤土为最佳，pH值6~8；地下水位在1 m以下，遇不良土壤针对具体情况进行土壤改良。

3.2 品种选择

延庆地区气候冷凉，以成熟期较晚的品种为主栽品种，如红地球、美人指等，以及部分设施葡萄品种。

3.3 生产过程管理

按照《延庆区鲜食葡萄标准化栽培技术规程》进行生产管理，采取独龙干树形，推行免耕覆盖制度，生产中禁用未经处理的城市垃圾或含有害物质的肥料，禁止使用硝态氮肥和未腐熟的人粪尿。

3.4 产品收获

果实的颜色，含糖量达到本品种的标准时，方可采收。

3.5 生产记录要求

葡萄生产企业和农民专业合作经济组织，应当按照农产品质量安全法的要求建立生产记录，记载使用投入品使用情况、病虫害防治情况等，生产记录保存两年。

4 产品品质特色及质量安全规定

本部分内容主要表述反映登记产品特有的品质特性特征主要包括如下方面。

4.1 外在感官特征

延庆葡萄果穗整齐，果粒均匀，果实着色浓艳，果粉厚，肉质脆，风味浓郁。

4.2 内在品质指标

葡萄采收时的可溶性固形物达16%以上。

4.3 质量安全要求

延庆葡萄严格按照农业农村部颁布的绿色食品标准体系和有机食品标准体系及延庆葡萄生产地区标准组织生产和管理。合理使用农业投入品，禁用国家明令禁止使用的高剧毒农药，严格执行农药安全间隔期，经农药残毒检测合格方可上市。

5 标志使用规定

5.1 包装

所选材料应符合食品卫生的要求。果箱标准不宜过大，以 5 kg 左右为宜。箱内设格，果穗分开以避免挤压。保鲜膜采用国家保鲜中心的产品。

5.2 标识

保护地域范围内的"延庆葡萄"生产经营者，在产品或包装上使用农产品地理标志，须向延庆区果品中心提出申请，并按此技术规范生产，其产品或其包装上统一使用"延庆葡萄"和农产品地理标志公共标识相结合的标识标注方法。同时，包装上应标明产地、采摘日期或包装日期、生产单位或经销单位。农产品地理标志使用人如取得其他农产品认证证书的，可在其产品或包装上加贴相应的标志。

5.3 运输

运输过程中一定要轻拿轻放，避免摔伤，影响贮存。

5.4 贮存

保鲜库贮存。使用前要进行库体消毒，设备检修，提前 2~3 d 预冷，保证葡萄进库时库温达-2℃。保鲜药剂选择：选择国家保鲜中心药品，根据不同品种，采用不同的药剂。贮存期管理：温度在-0.5~0.5℃，库温稳定，注意库内通风。

第十五章 中华人民共和国农产品地理标志质量控制技术规范
——妙峰山玫瑰

编号：AGI2011-05-00751　　　　　　　　　　公布日期：2011-12-20

本质量控制技术规范规定了妙峰山玫瑰的地域范围、独特自然生态环境、特定生产方式、产品品质特色及质量安全规定、标志使用规定等要求。本规范文本经中华人民共和国农业部公告后即为国家强制性技术规范，各相关方必须遵照执行。

1 地域范围

门头沟区妙峰山镇位于北京市正西偏南，镇辖区面积 110 km²。地势北高南低，最高为妙峰山主峰，海拔 1 290.8 m；最低处为永定河谷，海拔 134 m。"妙峰山玫瑰"主要分布在妙峰山镇涧沟村和禅房村，两村辖区面积 17.64 km²，海拔 800~1 200 m。保护区在地理坐标北纬 40°35′10″~40°39′20″，东经 115°57′10″~116°03′45″，保护面积 335 hm²，年产量 15 万 kg。

2 自然生态环境

2.1 土壤地貌情况

"妙峰山玫瑰"保护区域所属妙峰山属太行山余脉,坐北朝南,呈簸箕形盆地,受热排水条件好;土壤腐殖层较厚,有机质含量高,N、K水平属华北地区中高水平;土壤pH值6.02~7.08,硼含量高于全国平均水平一倍,可能是妙峰山玫瑰含油量高、油质好的直接原因。

2.2 水文情况

妙峰山镇水资源由地表水和地下水两部分组成。地下水分为浅层地下水和深层地下水:浅层地下水主要分布在永定河河谷沿岸滩地,埋深在20 m以内;深层地下水主要分布在基岩区,埋深在150~250 m以上;碎屑岩或岩浆岩出露区有溢出地面的裂隙水,但出水量不大。全镇的雨水资源约6 600万 m^3。按径流系数0.17计算,地表年径流量约1 122万 m^3(不包括过境径流量)。由于降水量变幅大,缺少有效的蓄水工程,地表径流利用率低。

2.3 气候情况

妙峰山镇位于西山前沿,是东亚季风与西北大陆季风的交汇带,也是东亚湿热气候向大陆干旱气候的过渡带,形成干湿交替的气候特点。夏季高温多雨,7、8月最高温度在35℃以上;冬季干燥寒冷,最低温度-15℃左右。夏至日照时数不少于13 h,花期雨少,光照充足,有利于芳香油的形成和积累。无霜期190~205 d,冬季最大冻土深度58~80 cm。夏季多刮东南风,冬季多西北风,年均风速3 m/s,最高风速24 m/s。

受燕山山脉地形走向影响,妙峰山—髽鬏山—庙安岭一线迎风坡的东南部,年均降水量都在600 mm以上,是门头沟山区雨量较多的地区,妙峰山镇正位于这个区域内,降水量较大。但降水年际变化大,分布不均匀,最大可达1 200 mm,最少只有200 mm;尤其是近年来连续干旱,年降水量都在300 mm左右;区域年内降水分布也不均匀,70%以上集中在6月下旬至9月中旬,水热同季,对作物生长十分有利。

3 生产技术要求

3.1 产地选择与特殊内容规定

妙峰山玫瑰基地多为富含有机质的山地棕壤和山地林溶褐土,土壤肥沃,水源主要以自然降水为主,逐步实施收集自然降水及深井水进行节水灌溉配套,水温适中,交通便利。空气、灌溉水及土壤无污染,符合国家相关生产技术要求。常年气温在-15~35℃,年平均气温10℃左右,年平均降水量为500~600 mm,年均无霜期190~205 d。pH值6.02~7.08,适宜玫瑰花生长。

3.2 品种选择与特定要求

妙峰山玫瑰花种植栽培以重瓣红玫瑰为主。栽培的重瓣红玫瑰株高150 cm左右,主茎蔓灰褐色,小枝粗壮,节间短,冠开张。叶椭圆形,红紫色。

3.3 生产过程管理

按照生产技术规程进行修剪、施肥、灌溉和采收,凡使用的投入品应符合国家的相关规定。加强预测预报工作,对虫害的防治要及时到位。

3.4 产品收获规定

鲜花开放后即可采收。采摘根据花开先后,多次采收。采摘方法:用拇指与食指捏住花朵花柄，连花柄一起摘下。

3.5 生产记录要求

经常观察玫瑰生长情况，并做好观察记录。玫瑰生产单位和农民专业合作经济组织，认真做好妙峰山玫瑰的生产情况、病虫害发生情况、技术措施、农药肥料的使用情况、投入品采购与使用情况、玫瑰采收情况及产品检测情况。建立妙峰山玫瑰生产过程记录档案，详细记录投入品的名称、使用时间、使用目的、使用方法、使用量。

4 产品典型品质特性特征和产品质量安全规定

4.1 外在感官特征

妙峰山玫瑰株高 150 cm 左右，株形直立，主茎蔓灰褐色，分蘖多，根蘖粗壮，直立丛生，节间短；嫩枝刺密，有刺毛，小叶长椭圆形，主脉少刺，叶面皱褶明显；花形盘状，露心、花瓣 40 片以上，花色为纯正的玫瑰红色，花径大于 5 cm，单花重 4.0 g 以上；不结实，以分蘖繁殖为主。花瓣可食用，香气浓郁。

4.2 内在品质指标

出油率为 0.04%~0.05%。

4.3 安全要求

妙峰山玫瑰严格按照国家的相关规定进行标准化生产，合理使用农业投入品，严禁使用禁止使用的化学农药，经农药残毒检测合格方可上市。

5 包装标识等相关规定

5.1 标识

保护地域范围内的"妙峰山玫瑰"生产经营者，在产品或包装上使用农产品地理标志，须向延庆区果品中心提出申请，并按此技术规范生产，其产品或其包装上统一使用"妙峰山玫瑰"和农产品地理标志公共标识相结合的标识标注方法。

5.2 包装

销售的产品应按照《中华人民共和国农产品质量安全法》的相关规定进行包装，每盒 200~500 g。

5.3 其他

运输、贮存及保鲜应符合《中华人民共和国农产品质量安全法》的相关规定。

第十六章 中华人民共和国农产品地理标志质量控制技术规范
——海淀玉巴达杏

编号：AGI2014-01-1377　　　　　　　　　　　　　公布日期：2014-05-22

本质量控制技术规范规定了海淀玉巴达杏的地域范围、独特自然生态环境、特定生产方式、产品品质特色及质量安全规定、标志使用规定等要求。本规范文本经中华人民共和国农业部公告后即为国家强制性技术规范，各相关方必须遵照执行。

1 地域范围

海淀玉巴达杏主要分布在海淀区西山东麓沿线，包括苏家坨镇七王坟村、西埠头村、车耳营村、西山农场、徐各庄村、北安河村、南安河村、草场村、周家巷村、聂各庄村，温泉镇白家疃村、温泉村、杨家庄村，西北旺镇冷泉村、韩家川村，四季青镇香山村（1街坊、2街坊）。地理坐标为：东经116°03′~116°16′，北纬39°58′~40°06′。栽植面积约270 hm²，年产量约1 600 t。

2 独特自然生态环境

海淀地势西高东低，属暖温带半湿润的山地丘陵及山麓平原地区，海拔高度50~1 278 m。西部山区统称西山，属太行山余脉，整个山势呈南北走向，仅黄道岭处山峦向东稍有延伸至望儿山，呈东西走向，形成一个"C"形山洼，冬春季气温较平原高1.5℃左右，最高时达到2℃，使海淀玉巴达杏不怕早春寒冷，在4月初开花。西山山区土壤类型褐土，土壤质地以轻壤为主，少数为中壤，土壤通透性好，土壤酸碱度在6.5~8.0，有机质含量在6 mg/kg以上。气候属温带湿润季风气候区，冬季寒冷干燥，盛行西北风，夏季高温多雨，盛行东南风。年均气温12.5℃，年日照时数2 662 h，日照充足，无霜期211 d。年平均降水量628.9 mm，集中于夏季的6—8月，6月下旬开始进入雨季。4月杏花受粉期间一般不会出现刮风下雨，杏生长期间光照充足、少雨使杏颜色鲜艳、品质香甜。西山是南沙河发源地，海淀区内长度13 km；多处有山泉，山地杏树多为旱作栽培，由于春季干旱，在关键时期也用泉水灌溉。

3 特定生产方式

3.1 产地要求

海淀玉巴达杏种植选择在丘陵山地背风向阳的缓坡地带，海拔高度70~300 m，土壤壤质偏砂，排水通畅。1月平均气温不低于-10℃，生长季不低于10℃的有效积温为4 100℃；花期最适宜温度为11~13℃；生长期临界温度下限要求花蕾期为-3.8℃，盛花期为-2.2℃，幼果期为0.5℃。土壤pH值6.5~7.0，有机质含量6 mg/kg以上，土壤含盐量小于0.2%。以上近似苛刻的自然条件使海淀玉巴达杏丰产稳产，品质优良。

3.2 品种选择

选用海淀原产地品种大玉巴达杏。一般3月中旬花芽萌动，4月上旬为盛花期，花期5~7 d，4月上旬叶芽萌动，6月上旬果实成熟，属早熟品种，11月上旬落叶。繁殖一般在当地野生4~5年山杏上直接进行劈接或插皮接，要求砧木耐旱、耐寒，适应性强，树势强健；或者用当地野山杏杏核秋天上冻前种植，第三年进行芽接或劈接。嫁接苗4年开始结果，高接树3年可结果，8~10年生开始进入盛果期，一般盛果期树单株产量可达100 kg左右。以短果枝和花束状果枝结果为主，较丰产。栽培时可选串枝红或白杏等为授粉品种；修剪时要注意多拉枝，少短截，注意多培养短果枝和花束状果枝。

3.3 生产控制

①施肥。施基肥：一般在落叶前或在萌芽前15 d，以迟效性有机肥为主（如堆肥、绿肥、落叶等），骨粉、复合肥等也可作基肥深施；采用环状沟施或放射状施肥方法，株

施优质有机肥50 kg、0.3~0.5 kg硼肥、1~2 kg磷酸二铵或磷酸二氢钾；施肥后灌足水。土壤追肥：时期为花前、花后、幼果膨大及花芽分化期和果实开始着色至采收期间；花前肥每株追施尿素0.3~0.5 kg；果实膨大期以速效氮肥为主，配以磷、钾肥，每株施磷酸二铵0.5~0.6 kg；采果后追肥以磷、钾肥为主，配以少量氮肥，每株施三元复合肥1.5~2 kg。根外追肥：花前喷0.5%~1%的尿素水溶液，花期喷0.3%硼砂加0.3%尿素混合液，花后喷0.3%尿素加0.3%磷酸二氢钾，果实膨大期喷0.3%~0.4%的磷酸二氢钾，花芽分化期每隔半月喷1次0.2%~0.4%磷酸二氢钾。②灌溉。灌水时期分别是萌芽前、新梢生长期、幼果膨大期，封冻前结合施肥灌1次透水，其他时期根据干旱情况灌水；果实成熟期勿灌水。雨后或出现积水时及时排水。③花期。放蜂有助于授粉，一般每公顷放置2.5箱蜂，开花前一天放蜂至花后结束；花期易发生冻害的地方，可采用花前灌水、熏烟等方法，防止花器官受冻。④其他。生长季节降水或灌水后，及时中耕除草，松土保墒；提倡杏树幼树间作矮杆作物、绿肥、生草、覆草或覆盖地膜；树形主要包括自然圆头形、疏散分层形、自然开心形等；病虫害防治以预防为主，采取农业、生物、化学综合防治相结合的方法。

3.4 采后处理

采收时期根据销售途径以鲜食成熟度确定。采收前要做好估产，准备采摘、盛果的工具，运输车辆和存放场地。采收采用人工采摘，摘下的果实先轻放在铺有毛纸或布的篮子里或布兜里，然后拣入果箱。每箱装填要适量，不可过多过高，不得挤压。按先冠外后冠内、先下层后上层的顺序进行采摘。

4 产品品质特色及质量安全规定

海淀玉巴达杏果形较大，单果重50~70 g；果实扁圆形，果顶微凹；梗洼广浅、肩平；成熟时果皮底色黄白，阳面有鲜红晕；果肉细腻，柔软多汁，口感香味浓郁，味酸甜；半离核，仁甜。品质优良。含可溶性固形物为10.0%~13.0%，含酸量为1.60%~1.80%，每百克鲜果含维生素C 6.0~6.5 mg。要求生产、销售严格执行《农药安全使用准则》（GB 4285—1989）、《肥料合理使用准则 通则》（NY/T 496—2010）等国家、地方标准。

5 标志使用规定

本地域范围内的海淀玉巴达杏生产经营者，在产品或包装上使用已获登记保护的农产品地理标志，须向登记证书持有人"北京市海淀区农业科学研究所"提出申请，并按照相关要求规范生产，统一采用产品名称和农产品地理标志公共标识相结合的标识标注方法。标志只允许与登记证书持有人签订农产品地理标志使用协议的标志使用人使用，且用标前必须对产品进行严格检测。标志印刷须符合《农产品地理标志公共标识设计使用规范手册》要求，加贴型标志要贴在包装的明显位置，任何人不得冒用。登记证书持有人负责建立规范有效的标志使用管理制度，对标志的使用实行动态管理、定期检查，并提供技术咨询与服务。

第十七章　中华人民共和国农产品地理标志质量控制技术规范
——延怀河谷葡萄

编号：AGI2014-02-1456　　　　　　　　　　　　　　公布日期：2014-07-28

本质量控制技术规范规定了延怀河谷葡萄的地域范围、独特自然生态环境、特定生产方式、产品品质特色及质量安全规定、标志使用规定等要求。本规范文本经中华人民共和国农业部公告号即为国家强制性技术规范，各相关方必须遵照执行。

1　地域范围

以官厅水库为中心，地跨延庆、怀来两区县。北靠燕山山脉，南依有八达岭长城的军都山脉，中部为妫水河、桑干河、洋河河谷、官厅水库沿岸区域。涉及延庆的张山营镇、旧县镇、香营乡、永宁镇、沈家营镇、康庄镇、延庆镇和八达岭镇共8个乡镇30个行政村；怀来县的小南辛堡镇、桑园镇、狼山乡、北辛堡镇、王家楼乡、土木镇、存瑞镇、桑园镇、官厅镇、孙庄子乡、瑞云观乡、东花园镇、西八里镇、东八里乡、大黄庄镇和新保安镇共16个乡镇150个行政村。地理坐标为：东经115°6′~116°34′，北纬40°4′~40°47′。种植面积约2万hm^2，年产量约16.3万t。

2　独特自然生态环境

延怀河谷地区位于北纬40°左右河谷地带，海拔470~700 m，属温带大陆性季风气候，是中温带半干旱区，也是我国著名的葡萄产区。产区年大于10℃的有效积温为1 558℃，7月平均气温22℃，具备生产优质葡萄所需的温度条件。产区光照充足，年日照时数高，平均达2 926 h，昼夜温差大，9月昼夜温差达13.7℃，有利于葡萄果实中糖分的积累。产区年降水量少，一般不高于442 mm，水热系数为1.03，病虫害相对较轻。土壤属中性至微碱性，是碳酸盐褐土，母质为洪积物及黄土母质，其特点是矿物质丰富、质地适中、疏松多孔，非常适宜葡萄生长。水资源丰富，水质优良，境内有18条主要河流，永定、桑干、洋河、妫河4条为常年性河流，其余14条为季节河，地下水资源丰富。

3　特定生产方式

3.1　产地要求

选择土层深厚、土壤肥沃、地势缓倾、阳光充足、便于耕作的地方；土壤以肥沃的轻壤土为最佳，pH值6~8；地下水位在1 m以下，遇不良土壤针对具体情况进行土壤改良。

3.2　品种选择

延怀河谷地区气候冷凉，以成熟期较晚的品种为主栽品种。鲜食葡萄：白马奶、龙眼、红地球、美人指；酿酒葡萄：赤霞珠和霞多丽。

3.3 生产控制

鲜食葡萄采用小棚架独龙干超短梢方式栽培管理。酿酒葡萄采用双篱架式栽培。①4月，当平均气温达到10℃时，葡萄出土。之后完成晒条、刮老皮和喷3°~5°石硫合剂以及葡萄上架绑缚，同时做好葡萄追施复合肥（0.5斤/株）工作。②5月，葡萄重点做好抹芽、定梢、掐须、绑条和喷布波尔多液1∶1∶200倍防治病虫害工作。③6月，重点做好绑条、定穗、摘心等夏剪工作，同时追施发酵沼液和（0.3斤/株）矿质肥，花期喷布0.3%硼砂，叶面喷施多元微肥、氨基酸钙肥和浇水，花前用1∶0.5∶240波尔多液防治病虫害以及除草工作。④7月，鲜食葡萄整理果穗、套袋、摘心和抹梢，追施高氮冲施肥，叶面喷施多元微肥和浇水，喷施1∶0.5∶200波尔多液防治病虫害。酿酒葡萄不做套袋工作。⑤8月，葡萄摘心，追施高磷钾冲施肥，叶面喷施多元微肥，上防鸟网或防雹网和喷施波尔多液1∶2∶200倍防治病虫害。⑥9月，葡萄园秋剪，月初摘袋、摘叶、铺反光膜，9月下收反光膜，开沟，亩施腐熟有机肥4 000~5 000 kg。中熟品种采收、分级、包装。酿酒葡萄不做摘袋、铺、收反光膜工作。⑦10月，晚熟鲜食葡萄品种收反光膜，采收、分级、包装，10月底葡萄修剪下架，做埋土防寒工作。⑧葡萄埋土防寒可到11月初，之后清园。⑨12月至翌年3月，清园，做好埋土防寒检查工作。

3.4 采后处理

果实的颜色和含糖量达到本品种的标准时，方可采收。包装所选材料应符合食品卫生的要求。果箱标准不宜过大，以10斤*左右为宜。箱内设格，果穗分开以避免挤压。保鲜膜采用国家保鲜中心的产品。运输过程中一定要轻拿轻放，避免摔伤影响贮存。保鲜库使用前要进行库体消毒，设备检修，并提前2~3 d进行预冷，保证葡萄进库时库温达到-2℃。保鲜药剂选择国家保鲜中心药品，根据不同品种，采用不同的药剂。贮存期温度为-0.5~0.5℃，库温稳定，注意库内通风保湿。

4 产品品质特色及质量安全规定

延怀河谷葡萄果穗整齐，果粒均匀，有色品种果实着色深，果粉厚，外观美丽，果汁多，糖分高，浓度大，刀切而其汁不溢，吃起来味极甘美，爽口。富含有机酸、矿物质及多种维生素和氨基酸，风味浓郁。酿酒葡萄果穗整齐，果粒均匀，采收时可溶性固形物含量达到23%以上。严格按照国家农业农村部颁布的绿色食品标准体系或有机食品标准体系组织生产和管理。

5 标志使用规定

本地域范围内的延怀河谷葡萄生产经营者，在产品或包装上使用已获登记保护的农产品地理标志，须向登记证书持有人"北京市延庆区葡萄与葡萄酒协会"提出申请，并按照相关要求规范生产，统一采用产品名称和农产品地理标志公共标识相结合的标识标注方法。标志只允许与登记证书持有人签订农产品地理标志使用协议的标志使用人使用，且用标前必须对产品进行严格检测。标志印刷须符合《农产品地理标志公共标识设计使用规范手册》要求，加贴型标志要贴在包装的明显位置，任何人不得冒用。登记证书持有人负责建立规范有效的标志使用管理制度，对标志的使用实行动态管理、定期检查，并提供技术咨询与服务。

---

* 注：1斤=500 g，全书同。

第十八章　中华人民共和国农产品地理标志质量控制技术规范
——泗家水红头香椿

编号：AGI2014-02-1497　　　　　　　　　　　公布日期：2014-11-28

本质量控制技术规范规定了泗家水红头香椿的地域范围、独特自然生态环境、特定生产方式、产品品质特色及质量安全规定、标志使用规定等要求。本规范文本经中华人民共和国农业部公告后即为国家强制性技术规范，各相关方必须遵照执行。

1　地域范围

泗家水红头香椿主要分布在门头沟区雁翅镇泗家水沿线，包括松树村、高台村、淤白村和泗家水村4个自然村。地理坐标为：东经115°52′30″~115°57′43″，北纬40°04′0″~40°08′14″，保护面积2 508 hm²，目前栽植面积115 hm²，年产鲜食香椿55 t。

2　独特自然生态环境

门头沟区雁翅镇泗家水沿线松树村、高台村、淤白村3个村东高西低，唯有泗家水村南高北低，属暖温带雨热同季的山地，海拔高度550~1 290 m。四季气温较平原低3℃左右，最高时达到3.5℃，使泗家水红头香椿不怕早春寒冷，在4月中旬发芽。泗家水沿线山区为特殊的红紫砂岩地貌，土壤类型褐土，土壤为砂质，透气性好，土壤呈中性，土壤酸碱度在6.5~8.5；土质肥沃，富含铁、锰、锌等多种矿物，有机质含量在6 mg/kg以上。气候属温带湿润季风气候区，冬季寒冷干燥，盛行西北风，夏季高温多雨，盛行东南风。年均气温11.5℃，年均日照时数2 730 h，日照充足，无霜期179 d。年平均降水量600 mm，集中于夏季的6—8月，6月下旬开始进入雨季。由于特殊的地理环境和山区小气候环境，为香椿生长提供了独特的气候与地质条件。

3　特定生产方式

3.1　产地要求

泗家水红头香椿种植选择在山地梯田背风向阳地带，海拔高度550~1 290 m，土壤为砂质，透气性好。1月平均气温不低于-13℃，生长季不低于15℃；土壤pH值6.5~8.5，有机质含量6 mg/kg以上，土壤含盐量小于0.2%。以上近似苛刻的自然条件使泗家水红头香椿丰产稳产，品质优良。

3.2　品种选择

选用泗家水原产地品种红头香椿。一般4月上旬椿芽萌动，根据南北温差，4月下旬至5月下旬长出红紫香椿顶芽，是头茬采摘期；老香椿树头茬香椿不打的在6月下旬开花，7月下旬结果，9月成熟；10月下旬落叶。繁殖选用本地泗家水红头香椿品种，栽培的红头香椿树苗产自基地蘖生苗，株高1.0~1.5 m，独径，灰褐色，茎粗壮，在3月15日至4月15

日和9月15日至10月15日两个时间段为最佳，成活率达98%。移栽当年蘖生树苗2年开始采收，5~8年生开始进入盛产期，一般盛产期树单株产量可达1 kg左右。香椿树在采收时利用斧头、镰刀、铁钩进行拉枝、修树采收式修剪。

3.3 生产控制

①施肥。一般在落叶前或在萌芽前15 d，以迟效性有机肥为主（如堆肥、绿肥、落叶等），采用环状沟施或放射状施肥方法，株施优质有机肥20 kg。②灌溉。香椿基地不灌水，雨后积水时及时排水，防止根腐病。③其他。生长季节降雨后，及时中耕除草，松土保墒；树形株高5.5 m左右，株型直立，主茎灰褐色，侧枝白灰色，从下向上看，呈放射状；病虫害防治以预防为主，采取生物、物理防治方法。④采收。红头香椿采收时用长杆铁钩、斧头等采收工具，按株一次性采收，采用只采顶芽，不采侧芽的传统采摘方式。采收标准为9~11 cm，过小味道苦涩，过大木质化，采摘时间以晴天早晨采收为宜。

3.4 采后处理

采收时期根据产品标准（采收标准为9~11 cm）确定。采收前要做好估产，准备采收、放置产品的工具，运输车辆和存放场地。采收采用人工采摘，采收后的香椿装在背篓等透气容器中，不易多装，以免压伤、返热腐烂。以4 h内运至销售地点最佳。采后及时挑拣装箱，每箱不宜过多，在1.25~1.5 kg，码放分为两层，底层横放，0.25 kg左右，上层竖放尖朝上，1 kg左右，装好后立即销售或进冷库保鲜待销售，以免返热腐烂。

4 产品品质特色及质量安全规定

泗家水红头香椿具有"头大抱拢、色泽红润光亮，味香浓郁、汁多鲜嫩、食后无渣"的优良品质。泗家水红头香椿嫩芽呈红色或紫红色，色泽红润光亮，其头大抱拢，呈小径1~2 cm，大径6~8 cm的锥形，椿叶长椭圆形，叶柄有小绒毛，香气浓郁，汁多鲜嫩、食后无渣的优良品质。当地保持只采顶芽，不采侧芽的传统采摘方式，保证了红头香椿的优良品质。其更为独特之处在于刚采下的顶芽香椿具有丁香花的清香。每百克早椿（头茬香椿）中，蛋白质含量为6.38~6.80 g，粗纤维含量为1.7~1.8 g，维生素C含量为53.3~72.2 mg，维生素E含量为0.54~0.78 mg，钙含量为72.8~104 mg。要求生产、销售严格执行《有机产品》（GB/T 19630—2011）国家标准，严格按照有机食品生产相关规定，生产过程中禁止使用农药、化肥。

5 标志使用规定

本地域范围内的泗家水红头香椿生产经营者，在产品或包装上使用已获登记保护的农产品地理标志，须向登记证书持有人"北京市门头沟区雁翅镇泗家水村香椿协会"提出申请，并按照相关要求规范生产，统一采用产品名称和农产品地理标志公共标识相结合的标识标注方法。标志只允许与登记证书持有人签订农产品地理标志使用协议的标志使用人使用，且用标前必须对产品进行严格检测。标志印刷须符合《农产品地理标志公共标识设计使用规范手册》要求，加贴型标志要贴在包装的明显位置，任何人不得冒用。登记证书持有人负责建立规范有效的标志使用管理制度，对标志的使用实行动态管理、定期检查，并提供技术咨询与服务。

第十九章　中华人民共和国农产品地理标志质量控制技术规范
——京西稻

编号：AGI2015-01-1590　　　　　　　　　　　　　公布日期：2015-02-10

本质量控制技术规范规定了海淀京西稻的地域范围、独特自然生态环境、特定生产方式、产品品质特色及质量安全规定、标志使用规定等要求。本规范文本经中华人民共和国农业部公告后即为国家强制性技术规范，各相关方必须遵照执行。

1　地域范围

京西稻主要分布在海淀西山东麓沿线，包括上庄镇的西马坊村、东马坊村、上庄村、常乐村，四季青镇的玉泉村，共5个行政村及国家级翠湖湿地公园和海淀公园。地理坐标为：东经 116°09′35.71″~116°14′06.18″，北纬 40°04′46.99″~40°09′34.34″。总生产面积 135 hm^2，年产量 750 t。

2　独特自然生态环境

海淀地势西高东低，属暖温带半湿润的山地丘陵及山麓平原地区，海拔高度 35~1 278 m。京西稻区地处海淀西山东面洼地，水资源丰富，保障水稻各生长期用水需求。年平均气温 12.5℃，无霜期 211 d，年平均降水量 600 mm 左右，生长期日照时数 1 400 h，≥10℃活动积温达 3 900℃，充分满足优质水稻品种的生长需要。

3　特定生产方式

3.1　产地要求

京西稻种植选择在永定河、清河及南沙河冲积扇区域。稻区土壤，质地为轻壤至轻黏土，因 40 多年大面积种植水稻，该区域土壤形成水稻土特性，有机质含量平均达 1.76%，保水保肥力强，利于水稻栽培。稻区 6 月下旬至 8 月中旬高温多雨，日均气温 25~27℃，满足水稻授粉分蘖及茎叶生长温度。8 月至 9 月下旬，日光充足，日均气温 20~25℃，满足水稻扬花灌浆温度。土壤 pH 值 7.5~8.0，水稻幼苗期秧田须通过大水洗盐，或采用客土、加入营养等措施将 pH 值调到 4.5~5.0，形成适宜幼苗生长的微酸性环境。

3.2　品种选择

京西稻是海淀区域内种植水稻品种的统称，属地域农业品牌。清朝乾隆皇帝下江南时带回"紫金箍"水稻品种，在京西长期种植。解放初期，以紫金箍、大红芒、小红芒为主。1952 年后相继引进银坊、水源 300 粒。1975 年引进越富。1980 年海淀区农科所作物组经三年系统选育，培育出"越富系三"，建立起区、乡、村三级良种繁育体系，成为水稻当家品种。

3.3　生产控制

种子质量。纯度≥98%，净度≥98%，发芽率≥85%，含水量≤14%。种子处理。晴天晒种1 d后选种，用杀菌剂浸种24 h后，直接催芽。播种育苗。4月15—20日后播种，每亩秧田播催芽种子200 kg左右，每亩秧田能插本田100亩。采用旱育盘苗、插中苗育秧方式，有省工、缓苗快的优点。插秧。5月下旬插秧，插秧时须适当稀植，行距25 cm、穴距20 cm或行距30 cm、穴距15~17 cm，避免分蘖过多，利于高产和预防倒伏。本田管理。做好水稻灌浆期水分管理，避免过干或温差过大，干湿交替，落干不超过2 d。低温须灌水，田间停水不早于齐穗后30 d，保障平稳灌浆，减少裂纹米和垩白粒。施肥。增施优质有机肥每公顷7 500 kg左右、三元复合肥225 kg，中后期看苗补肥。追肥前期施用氮肥约10 kg，保证始穗前叶色退淡，后期不施粒肥。收获期。完熟期，黄颖壳粒95%左右收割。过晚易出现植株倒伏、裂纹米增加，影响出米率及品质。

3.4 采后处理

完熟期收割、脱粒，自然晾晒，按品种单收、单贮。稻谷含水量为14.5%~15.0%时，适宜大米加工。加工流程，初清除杂、清理（磁选）、去石、砻谷、谷糙分离、厚度分离、碾米、白米精选、色选、抛光、白米分级、定量、检验、包装、入库。

4 产品的品质特色及质量安全规定

京西稻属于优质粳米，米粒椭圆丰腴、晶莹透明、米饭富有油性、黏而不糯、软硬适中、清香有弹性，米粥颜色青绿、香气独特、口感黏滑有米油。主要品质指标均达国标二级以上，整精米率>70%、垩白粒率<15%、垩白度<2%、透明度Ⅰ级、直链淀粉含量16%~18%、胶稠度>70mm；蛋白质含量6%~8%、赖氨酸含量0.34%左右、粗脂肪含量约2.6%。要求生产、加工、销售严格执行《绿色食品 肥料使用准则》（NY/T 394—2000）、《绿色食品农药使用准则》（NT/T 394—2023）、企业自制的《绿色食品大米种植技术规程》和《绿色食品大米生产操作规程》、《绿色食品 贮存运输准则》（NY/T 1056—2021）等国家、地方标准。

5 标志使用规定

本地域范围内的京西稻生产经营者，在产品或包装上使用已获登记保护的农产品地理标志，须向登记证书持有人"北京市海淀区上庄镇农业综合服务中心"提出申请，并按照相关要求规范生产，统一采用产品名称和农产品地理标志公共标识相结合的标识标注方法。标志只允许与登记证书持有人签订农产品地理标志使用协议的标志使用人使用，且用标前必须对农产品进行严格检测。标志印刷须符合《农产品地理标志公共标识设计使用规范手册》要求，加贴型标志要贴在包装的明显位置，任何人不得冒用。登记证书持有人负责建立规范有效的标志使用管理制度，对标志的使用实行动态管理、定期检查，并提供技术咨询与服务。

第二十章　中华人民共和国农产品地理标志质量控制技术规范
——庞各庄金把黄鸭梨

编号：AGI2015-01-1591　　　　　　　　　　　　　　公布日期：2015-02-10

本质量控制技术规范规定了庞各庄金把黄鸭梨的地域范围、独特自然生态环境、特定生产方式、产品品质特色及质量安全规定、标志使用规定等要求。本规范文本经中华人民共和国农业部公告后即为国家强制性技术规范，各相关方必须遵照执行。

1 地域范围

庞各庄金把黄鸭梨主要分布在庞各庄镇西南永定河东沿线，包括庞各庄镇前曹各庄村、北曹各庄村、梨花村、韩家铺村、赵村。地理坐标为：北纬39°34′～39°36′，东经116°13~116°16′。栽植面积约667 hm²，年产量2万t。

2 独特自然生态环境

庞各庄镇属于永定河冲积平原，地势西北高、东南低，海拔25~28 m，林木覆盖率达26%。永定河自北向南流经本镇全境，常年平均降水量580 mm，地下水资源丰富，可采量平均为2.3亿m³，地下62 m为农业灌溉水，100 m为饮用水，300 m为优质饮用水。土壤以粗砂土至细砂土为主，透水性高，肥力较差，耕作层土壤有机质含量较低为0.6%，土壤碱性pH值为8.1。年平均气温11.5℃，极端最高温40.6℃，极端最低温为-27.4℃，≥0℃积温为4 600℃，无霜期平均为210 d，初霜平均在10月下旬，终霜平均在4月上旬。特殊的地理环境形成春秋干旱，夏季多雨，雨热同季，生长季昼夜温差大的特点，为鸭梨生长提供了独特的气候与地质条件。

3 特定生产方式

3.1 产地要求

庞各庄金把黄鸭梨种植在永定河冲积平原地带，海拔25~28 m，土壤由永定河泥沙沉积而成，土质疏松，利于梨树根系的生长发育。果实成熟的季节干旱少雨，昼夜温差大，有利于果实糖分的积累和品质的提高。庞各庄金把黄鸭梨正是由于生长在贫瘠、干旱的自然环境条件下，使其表现出独有的品质特性。

3.2 品种选择

选用庞各庄原产地品种金把黄鸭梨。一般3月中旬花芽萌动，4月中旬盛花期，花期7 d左右，4月上旬叶芽萌动，9月中下旬果实成熟，11月上旬落叶，属于晚熟梨品种。嫁接苗定植后，3年开始结果，5年以后开始进入盛果期，一般盛果期单株产量可达100 kg左右。

3.3 生产控制

①施肥。以秋季施有机肥为主，在果实生长发育前期加强肥水管理，后期控水控氮。基肥以秋季（果实采收后）施入为主，为腐熟的农家肥、土杂肥等有机肥；秋季未施基肥的梨园，要求早春及时补施；幼树和初果期树每亩施1 500~2 000 kg，盛果期树每亩施3 000~5 000 kg，一般是按每生产千克梨施1.0~1.5 kg优质农家肥；采用顺行沟施或在树冠外围挖环状沟，沟宽30~40 cm，深40~60 cm。追肥：第一次在萌芽期，以氮肥为主；第二次在幼果期（盛花后一个月），氮磷钾混合施用；第三次在果实迅速膨大期，以钾肥为主；采用条沟施或树冠下开放射状沟，沟深10~15 cm，追肥覆土后及时灌水。②灌溉。前期加强水分管理，在果实膨大期后至采摘前及时控水，原则上不再灌水。③花果管理。以自然授粉为主，授粉树品种为京白梨、红宵梨、雪花梨。为提高坐果率、使果形端正也可采用人工授粉。在梨树谢花后2周进行疏果，主要是疏除病虫果、畸形果，一般15 cm左右留一个果。掌握壮树多留果，弱树适当少留果的原则，保持中庸树势结果。④病虫害防治。主要病害为白粉病和黑星病，主要虫害为梨小食心虫、红蜘蛛、黄粉蚜和梨木虱。在落叶至萌芽前、萌

芽至开花前、落花后、果树膨大期、果实采收前后5个病虫害防治关键时期，主要以预防为主，采用人工、物理、生物、化学方法综合防治。⑤采后处理。短期销售采用传统冬季贮存方法，把梨细心采摘包纸后装入果箱，每箱装排紧凑适量，码放在空闲的屋内，可以贮存到翌年1月。长期销售使用冷库贮存，能够做到周年供应。鸭梨冷藏对温度极为敏感，果实容易黑心，要严格按照鸭梨入库冷藏的规程办理。

4 产品品质特色及质量安全规定

庞各庄金把黄鸭梨果形美观，鸭头状凸起明显、呈棕黄色；平均单果重160 g；果皮薄，果点小，呈绿黄色，储后果皮呈金黄色，有浓郁的香味；果肉白色，果心小；肉质细脆，风味适口。可溶性固形物含量为11%~13%。要求生产、销售严格执行《农药合理使用准则》（GB/T 8321.9—2009）、《肥料合理使用准则　通则》（NY/T 496—2010）。

5 标志使用规定

本地域范围内的庞各庄金把黄鸭梨生产经营者，要实行统一技术规程生产，在产品或包装上使用已获得登记保护的农产品地理标志，须向登记证书持有人"北京市大兴区庞各庄镇农业综合服务中心"提出申请，并按照相关要求规范生产，统一采用产品名称和农产品地理标志公共标志相结合的标识标注方法。标志只允许与登记证书持有人签订农产品地理标志使用协议的使用人使用，且用标前必须对产品进行严格检测，符合地理志产品要求的产品方可用标。标志印刷须符合《农产品地理标志公共标识设计使用规范手册》要求，任何人不得冒用。登记证书持有人负责建立规范有效的标志使用管理制度，对标志的使用实行动态管理、定期检查，并提供咨询与服务。

第二十一章　中华人民共和国农产品地理标志质量控制技术规范
——茅山后佛见喜梨

编号：AGI2016-01-1794　　　　　　　　　　　　公布日期：2016-03-31

本质量控制技术规范规定了茅山后佛见喜梨的地域范围、独特自然生态环境、特定生产方式、产品品质特色及质量安全规定、标志使用规定等要求。本规范文本经中华人民共和国农业部公告后即为国家强制性技术规范，各相关方必须遵照执行。

1 地域范围

茅山后佛见喜梨分布在平谷区金海湖镇茅山后村全境。地理坐标为：东经117°17′53″~117°19′09″，北纬40°12′34″~40°14′04″。种植面积约150 hm^2，目前年产量180 t，进入丰产期年产量1 500 t。

2 独特自然生态环境

茅山后村地势南低北高，海拔135~221 m，东、西、北三面环山，形成一个"U"形山谷，区域小气候明显，冬春季气温较平原高1.6℃左右，使茅山后佛见喜梨的开花期不怕倒春寒。气候属温带半湿润季风气候区，年均降水量685 mm，年日照时数2 556 h，无霜期203 d，有利于干物质的积累。土壤为燕山褐土，保水保湿性好，土壤pH值7.6、有机质含量21.1 g/kg、全氮1.33 g/kg、全磷0.83 g/kg、全钾21.4 g/kg，使梨的甜度较高。

3 特定生产方式

3.1 产地要求

种植选择在山地背风向阳的缓坡地带，排水性好，土壤含钾高，以保证梨的甜度。

3.2 品种选择

选用茅山后村原产地品种佛见喜梨，已有200年历史，属晚熟品种。

一般3月中旬花芽萌动，4月中旬盛花期，花期7~9 d，4月上旬叶芽萌动，10月上旬果实成熟，11月中旬落叶；嫁接苗定植后，3年开始结果，5年以后开始进入盛果期，盛果期单株产量可达80 kg左右。

4 生产控制

①施肥与除草。以秋季落叶后施有机肥为主，选用腐熟的农家肥、土杂肥等，幼树每亩施1 800~2 000 kg，初果期树每亩施5 000~7 000 kg；采用顺行沟施或树冠外围挖环状沟施，沟宽30~40 cm，沟深40~50 cm。②灌溉。采收后浇冻水，在第二年果实膨大期后至采收前及时控水，原则上不再灌水。③花果管理。以自然授粉为主，授粉树品种为京白梨、雪花梨等；在梨树谢花后10 d进行疏果，疏除病虫果、畸形果，标准为20 cm留一个果；疏果后7 d套袋；一般在10月中旬寒露节气采收，以确保独特口感。④病虫害防治。主要害病为梨黑星病，主要虫害为梨木虱。在落叶至萌芽前施石硫合剂，萌芽至开花前、落花后、套袋前、果树膨大期、果实采收前5个关键时期施螺虫乙酯、高效氯氰菊酯等高效低毒杀虫杀菌剂。⑤采后处理。短期销售采用传统冬季贮存方法，把梨细心采摘包纸后装入果箱，每箱装排紧凑适量，码放在屋内可以贮存到翌年3月，码放在地窖里可以贮存到翌年5月；长期销售采用冷库贮存，能够做到周年供应。

5 产品品质特色及质量安全规定

茅山后佛见喜梨果型美观，果实扁圆或近圆形，萼洼深广，萼片脱落，平均单果重250 g，最大果重可达500 g；果皮浅黄色，阳面着鲜红色晕，皮薄；果肉白色，肉质致密，脆而多汁，石细胞少，果实硬度5.1~5.4 kg/cm^2，风味适口，可溶性固形物10.5%~11.0%，膳食纤维3.5~3.8 g/10 g，品质优；成熟期10月上旬，耐贮存。生产过程和包装销售严格执行《农药合理使用准则》（GB/T 8321.9—2009）、《肥料合理使用准则 通则》（NY/T 496—2010）、《绿色食品 温带水果》（NY/T 844—2017）等标准。

6 标志使用规定

本地域范围内的茅山后佛见喜梨生产经营者，要实行统一技术规范生产，在产品或包装上使用已获登记保护的农产品地理标志，须向登记证书持有人"北京市平谷区茅山后梨产销协会"提出申请，并按照相关要求规范生产和使用标志，统一采用产品名称和农产品地理标志公共标识相结合的标识标注方法。标志只允许与登记证书持有人签订农产品地理标志使用协议的使用人使用，且用标前须对产品检测，符合地理标志产品要求的产品方可用标。标志印刷须符合《农产品地理标志公共标识设计使用规范手册》要求，任何人不得冒用。登记证书持有人负责建立规范有效的标志使用管理制度，对标志的使用实行动态管理、定期检查、并提供咨询与服务。

第二十二章　中华人民共和国农产品地理标志质量控制技术规范
——北京鸭

编号：AGI2017-03-2119　　　　　　　　　　　　　　　　公布日期：2017-09-01

本质量控制技术规范规定了北京鸭的地域范围、独特自然生态环境、特定生产方式、产品品质特色及质量安全规定、标志使用规定等要求。本规范文本经中华人民共和国农业部公告后即为国家强制性技术规范，各相关方必须遵照执行。

1 地域范围

北京鸭农产品地理标志生产地域保护范围包括北京市行政范围内的：昌平区马池口镇、南口镇；大兴区榆垡镇、旧宫镇、庞各庄镇、北臧村镇、青云店镇、采育镇、西红门镇、礼贤镇、瀛海镇、黄村镇、安定镇；房山区琉璃河镇、窦店镇、青龙湖镇、周口店镇、石楼镇、良乡镇；怀柔区庙城镇、雁栖镇、杨宋镇、北房镇、九渡河镇、渤海镇、琉璃庙镇、汤河口镇；平谷区大兴庄镇、东高村镇、王辛庄镇、峪口镇、平谷镇、夏各庄镇、山东庄镇、南独乐河镇、金海湖镇、马昌营镇；顺义区北小营镇、木林镇、龙湾屯乡；通州区永乐店镇、张家湾镇、于家务乡、漷县镇；延庆区康庄镇、延庆镇，共8个区的46个乡镇。地理坐标范围为：东经115°57′~117°01′；北纬37°33′~40°47′。

2 独特自然生态环境

2.1 地形地貌及土质

北京全市总面积16 411 km²，其中平原面积6 339 km²，占38.6%，山区面积10 072 km²，占61.4%。北京市毗邻渤海湾，上靠辽东半岛，下临山东半岛，与天津相邻，被河北省环绕，地势西北高，东南低。北京的西、北和东北，群山环绕，东南是缓缓向渤海倾斜的北京平原，海拔高度在20~60 m。这种山地环绕地形，在交通殊为不便情况下，为北京鸭的选育形成一个天然封闭环境，在长期培育过程中，很少掺入外血，遗传性不断纯化和稳定。

2.2 水文情况

北京地区主要河流有属于海河水系的永定河、潮白河、北运河、拒马河和属于蓟运河水系的沟河，北京鸭的起源与其中的北运河和潮白河有关。根据《国家农业行业标准农用水源环境质量监测技术规范》（NY/T 396—2000）判断，区域范围水质综合污染数为1，属清洁水平，适宜养殖北京鸭。

2.3 气候特点

北京属于暖温带大陆性季风气候。年平均温度为11~22℃（平原地区），四季分明，严寒和酷热时节适中；年平均降水量483.9 mm（2007年数据），为华北地区降水最多的地区之一；年平均日照时数为2 000~2 800 h，太阳辐射量全年平均为112~136 kcal/cm。特殊的自然环境条件，造就了北京鸭强健的体质，使得北京鸭对于气候环境有着很强的适应能力，抗病性能也很好。冬天只要气温不低于-20℃和大风大雪天气外，都可在露天运动场上活动，产蛋母鸭在-10℃的情况下仍可外放。气温不低于-5℃时，仍可在湖面砸破冰层后放河洗浴。在夏季气温30℃以上仍可耐受，只是填肥鸭要注意防暑措施。

3 特定生产方式

3.1 产地要求

3.1.1 地势地形

场址应选择在地势平坦、背风向阳、地势开阔整齐、地下水低于建筑地基2 m以下，土层结实、透气透水性良好、无断层滑坡、塌方，隔离条件好的区域。场址应远离人口密集区，生态环境良好、无或不直接受工业"三害"及农业、城镇生活、医疗废弃物污染的生产区域。

3.1.2 水电条件

符合《无公害食品　畜禽饮用水水质》（NY 5027—2001）的规定。

3.1.3 防疫条件

符合《无公害食品　肉鸭饲养兽医防疫准则》（NY 5263—2004）的规定。

3.1.4 粪污处理条件

粪尿污水能就地处理或利用，应符合《畜禽养殖业污染物排放标准》（GB 18596—2001）的要求。

3.1.5 其他条件

选址应参照国家相关标准的规定，避开水源保护区、风景名胜区、人口密集区等环境敏感地区。

3.2 品种选择

选用北京市生产地域范围内饲养的，符合北京鸭品种特征的，体型外貌一致，生产性能一致，肉品质良好的商品代北京鸭。标准参见《北京鸭》（NY 627—2002）。

3.3 生产控制

3.3.1 饲料及饲料添加剂

符合《无公害食品　畜禽饲料和饲料添加剂使用准则》（NY 5032—2006）和《饲料药物添加剂使用规范》（农业农村部公告第168号）规定。禁止在饲料中添加β-兴奋剂、镇静剂、激素类等违禁用品；不使用变质或被污染的饲料；不使用制药工业副产品作饲料原料。

3.3.2 兽药

符合《兽药管理条例》的规定。尽量减少疾病的发生，减少药物的使用量。必需治疗时，严格执行药物休药期。

3.3.3 饲养管理

北京鸭饲养、营养需要推荐量、卫生防疫、生产性能参照《北京鸭 第1部分：商品鸭养殖技术规范》（DB11/T 012.1—2023）执行。

3.3.4 填饲

北京鸭饲养到5周龄左右、体重达到2.4 kg以上时，转入人工强制育肥阶段，称为填饲。经10~15 d的填饲期，体重达到3.15 kg以上即可出栏上市，供制作烤鸭用。

填饲期的营养需要量参照《北京鸭 第1部分：商品鸭养殖技术规范》（DB11/T 012.1—2023）中关于北京鸭填饲期的要求执行。将饲料配成水料，水料比为62∶38（稀料）或56∶44（稠料），根据需要选择，通常初期以稀为好，后期稠些，同时避开中午天气炎热时间点。推荐填食时间为每昼夜4次，即9∶00，15∶00，21∶00，3∶00。每次填食推荐量为：第1天（每次水料量）150~160 g，2~3天为175 g，4~5天为200 g，6~7天为225 g，8~9天为275 g，10~11天为325 g，12~13天为400 g，第14天450 g。以上水料比为62∶38。

3.4 产后处理

北京鸭出栏日龄为38~45 d，体重3.15 kg以上。出栏北京鸭鸭体纯白色，无杂色羽毛，喙、跖蹼为橘红色或橘黄色。羽毛完整无抓伤及血痂，无瘫软残伤，嗉囊无料水。

出栏后屠宰：口腔宰杀放血，鸭体完整，带头、翅、跖蹼及内脏。鸭体洁净；肉眼观察，头及颈部肉眼观察无毛根。鸭体无青肿、血斑，无破皮。烤鸭坯要求：腔内洁净无气管、食管及内脏残留物、皮下充气平满。产品经卫生检验合格后冷冻保存（-18℃），保质期6个月。

4 产品品质特色及质量安全规定

4.1 外貌特征

北京鸭全身羽毛纯白色，略带乳黄光泽，体形硕大丰满，体躯呈长方型，构造均匀雅观。前部昂起，与地面呈30°~40°。背宽平，胸部丰满、突出，腹部丰满、紧凑，两翅小而紧贴体躯，尾部钝齐，微向上翘起。头部卵圆形，无冠和髯，颈粗，长度适中，眼明亮。喙扁平，呈橘黄色；喙豆为肉粉色。虹彩呈蓝灰色。胫、蹼为橙黄色或橘红色。北京鸭母鸭腹部丰满，前躯仰角较大，叫声洪亮，公鸭叫声沙哑。

4.2 品质指标

皮脂率：33.40%~42.80%；肌内脂肪：2.24%~4.97%（胸肉）、4.74%~6.48%（腿肉）；胸肌率：8.1%~15.50%；腿肌率：10.6%~15.8%。

4.3 质量安全规定

要求生产、销售严格执行《北京鸭品种标准》（NY 627—2002）、《畜禽场环境质量标准》（NY/T 388—1999）、《畜禽养殖业污染物排放标准》（GB 18596—2001）、《北京鸭 第1部分：商品鸭养殖技术规范》（DB11/T 012.1—2023）等国家、地方标准。

5 标志使用规定

本地域范围内的北京鸭生产经营者，在产品或者包装上使用已获登记保护的农产品地理标志，须向登记证书持有人"北京市畜牧总站"提出申请，并签订相关合同，按照相关要求规范生产和使用标志，统一采用产品名称和农产品地理标志公共标识相结合的标识标注方法。

北京鸭地理标识只允许与登记证书持有人签订农产品地理标志使用协议的标志使用人使

用，且用标前必须对产品进行严格检测。标识印刷须符合《农产品地理标志公共标识设计使用规范手册》要求，加贴型标志要贴在包装的明显位置，任何人不得冒用。登记证书持有人负责建立规范有效的标志使用管理制度，对标志的使用实行动态管理、定期检查，并提供技术咨询与服务。

第二十三章　中华人民共和国农产品地理标志质量控制技术规范
——上方山香椿

编号：AGI2020-01-2780　　　　　　　　　　　　　公布日期：2020-04-30

本质量控制技术规范规定了上方山香椿的地域范围、独特自然生态环境、特定生产方式、产品品质特色及质量安全规定、标志使用规定等要求。本规范文本经中华人民共和国农业农村部公告后即为国家强制性技术规范，各相关方必须遵照执行。

1　地域范围

上方山香椿农产品地理标志生产地域保护范围包括北京市房山区行政范围内的韩村河镇所辖圣水峪村、上中院村、下中院村、孤山口村、罗家峪村、皇后台村、天开、西庄村、东庄村、岳各庄村、龙门口村和二龙岗村12个村；周口店镇所辖葫芦棚村、泗马沟村、北下寺村、长流水村、黄元寺村、涞沥水村、黄山店村、车厂村、西庄村、山口村、黄院村和拴马庄村12个村。两个乡镇共计24个村。地理坐标范围为：东经115°45′~115°56′，北纬39°35′~39°45′。地域保护总面积210 320.05亩，上方山香椿生产面积3 750亩，年产量750 t，年产值3 000万元。

2　独特自然生态环境

产地土壤类型为棕壤、褐土、山地草甸土，平均有机质含量较高，属中性土壤，适合香椿的自然生长。产区分布在海拔300~800 m，年平均气温11℃，决定了采摘期可达50 d。保护区属暖温带山前半干旱、半湿润季风型大陆气候，年平均降水量635 mm，满足了生长季的需水量。

3　特定生产方式

3.1　品种选择
本地适生品种"红油椿"。

3.2　投入品使用
采收期不发生病虫害，不需要施用农药；山地土壤环境适宜香椿生长，不需要施肥。

3.3　灌溉方式
天然降水。

3.4 采收

采用"头茬采净、二茬不剩"的方式，达到促进侧芽萌发及次年壮枝的目的。

4 产品品质特色及质量安全规定

外在感官特征：上方山香椿顶芽底端粗大，梗粗叶小，叶厚芽嫩，颜色紫红，叶面油亮，香气浓郁，从谷雨至芒种均可满足商品采摘需求。

内在品质指标：上方山香椿营养丰富，品质优良，富含总膳食纤维、还原糖（以葡萄糖计）及维生素 C。经检测每 100 克香椿中总膳食纤维含量为 ≥1.5 g，还原糖（以葡萄糖计）含量为 ≥1.2 g，维生素 C 含量为 ≥80 mg。

质量安全规定：上方山香椿执行《香椿生产技术规程》（Q/FS SSYJS01-01—2005），并通过了无公害农产品认证。

5 标志使用规定

本地域范围内的上方山香椿生产经营者，在产品或包装上使用已获登记保护的农产品地理标志，须向登记证书持有人"北京市房山区农业环境和生产监测站"提出申请，并按照相关要求规范生产。统一采用产品名称和农产品地理标志公共标识相结合的标识标注方法。标志只允许与登记证书持有人签订农产品地理标志使用协议的标志使用人使用，且用标前必须对产品进行质量安全检测。标识印刷须符合《农产品地理标志公共标识设计使用规范手册》要求，加贴型标志要贴在包装的明显位置，任何人不得冒用。登记证书持有人负责建立规范有效的标志使用管理制度，对标志的使用实行动态管理、定期检查，并提供技术咨询与服务。

第二十四章 中华人民共和国农产品地理标志质量控制技术规范
——北京油鸡

编号：AGI2020-01-2781　　　　　　　　　　　　　　公布日期：2020-04-30

本质量控制技术规范规定了北京油鸡的地域范围、独特自然生态环境、特定生产方式、产品品质特色及质量安全规定、标志使用规定等要求。本规范文本经中华人民共和国农业农村部公告后即为国家强制性技术规范，各相关方必须遵照执行。

1 地域范围

北京油鸡农产品地理标志生产地域保护范围包括北京市行政范围内的：昌平区马池口镇；大兴区榆垡镇；房山区燕山街道、琉璃河镇、青龙湖镇、城关镇、石楼镇、窦店镇、周口店镇、长沟镇、大石窝镇；怀柔区渤海镇、九渡河镇、怀北镇、桥梓镇、庙城镇、琉璃庙镇、汤河口镇；门头沟区清水镇；密云区穆家峪镇、河南寨镇、高岭镇、西田各庄镇、北庄镇；通州区马驹桥镇；顺义区张镇；延庆区刘斌堡镇。共9个区的27个乡镇。地理坐标范围为：东经115°42′~117°24′，北纬39°24′~41°36′。

2 独特自然生态环境

2.1 气候特点

北京市属于暖温带半湿润半干旱季风气候，四季分明，严寒和酷热时节适中。平原地区年平均温度为11~13℃，冬季平均温度为-5~-4℃，最冷时为-13~-7℃。年平均降水量500~600 mm（平原地区），为华北地区降水量最多的地区之一，夏季降水量约占年降水量的3/4。全市年均日照时数2 000~2 800 h，太阳辐射量为全年112~136 kcal/cm^2。这种独特的山前平原温暖适中的气候特点，进化出了北京油鸡"三毛"（凤头、胡须和毛腿）和肌间多油的独特品质特征，能够适应北京地区冬季较为寒冷的气候。

2.2 地形地貌

北京地势西北高、东南低。西部、北部和东北部三面环山，隶属燕山山脉余脉，东南部是一片缓缓向渤海倾斜的平原，平原海拔在20~60 m。全市山区面积约占62%，平原区面积约占38%。这种山地环绕的地形，为纯种北京油鸡的闭群自然选育和性状特征的保留形成了一个天然的封闭环境。北京油鸡较早分布饲养于朝阳区的大屯、洼里两乡，目前，在所划定的地理区域都有北京油鸡的养殖分布，这一带地势较为低洼，地面相对平坦，山前气候温和，地表水源充足，土质肥沃，为北京油鸡提供了舒适的环境；旧时北京农业生产以水稻、小麦为主，辅以其他经济作物，饲料饲草资源丰富，能够为北京油鸡提供充足的营养，加上长期精心培育，形成了目前外貌多毛、活动范围较小、肉质鲜美等独特特征的北京油鸡。

2.3 水文情况

北京市属海河流域，是300万年前由永定河和潮白河冲积形成的倾斜平原；从东到西分布有蓟运河、潮白河、北运河、永定河和大清河5大水系，官厅水库和密云水库是市区地表水的两大水源。水质清洁，山前浅层的优质地表水极大滋养着北京油鸡的生长，与其肉质鲜美的特征密切相关，与本市气候、地形地貌等特征一起形成了较为完整的环境生态环境。

独特的气候条件和自然环境，以及明清贵族对鸡的肉质和外貌双重要求，在当地百姓长期精细培育下，最终形成了外貌独特、肉蛋品质优良，且兼具观赏性的北京油鸡。

现在北京油鸡主产区分布在远郊各区的平原区，这些区域气候、地形地貌及水文条件与传统的养殖核心区条件一致，确保了北京油鸡的独特品质。

3 特定生产方式

3.1 产地选择与要求

产地选址应参照国家相关规定，避开水源保护区、风景名胜区、人口密集区等环境敏感地区。产地环境应符合以下要求：《环境空气质量标准》（GB 3095—2012）、《生活饮用水卫生标准》（GB 5749—2022）、《土壤环境质量标准 农用土地土壤污染风险管理标准》（GB 15618—2018）和《畜禽场环境质量标准》（NY/T 388—1999）。

3.2 品种

饲养的北京油鸡应从具备"种畜禽经营许可证"和"动物防疫合格证"的种鸡场引进，符合北京油鸡品种特征、品质良好的健康鸡群。

3.3 生产控制
3.3.1 投入品
饲料应符合《饲料卫生标准》(GB 13078—2017)，添加剂、兽药等其他投入品应符合国家法律法规和强制性标准的要求。
3.3.2 饲养管理
按用途区分肉用北京油鸡和蛋用北京油鸡。饲养过程中要做好各项生产记录：存栏、死淘、耗料、饮水、产蛋率、破蛋率、舍温等情况。因北京油鸡羽毛厚、体型肥，夏季应加强防暑降温工作。
3.3.3 肉用北京油鸡
划分为三个饲养阶段：育雏期（0~6 w）、生长前期（7~11 w）、生长后期（12 w 至出栏上市）。公鸡出栏日龄在100 d 以上，体重大于1.6 kg，母鸡饲养120 d 以上，体重大于1.4 kg。饲喂、光照、饲养密度及管理参照《北京油鸡饲养管理技术规程》（DB11/T 1378—2021）执行。
3.3.4 蛋用北京油鸡
划分为3个饲养阶段：育雏期（0~6 w）、育成期（7~18 w）、产蛋期（19 w 至淘汰）。饲喂、光照、饲养密度及管理参照《北京油鸡饲养管理技术规程》（DB11/T 1378—2021）执行。
3.3.5 冠羽修剪
北京油鸡的冠羽较长，因此当生长过程中冠羽过长影响到采食或饮水时，应对冠羽进行修剪。
3.4 产后处理
肉用北京油鸡出栏日龄在100~120 d，公鸡体重达到1.6 kg以上，母鸡体重达到1.4 kg以上。产后处理参照《鲜、冻禽产品》（GB 16869—2005）执行。蛋用北京油鸡所产鸡蛋应及时收集，存放在0~25℃的专用贮存室。

4 产品品质特色及质量安全规定
4.1 外貌及感官特征
4.1.1 北京油鸡
申请农产品地理标志的北京油鸡，外貌应符合以下特征：体躯中等，具备羽黄、喙黄、胫黄的"三黄"特征，和凤头（冠羽）、胡须（髯羽）和毛腿（胫羽和趾羽）的"三毛"特征。具备五趾特征。16周龄胫骨长为：8.5 cm以上（公鸡），7.0 cm以上（母鸡）。
4.1.2 北京油鸡蛋
申请农产品地理标志的北京油鸡蛋，应为产蛋高峰期所产鸡蛋，蛋重47~55 g，蛋壳粉色或浅褐色。
4.2 品质指标
4.2.1 肉品质指标
胸肌肌内脂肪（DM基础）3.30~5.09 g/100 g。
4.2.2 蛋品质指标
脂肪含量（蛋中可食用部分）9.21~14.00 g/100 g，脂肪酸含量（蛋中可食用部分）7.19~8.88 g/100 g。

4.3 质量安全规定

要求生产、销售严格执行《北京油鸡饲养管理技术规程》(DB11/T 1378—2021)、《鲜、冻禽产品》(GB 16869—2005)、《畜禽养殖业污染物排放标准》(GB 18596—2001)等国家、地方标准。

5 标志使用规定

本地域范围内的北京油鸡生产经营者，在产品或者包装上使用已获登记保护的农产品地理标志，须向登记证书持有人"北京市畜牧总站"提出申请，经产品检测和现场认定后，签订农产品地理标志使用协议，按照要求规范生产和使用标志，统一采用产品名称和农产品地理标志公共标识相结合的标识标注方法（即北京油鸡字样和公共标识图案组合标注形式）。标识印刷须符合《农产品地理标志公共标识设计使用规范手册》要求，任何人不得冒用。

第三部分

天津篇

美丽新世界

天津社

第二十五章 地理标志产品 盘山磨盘柿 （DB12/T 399—2008）

1 范围

本标准规定了盘山磨盘柿的生产地域范围、术语和定义、要求、试验方法、检验规则、标志、包装、运输与贮存。

本标准适用于天津盘山地区生产的盘山磨盘柿。

2 规范性引用文件

下列文件中的条款通过本标准的引用而成为本标准的条款。凡是注日期的引用文件，其随后所有的修改单（不包括勘误的内容）或修订版均不适用于本标准，然而，鼓励根据本标准达成协议的各方研究是否可使用这些文件的最新版本。凡是不注日期的引用文件，其最新版本适用于本标准。

GB/T 191　包装储运图示标志
GB 2762　食品中污染物限量
GB 2763　食品中农药最大残留限量
GB/T 5009.11　食品中总砷及无机砷的测定
GB/T 5009.12　食品中铅的测定
GB/T 5009.15　食品中镉的测定
GB/T 5009.17　食品中总汞及有机汞的测定
GB/T 5009.18　食品中氟的测定
GB/T 5009.19　食品中六六六、滴滴涕残留量的测定
GB/T 5009.20　食品中有机磷农药残留量的测定
GB/T 5009.38　蔬菜、水果卫生标准的分析方法
GB/T 5009.86　蔬菜、水果及其制品的总抗坏血酸的测定（荧光法和2,4-二硝基苯肼法）
GB/T 5009.87　食品中磷的测定
GB/T 5009.90　食品中铁、镁、锰的测定
GB/T 5009.92　食品中钙的测定
GB/T 5009.105　黄瓜中百菌清残留量的测定
GB/T 5009.110　植物性食品中氯氰菊酯、溴氰菊酯、氰戊菊酯残留量的测定
GB/T 5009.123　食品中铬的测定
GB/T 5009.135　植物性食品中灭幼脲残留量的测定
GB/T 6543　瓦楞纸箱
GB 9687　食品包装用聚乙烯成型品卫生标准
GB 9688　食品包装用聚丙烯成型品卫生标准
GB 9689　食品包装用聚苯乙烯成型品卫生标准

GB/T 12295　水果、蔬菜制品可溶性固形物的测定（折射仪法）
DB12/T 237　无公害农产品　鲜柿冷藏

3　生产地域范围

盘山磨盘柿产品生产地域范围，限于天津盘山地区以花岗岩为成土母岩的区域生产的磨盘柿。

4　术语和定义

下列术语和定义适用于本标准。

4.1　盘山磨盘柿　Panshan mopan persimmon

蓟县盘山地区生产的磨盘柿，涩柿的一种。果实呈扁圆形，中部缢痕明显，将果实分为上、下两个部分，形似磨盘。

4.2　涩柿　Astringent persimmon

需要自然脱涩或人工脱涩处理后方可食用的柿品种类型。

5　要求

5.1　自然环境

5.1.1　年平均日照时数 2 757 h。年平均气温 12.1℃，年活动积温为 4 235～4 276℃。无霜期 195 d。年均降水量 600 mm 左右。

5.1.2　以花岗岩为成土母岩的淋溶褐土，土壤中含钾量≥2%，有机质含量≥1.10%，pH 值 6.5～7.5。海拔高度：平地 50 m，半山区平均 200 m。

5.2　种植品种

盘山磨盘柿。

5.3　等级要求

5.3.1　等级要求应符合表 25-1 的规定。

表 25-1　等级要求

项目		要求		
		特级	一级	二级
果形		端正	端正	允许有轻微凹陷或凸起
柿蒂		完整	完整	完整、允许轻微损伤
色泽		橙黄色	橙黄色	橙黄色
单果重，g		≥300	≥250	≥200
果面缺陷	机械伤	不允许	不允许	允许有轻微缺陷，总面积≤1.5 cm²
	病害			
	虫害			

5.3.2　二级果每批或单个包装内缺陷果不超过 5%。

5.4 理化指标

理化指标应符合表 25-2 的规定。

表 25-2 理化指标

项目	指标
可溶性固形物,% ≥	13.0
抗坏血酸, mg/100 g	21.5~22.1
硬度, kg/cm²	10.5~11.5
钙, mg/kg	86.3~102.0
磷, mg/kg	95.0~100.0
铁, mg/kg	5.3~6.1

5.5 卫生指标

卫生指标应符合 GB 2762、GB 2763 及表 25-3 的规定。

表 25-3 卫生指标

项目		指标（mg/kg）
砷（以 As 计）	≤	0.05
汞（以 Hg 计）	≤	0.01
铅（以 Pb 计）	≤	0.1
铬（以 Cr 计）	≤	0.5
镉（以 Cd 计）	≤	0.05
氟（以 F 计）	≤	0.5
马拉硫磷	≤	2.0
对硫磷		不得检出
滴滴涕	≤	0.05
六六六	≤	0.05
乐果	≤	1.0
氯氰菊酯	≤	2.0
灭幼脲	≤	3.0
多菌灵	≤	3.0
百菌清	≤	1.0

6 试验方法

6.1 等级要求的检验

6.1.1 果形、柿蒂、色泽

用目测方法检测。

6.1.2 果面缺陷
用目测或用量具测量。
6.1.3 单果重
从样品中随机抽取 20~50 个样品，分别用电子秤称量单果重，计算其平均值。数值精确到 1 g。
6.2 理化测定
6.2.1 可溶性固形物
按 GB/T 12295 规定的方法执行。
6.2.2 抗坏血酸的检验
按 GB/T 5009.86 规定的方法执行。
6.2.3 果实硬度
a）试样：从样品中随机抽取具有代表性的果实 30 个。
b）仪器：果实硬度计硬度单位以 kg/cm^2 表示。
6.2.4 钙的检验
按 GB/T 5009.92 规定的方法执行。
6.2.5 磷的检验
按 GB/T 5009.87 规定的方法执行。
6.2.6 铁的检验
按 GB/T 5009.90 规定的方法执行。
6.3 卫生指标的检验
卫生指标的检验见表 25-4。

表 25-4 卫生指标的检验方法

项目	试验方法
砷（以 As 计）	按 GB/T 5009.11 规定的方法测定
汞（以 Hg 计）	按 GB/T 5009.17 规定的方法测定
铅（以 Pb 计）	按 GB/T 5009.12 规定的方法测定
铬（以 Cr 计）	按 GB/T 5009.123 规定的方法测定
镉（以 Cd 计）	按 GB/T 5009.15 规定的方法测定
氟（以 F 计）	按 GB/T 5009.18 规定的方法测定
马拉硫磷	按 GB/T 5009.20 规定的方法测定
对硫磷	按 GB/T 5009.20 规定的方法测定
滴滴涕	按 GB/T 5009.19 规定的方法测定
六六六	按 GB/T 5009.19 规定的方法测定
乐果	按 GB/T 5009.20 规定的方法测定
氯氰菊酯	按 GB/T 5009.110 规定的方法测定
灭幼脲	按 GB/T 5009.135 规定的方法测定
多菌灵	按 GB/T 5009.38 规定的方法测定
百菌清	按 GB/T 5009.105 规定的方法测定

7 检验规则

7.1 组批与抽样

7.1.1 组批
以同一产地、同一批采收、同等级的产品为一个检验批次。

7.1.2 抽样
按相关标准规定执行。以一个检验批次为一个抽样批次。

7.1.3 抽样数量
50件以内，抽取2件；51~200件抽取3件，201~500件抽取2.0%，501~1 000件抽取1.5%；1 000件以上抽取1.0%。以百分率抽样时，取样不足整件时，以上限整件计，样品单果数量不少于20个。分散零担柿果可在装果容器上、中、下各部位随机抽取，样品数量不少于20个。

7.2 检验分类

7.2.1 交收检验
每批产品交收前，生产单位应进行交收检验，按本标准等级规定的技术要求，对样果进行检验，根据检验结果评定质量和等级。交收检验内容包括包装、标志、等级要求，检验合格后附合格证方可交收。

7.2.2 型式检验
型式检验为本标准技术要求的全部内容。有下列情形之一时应进行型式检验：
a) 每年收成时进行一次；
b) 因人为或自然因素使生产环境发生较大变化时；
c) 国家质量技术监督部门提出进行检验要求时。

7.3 判定规则

7.3.1 理化指标、卫生指标、标志和包装、等级要求均合格，等级要求的总不合格品百分率不超过5%，判该批产品合格。

7.3.2 卫生指标有一项不合格，等级要求的总不合格品百分率超过5%，则判该批产品不合格。

7.3.3 理化指标不合格的，允许复检，标志和包装不合格的，允许整改后复检。以复检结果为准。卫生指标不合格不得复检。

8 标志、包装、运输与储存

8.1 标志
包装储运图示标志应符合GB/T 191的规定。

8.2 包装

8.2.1 包装材料应符合GB/T 6543、GB 9687、GB 9688、GB 9689的规定。包装按等级分别装箱或装盒。

8.2.2 果品冷藏专用箱应排列整齐，内衬垫箱纸，垫箱纸质量应干燥，无霉变、虫蛀、污染。

8.3 运输

8.3.1 运输工具应清洁、干燥、无毒、无害、无污染、无异味，应有防雨、防晒设施；不得与非食品混运。

8.3.2 运输应做到快装、快运尽量缩短运输时间,严禁日晒,雨淋,搬运时要轻拿轻放,堆码整齐,不得与有毒、有害、有异味或对鲜果有污染的物品混运。

8.4 贮存

果实采收后,分级包装,去除病虫果和伤果,及时入库贮存。贮存的温度及码垛等各项要求按 DB12/T 237 执行。

第二十六章 地理标志产品 天津板栗
(DB12/T 400—2008)

1 范围

本标准规定了天津板栗的产地范围、要求、试验方法、检验规则、标志、包装、运输及贮存。本标准适用于天津蓟县北部长城沿线中上元古界两翼生产的天津板栗。

2 规范性引用文件

下列文件中的条款通过本标准的引用而成为本标准的条款。凡是注日期的引用文件,其随后所有的修改单(不包括勘误的内容)或修订版均不适用于本标准,然而,鼓励根据本标准达成协议的各方研究是否可使用这些文件的最新版本。凡是不注日期的引用文件,其最新版本适用于本标准。

GB/T 191 包装储运图示标志

GB/T 731 黄麻麻袋的技术条件

GB 2762 食品中污染物限量

GB 2763 食品中农药最大残留限量

GB/T 5009.3 食品中水分的测定

GB/T 5009.5 食品中蛋白质的测定

GB/T 5009.6 食品中脂肪的测定

GB/T 5009.9 食品中淀粉的测定

GB/T 5009.11 食品中总砷及无机砷的测定

GB/T 5009.12 食品中铅的测定

GB/T 5009.15 食品中镉的测定

GB/T 5009.17 食品中总汞及有机汞的测定

GB/T 5009.18 食品中氟的测定

GB/T 5009.19 食品中六六六、滴滴涕残留量的测定

GB/T 5009.20 食品中有机磷农药残留量的测定

GB/T 5009.38 蔬菜、水果卫生标准的分析方法

GB/T 5009.86 蔬菜、水果及其制品的总抗坏血酸的测定(荧光法和2,4-二硝基苯肼法)

GB/T 5009.87 食品中磷的测定

GB/T 5009.90 食品中铁、镁、锰的测定
GB/T 5009.92 食品中钙的测定
GB/T 5009.105 黄瓜中百菌清残留量的测定
GB/T 5009.110 植物性食品中氯氰菊酯、溴氰菊酯、氰戊菊酯残留量的测定
GB/T 5009.123 食品中铬的测定
GB/T 5009.135 植物性食品中灭幼脲残留量的测定
GB/T 19909 地理标志产品 建瓯锥栗

3 产地范围

天津板栗生产地域范围限于天津蓟县北部燕山山脉长城沿线中上元古界两翼。

4 要求

4.1 自然环境

4.1.1 年平均日照时数 2 757 h。年平均气温 9.9℃，年平均活动积温 4 235～4 276℃。无霜期 170 d。年均降水量 600 mm。

4.1.2 土壤以砂岩、伊利砂页岩、白云岩为成土母岩的淋溶褐土，土壤保水性能好，有机质含量 1.25% 左右，pH 值 6.2～7.4。平均海拔 260 m。

4.2 种植品种

魁栗、短丰、燕红、盘山二号、紫伯、遵玉。

4.3 等级要求

4.3.1 基本要求

基本要求应符合表 26-1 的规定。

表 26-1 基本要求

项目	要求		
	优等品	一等品	合格品
单粒果重，g	果粒均匀，≥6.3 平均单粒果重	果粒均匀，平均单粒果重 5.6～6.3	果粒均匀，平均单粒果重 5.0～5.6
外观	果粒成熟饱满、果皮红褐色、油光亮丽、底座小、表面洁净无茸毛		
风味	肉质细腻、香、甜、糯性强、无异味		
缺陷	无	无	无杂质，霉烂、虫蛀、风干、裂嘴四项不超过 5%，其中霉烂不超过 1%

4.3.2 串果

a) 各等级允许一定的串等果，只能是邻级果；
b) 优等品、一等品可有不超过 2% 的串等果；
c) 合格品可有不超过 3% 的串等果。

4.4 理化指标

理化指标应符合表 26-2 的规定。

表 26-2 理化指标

项目	指标
含水率, %	49.0~51.0
蛋白质, %	3.3~3.6
脂肪, %	1.6~1.8
淀粉, %	25.5~27.0
钙, mg/kg	105.0~110.0
磷, mg/kg	300.0~350.0
铁, mg/kg	32.0~34.5
抗坏血酸, mg/100 g	35.0~37.0

4.5 卫生指标

卫生指标应符合 GB 2762、GB 2763 及表 26-3 的规定。

表 26-3 卫生指标

项目		指标（mg/kg）
砷（以 As 计）	≤	0.05
汞（以 Hg 计）	≤	0.01
铅（以 Pb 计）	≤	0.1
铬（以 Cr 计）	≤	0.5
镉（以 Cd 计）	≤	0.05
氟（以 F 计）	≤	0.5
马拉硫磷	≤	2.0
对硫磷		不得检出
滴滴涕	≤	0.05
六六六	≤	0.05
乐果	≤	1.0
氯氰菊酯	≤	2.0
灭幼脲	≤	3.0
多菌灵	≤	3.0
百菌清	≤	1.0

5 试验方法

5.1 等级要求的检验

5.1.1 单粒果重

用电子秤测定。把抽取的样品直接检验总粒数、计算平均粒重,数值精确到 0.1 g。

5.1.2 外观、风味

用目测、口尝方法检测。

5.1.3 缺陷

对抽取的样品用目测方法检验。

5.1.4 串果

目测、按本标准 4.3.1 规定筛选。按质量百分比计算串果率。

5.2 理化检验

5.2.1 含水率

按 GB/T 5009.3 规定方法执行。

5.2.2 蛋白质

按 GB/T 5009.5 规定方法执行。

5.2.3 脂肪的检验

按 GB/T 5009.6 规定方法执行。

5.2.4 淀粉

按 GB/T 5009.9 规定方法执行。

5.2.5 钙的检验

按 GB/T 5009.92 规定方法执行。

5.2.6 磷的检验

按 GB/T 5009.87 规定方法执行。

5.2.7 铁的检验

按 GB/T 5009.90 规定方法执行。

5.2.8 抗坏血酸的检验

按 GB/T 5009.86 规定方法执行。

5.3 卫生指标的检验

卫生指标的检验见表 26-4。

表 26-4 卫生指标的检验方法

项目	试验方法
砷(以 As 计)	按 GB/T 5009.11 规定的方法测定
汞(以 Hg 计)	按 GB/T 5009.17 规定的方法测定
铅(以 Pb 计)	按 GB/T 5009.12 规定的方法测定
铬(以 Cr 计)	按 GB/T 5009.123 规定的方法测定
镉(以 Cd 计)	按 GB/T 5009.15 规定的方法测定
氟(以 F 计)	按 GB/T 5009.18 规定的方法测定

(续表)

项目	试验方法
马拉硫磷	按 GB/T 5009.20 规定的方法测定
对硫磷	按 GB/T 5009.20 规定的方法测定
滴滴涕	按 GB/T 5009.19 规定的方法测定
六六六	按 GB/T 5009.19 规定的方法测定
乐果	按 GB/T 5009.20 规定的方法测定
氯氰菊酯	按 GB/T 5009.110 规定的方法测定
灭幼脲	按 GB/T 5009.135 规定的方法测定
多菌灵	按 GB/T 5009.38 规定的方法测定
百菌清	按 GB/T 5009.105 规定的方法测定

6 检验规则

6.1 组批与抽样

6.1.1 组批
同一生产基地、同一等级、同一批采收的产品为一个检验批次。

6.1.2 抽样
按 GB/T 19909 中的 9.3 执行。

6.2 检验分类

6.2.1 交收检验
每批产品交收前，生产单位应进行交收检验，按本标准相应等级的技术要求，对样果进行检验，根据检验结果评定质量和等级。交收检验内容包括包装、标志、等级要求。检验合格后附合格证方可交收。

6.2.2 型式检验
型式检验为本标准技术要求的全部内容。有下列情形之一时应进行型式检验：
a) 每年收成时进行一次；
b) 因人为或自然因素使生产环境发生较大变化时；
c) 国家质量技术监督部门或主管部门提出进行检验要求时。

6.3 判定规则

6.3.1 等级要求、理化指标
等级要求、理化指标全部符合本标准的规定即判该批产品合格。如有不合格项目，可从原批产品中加倍抽样进行复验，若复验结果为合格，即判该批产品合格，否则为不合格。

6.3.2 卫生指标
有一个项目不合格，即判定为该批产品不合格。

7 标志、包装、运输、贮存

7.1 标志
运输包装上的储运图示标志应符合 GB/T 191 的规定。

7.2 包装

选用麻袋包装,麻袋应符合 GB/T 731 的规定。

7.3 运输

7.3.1 鲜果在运输中应防止发热,有效控制温度和湿度,防止风干和霉变。

7.3.2 运输工具应清洁、干燥、无毒、无害、无污染、无异味,应有防雨防晒设施。

7.3.3 运输应做到快装、快运尽量缩短运输时间,严禁日晒、雨淋,堆码整齐,不得与有毒、有害、有异味或对鲜果有污染的物品混装、混运。

7.4 贮存

7.4.1 采用沙藏法和冷藏法贮存。冷库贮存温度-1~3℃,相对湿度90%~95%。

7.4.2 贮存仓库应通风、干燥、阴凉、无阳光直射,严禁与有毒、有害、有异味或对鲜果有污染的物品混放。

第二十七章　地理标志产品　台头西瓜
（DB12/T 412—2009）

1 范围

本标准规定了台头西瓜的术语和定义、要求、试验方法、检验规则及标签、包装、运输及贮存。

本标准适用于天津市静海县辖区,东经 116°45.022′~116°50.018′,北纬 38°56.002′~39°03.568′范围内生产的台头西瓜。

2 规范性引用文件

下列文件中的条款通过本标准的引用而成为本标准的条款。凡是注日期的引用文件,其随后所有的修改单（不包括勘误的内容）或修订版均不适用于本标准,然而,鼓励根据本标准达成协议的各方研究是否可使用这些文件的最新版本。凡是不注日期的引用文件,其最新版本适用于本标准。

GB 4285　农药安全使用标准

GB/T 5009.7　食品中还原糖的测定

GB/T 5009.8　食品中蔗糖的测定

GB/T 5009.12　食品中铅的测定

GB/T 5009.15　食品中镉的测定

GB/T 5009.20　食品中有机磷农药残留量的测定

GB/T 5009.105　黄瓜中百菌清残留量的测定

GB/T 5009.110　植物性食品中氯氰菊酯、氰戊菊酯和溴氰菊酯残留量的测定

GB/T 5009.188　蔬菜、水果中甲基托布津、多菌灵的测定

GB/T 5737　食品塑料周转箱

GB/T 6195　水果、蔬菜维生素 C 含量测定法（2,6-二氯靛酚滴定法）

GB/T 6543 运输包装用单瓦楞纸箱和双瓦楞纸箱
GB/T 8321.1 农药合理使用准则
GB/T 8321.2 农药合理使用准则
GB/T 8321.3 农药合理使用准则
GB/T 8321.4 农药合理使用准则
GB/T 8321.5 农药合理使用准则
GB/T 8321.6 农药合理使用准则
GB/T 8321.7 农药合理使用准则
GB/T 8321.8 农药合理使用准则
GB/T 8855 新鲜水果和蔬菜 取样方法
GB/T 12143 饮料通用分析方法
GB/T 12456 食品中总酸的测定
NY/T 1651 蔬菜及制品中番茄红素的测定高效液相色谱法

3 术语和定义

下列术语和定义适用于本标准。

台头西瓜 Taitou watermelon

在天津市静海县辖区，东经116°45.022′~116°50.018′，北纬38°56.002′~39°03.568′范围内按照本标准栽培技术生产的，符合本标准产品质量技术要求的西瓜品种果实。

4 要求

4.1 自然环境

4.1.1 环境特征

本区域地处天津市静海县西北部，华北平原北部。全境属大清河及子牙河流域，属暖温带半湿润大陆性季风气候，四季分明，少雨，光照充足。

4.1.2 气温

年平均气温12.4℃，年平均无霜期为217 d。

4.1.3 日照

年平均日照时数2 616.7 h。

4.1.4 降水量

年平均降水量552.5 mm。

4.1.5 土壤

中壤质或粉质潮土，轻盐碱，土壤透气性好，有机质含量大于1.0%，pH值7.0~8.5。

4.2 栽培技术

应符合标准发布版附录B的要求。

4.3 质量要求

4.3.1 感官要求

感官要求应符合表27-1的规定。

表 27-1 感官要求

项目	指标
果形	果实圆形或高圆形
果皮	厚度不超过 1.0 cm，皮色为绿底上覆墨绿色条带
果面	表面光滑，有蜡粉，无裂果、腐烂、病虫瘢痕和机械损伤
果肉	粉红色至红色，色泽鲜艳
质地与风味	瓜瓤酥脆，甘甜多汁，爽口，纤维少

4.3.2 理化指标（表 27-2）

表 27-2 理化指标

项目	指标
单果重，kg	4~6
可溶性固形物，%	果实中心≥11.5、边缘≥8.5
糖酸比	45~50
番茄红素（鲜重），mg/100 g	≥3.0
维生素 C（鲜重），mg/100 g	≥6.0

4.3.3 卫生指标

4.3.3.1 卫生指标应符合表 27-3 的规定。

表 27-3 卫生指标

项目		指标
多菌灵，mg/kg	≤	0.5
百菌清，mg/kg	≤	1.0
溴氰菊酯，mg/kg	≤	0.2
敌百虫，mg/kg	≤	0.1
铅，mg/kg	≤	0.2
镉，mg/kg	≤	0.05

4.3.3.2 其他有毒有害物质的指标应符合国家有关法律法规、行政规章和强制性标准的规定。

5 试验方法

5.1 感官要求

感官要求中的果形、果皮、果面、瓤色以目测确定，质地与风味以品尝确定，果皮厚度以精确度 0.1 cm 的刻度尺测量确定。

5.2 理化指标

5.2.1 单果重

单果重用分度值为 0.1 kg 的秤进行称量。

5.2.2 可溶性固体物

按 GB/T 12143 执行。

5.2.3 糖酸比

蔗糖的测定按 GB/T 5009.8 执行，还原糖的测定按 GB/T 5009.7 执行，总酸的测定按 GB/T 12456 执行。总糖与总酸的比值按式（1）计算：

$$A = \frac{B}{C} \tag{1}$$

式中：

A——糖酸比；

B——总糖（为蔗糖、还原糖相加值），单位为克每百克（g/100 g）；

C——总酸，单位为克每千克（g/kg）。

5.2.4 番茄红素

按 NY/T 1651 执行。

5.2.5 维生素 C

按 GB/T 6195 执行。

5.3 卫生指标

5.3.1 多菌灵

按 GB/T 5009.188 规定的方法执行。

5.3.2 百菌清

按 GB/T 5009.105 规定的方法执行。

5.3.3 溴氰菊酯

按 GB/T 5009.110 规定的方法执行。

5.3.4 敌百虫

按 GB/T 5009.20 规定的方法执行。

5.3.5 铅

按 GB/T 5009.12 规定的方法执行。

5.3.6 镉

按 GB/T 5009.15 规定的方法执行。

6 检验规则

6.1 检验批次

同一生产基地、同一品种、同一栽培管理、同一成熟度、同一采摘日期的西瓜为一个批次。

6.2 抽样方法

按 GB/T 8855 执行。

6.3 检验分类
6.3.1 交收检验
6.3.1.1 每批产品交收前,生产单位都应进行交收检验。交收检验合格并附合格证,产品方可交收。
6.3.1.2 交收检验项目为感官要求、包装、标志。
6.3.2 型式检验
6.3.2.1 有下列情形之一者应进行型式检验:
   a) 每年采摘初期;
   b) 两次抽检结果差异较大时;
   c) 因人为或自然因素使生产环境发生较大变化时;
   d) 国家有关部门提出要求或贸易需要时。
6.3.2.2 型式检验项目为本标准规定的全部要求。
6.3.3 判定规则
当检验结果全部符合本标准要求时,则判定该批次产品合格;在整批样品中,感官要求、理化要求有不合格项时,允许加倍抽样复检,如仍不合格即判该批产品为不合格;卫生指标不符合本标准要求时,即判为不合格,不得复检。

7 标签、包装、运输及贮存
7.1 标签
应标明产品名称、产品执行标准编号、产地、采摘日期、生产单位或销售单位及详细地址联系电话。
7.2 包装
产品可包装,用于产品包装物符合食品卫生的要求。其容器应干燥、牢固、透气,内壁无尖突物。技术要求应符合 GB/T 6543 的要求。塑料箱应符合 GB/T 5737 的要求。
7.3 运输
7.3.1 果实采收后应及时包装、交收和运输。
7.3.2 在装卸运输中应轻装、轻放,运输途中应防暴晒、雨淋。运输散装时,运输工具的底部及四周与果实接触的地方应加铺垫物,车辆、工具、铺垫物应清洁、卫生、无污染、干燥,不与有毒有害物品混运。
7.4 贮存
7.4.1 临时贮存时,宜在通风、阴凉、清洁、卫生的场所进行,堆码整齐、防止挤压损伤,防日晒、雨淋、冻害及有毒有害物质的污染。
7.4.2 长期贮存时,应存入低温冷库,贮存时应按品种、规格分别贮存,存入前应逐步降温预冷。贮存适宜温度为 5~13℃,相对湿度 60%~70%。在贮存的过程中,应定期进行检查,发现病瓜立即清除。贮存时,严禁与其他有毒、有异味、有害、发霉散热及传播病虫害的物品混放。

第二十八章 地理标志产品 七里海河蟹（DB12/T 430—2010）

1 范围

本标准规定了七里海河蟹（学名中华绒螯蟹 Eriocheir sinensis，又名河蟹）的保护范围、要求、试验方法、检验规则、标志、包装、运输、贮存。

本标准适用于七里海河蟹地理标志产品保护范围。为天津市宁河县 14 个乡镇现辖行政区域养殖所产河蟹。

2 规范性引用文件

下列文件对于本文件的应用是必不可少的。凡是注日期的引用文件，仅所注日期的版本适用于本文件。凡是不注日期的引用文件，其最新版本（包括所有的修改单）适用于本文件。

GB/T 5009.3 食品中水分的测定

GB/T 5009.5 食品中蛋白质的测定

GB/T 5009.6 食品中脂肪的测定

GB/T 5009.11 食品中总砷及无机砷的测定

GB/T 5009.12 食品中铅的测定

GB/T 5009.17 食品总汞及有机汞的测定

GB 11607 渔业水质标准

GB 18407.4 农产品安全质量无公害水产品产地环境要求

NY 5051 无公害食品淡水养殖用水质

NY 5064 无公害食品淡水蟹

NY 5072 无公害食品渔用配合饲料安全限量

SC/T 3015 水产品中土霉素、四环素、金霉素残留量的测定方法

3 地理标志保护范围

以天津市宁河县人民政府《关于划定宁河县"七里海河蟹"地理标志产品产地范围的函》（宁河政函〔2006〕28号）提出的范围为准，为天津市宁河县芦台镇、大北镇、七里海镇、北淮淀乡、依口乡、造甲城镇、潘庄镇、宁河镇、廉庄乡、苗庄镇、丰台镇、岳龙镇、板桥镇、东棘坨镇 14 个乡镇现辖行政区域养殖所产河蟹。

4 要求

4.1 地域环境

4.1.1 土壤

土壤中有机质含量 1.3%~2.6%，全氮含量 0.07%~0.15%，全磷含量 0.02%~0.09%，钾含量 0.01%~0.045%，pH 值 8.2~8.4，含盐量 1~3‰。

4.1.2 水质

应符合 GB 11607 和 NY 5051 的规定。

4.1.3 底质要求

应符合 GB 18407.4 的规定。

4.2 养殖要求

应符合《地理标志产品七里海河蟹养殖技术规范》《地理标志产品七里海河蟹土池生态育苗技术规范》标准的规定。

4.3 形态特征

商品蟹规格雄蟹≥100 g/只、雌蟹≥75 g/只,外部形态应符合七里海河蟹分类特征。

4.4 感官要求

感官要求见表 28-1。

表 28-1 感官要求

项目	指标
体表	体态均称,近方形,无畸形,无病态,蟹体厚重,甲壳坚硬,有光泽
体色	背部呈青灰色、褐绿色,腹部呈乳白色或灰白色
蟹黄	呈酱紫色
蟹膏	呈乳白色
蟹体动作	活动有力,反应灵敏
鳃	鳃丝清晰,呈白色或乳白色,无异物,无异味
寄生虫(蟹奴)	不得检出

4.5 理化指标

理化指标见表 28-2。

表 28-2 理化指标

项目	等级			
	一等		二等	
	雄蟹	雌蟹	雄蟹	雌蟹
肥满度,g/cm³	≥0.58	≥0.5	≥0.54	≥0.5
性腺占体重的百分比,%	≥2.8	≥8.5	≥2.2	≥6.0
水分,%	≤68.0	≤56.0	≤72.0	≤56.0
粗脂肪,%	≥10.0	≥15.0	≥9.0	≥12.0
粗蛋白,%	≥16	≥18.5	≥15.5	≥16.5

4.6 安全指标

安全指标见表 28-3。

表28-3 安全指标

项目	指标
汞（以Hg计），mg/kg	≤0.5
铅（以Pb计），mg/kg	≤0.5
砷（以As计），mg/kg	≤0.5
镉（以Cd计），mg/kg	≤0.5
土霉素，μg/kg	≤100

注：其他农药、兽药应符合国家有关规定。

5 试验方法

5.1 感官检验
将试样放在白色搪瓷盘中，目测、手指压、鼻嗅。

5.2 蟹奴的检查
将试样放在白色搪瓷盘中，打开蟹体，肉眼观察或放大镜、解剖镜镜检。

5.3 肥满度的测定
将抽取的样品按雌、雄分别测定肥满度，用量程为1 000 g、灵敏度为0.1 g的天平称重，用分度值为0.1 cm直尺或卷尺进行壳长的测定。肥满度按式（1）计算，取平均值作为每批样品的肥满度数据。

$$K = \frac{W}{L^3} \tag{1}$$

式中：
K——肥满度；
W——体重，单位为克（g）；
L^3——壳长，单位为厘米（cm）。

5.4 性腺占体重百分比的测定
打开甲壳，按雌、雄分别分离卵巢或精巢，用灵敏度为0.1 g天平称体重、卵巢或精巢重。性腺占体重的百分比按式（2）计算，取平均值作为每批样品的性腺占体重的百分比数据。

$$G = \frac{W_1}{W_2} \times 100\% \tag{2}$$

式中：
G——性腺占体重的百分比，%；
W_1——性腺重，单位为克（g）；
W_2——体重，单位为克（g）。

5.5 水分的测定
按GB/T 5009.3的规定执行。

5.6 粗蛋白的测定
按GB/T 5009.5的规定执行。

5.7 粗脂肪的测定
按 GB/T 5009.6 的规定执行。

5.8 砷的测定
按 GB/T 5009.11 的规定执行。

5.9 铅的测定
按 GB/T 5009.12 的规定执行。

5.10 镉的测定
按 GB/T 5009.15 的规定执行。

5.11 汞的测定
按 GB/T 5009.17 的规定执行。

5.12 土霉素的测定
按 SC/T 3015 的规定执行。

6 检验规则

6.1 组批规则和抽样方法

6.1.1 组批规则
按同一养殖场、养殖条件相同、同时收获或在同一水域、同时捕获的河蟹为同一检验批。

6.1.2 感官检验抽样
同一检验批的七里海河蟹应随机抽样。抽样数量按 NY 5064 中 5.1.2 的规定执行。

6.1.3 肥满度、性腺占体重的百分比检验抽样
从感官检验抽取的样品中随机抽样。批量在 1 000 只以下（含 1 000 只），雌、雄各取样 10 只；批量在 1 001~10 000 只范围内，雌、雄各取样 15 只；批量在 10 000 只以上，雌、雄各取样 20 只。

6.1.4 理化、安全卫生检验抽样
从感官检验抽取的样品中随机抽样。批量在 1 000 只以下（含 1 000 只），雌、雄各取样至少 4 只；批量在 1 001~5 000 只范围内，雌、雄各取样 10 只；批量在 5 001~10 000 只范围内，雌、雄各取样 20 只；批量在 10 000 只以上，雌、雄各取样 30 只。

6.1.5 试样制备
按 NY 5064 中 5.1.4 的规定执行。

6.2 检验分类
产品检验分为出场检验和型式检验。

6.2.1 出场检验
每批产品必须进行出场检验。出场检验由单位质量检验部门执行，检验项目为感官指标及肥满度。

6.2.2 型式检验
有下列情况之一时应进行型式检验。检验项目为标准中规定的全部检验项目。
a) 新建养殖场河蟹收获时；
b) 七里海河蟹养殖条件发生变化，尤其是上游水源发生变化可能影响产品质量时：
c) 国家质量技术监督机构提出进行型式检验要求时；

d) 出厂检验与上次型式检验有较大差异时；

e) 正常养殖时，每年至少一次的周期性检验。

6.3 判定规则

6.3.1 感官检验按 NY 5064 中的 5.3.1 的规定执行。

6.3.2 安全指标检验按 NY 5064 中的 5.3.2 的规定执行。

6.3.3 理化指标出现不符合本标准规定的指标时，允许复检一次，判定以复验结果为准。

7 标志、包装、运输、贮存

7.1 标志

标明产品的名称、等级、净含量、生产者名称和地址、产地、捕捞日期并加有"地理标志产品专用标志"。

7.2 包装

将蟹腹部朝下整齐排列于包装物中，包装材料应坚固、洁净、无毒、无异味。

7.3 运输

在低温清洁的环境中装运，运输工具应清洁、无毒、无异味。运输过程中，防温度剧变、挤压、剧烈震动，不得与有害物质混运。

7.4 贮存

7.4.1 池塘条件

池塘面积 0.07~0.33 hm^2，池深 2.5~3.0 m，淤泥不超过 20 cm，保水性能好。

7.4.2 水质

应符合 NY 5051 的规定。

7.4.3 池塘清整

储存池塘按常规消毒方法执行，做好防逃设施。

7.4.4 施肥培水

水经 40 目筛绢过滤进入池塘，进水深度 1.5 m，是水质肥瘦程度施肥。施入硫酸铵 1.0~2.5 mg/L，磷酸二氢钙 4.0~5.0 mg/L，7 d 后水色呈黄绿色或黄褐色，透明度 30~40 cm，以单细胞绿藻和硅藻为主，即可放入河蟹。

7.4.5 贮存时间

每年 10 月（中秋节以后）河蟹大量上市价格较低时开始贮存。

7.4.6 河蟹放养

a) 以大规格为主，雌蟹 100 g、雄蟹 125 g 以上，太小无贮存价值；

b) 体质强健、无病无伤无残；

c) 雌雄蟹分开贮存；

d) 贮存密度 7 500~12 000 kg/hm^2；

e) 河蟹入池前用高锰酸钾 10 mg/L 消毒 10 min。

7.4.7 日常管理

按照《地理标志产品七里海河蟹土池生态育苗技术规范》中亲蟹暂养及越冬的规范内容执行即可。

第二十九章 地理标志产品 州河鲤
（DB12/T 482—2013）

1 范围

本标准规定了州河鲤（*Cyprinus carpio zhouhe* L.）的主要形态构造特征、生长与繁殖、生化遗传学特性、细胞遗传学特性及检测方法。

本标准适用于州河鲤的种质检测与鉴定。

2 规范性引用文件

下列文件对于本文件的应用是必不可少的。凡是注日期的引用文件，仅所注日期的版本适用于本文件。凡是不注日期的引用文件，其最新版本（包括所有的修改单）适用于本文件。

GB/T 18654.1 养殖鱼类种质检验 第1部分：检验规则

GB/T 18654.2 养殖鱼类种质检验 第2部分：抽样方法

GB/T 18654.3 养殖鱼类种质检验 第3部分：性状测定

GB/T 18654.4 养殖鱼类种质检验 第4部分：年龄与生长的测定

GB/T 18654.6 养殖鱼类种质检验 第6部分：繁殖性能的测定

GB/T 18654.12 养殖鱼类种质检验 第12部分：染色体组型分析

GB/T 18654.13 养殖鱼类种质检验 第13部分：同工酶电泳分析

3 名称与分类

3.1 名称

州河鲤（*Cyprinus carpio zhouhe* L.）。

3.2 分类地位

鲤形目（Cypriniformes），鲤科（Cyprinidae），鲤亚科（Cyprinae），鲤属（*Cyprinus*），鲤（*Cyprinus carpio*）。

4 主要形态构造特征

4.1 外部形态特征

4.1.1 外形

体梭形，较长；口亚下位，呈马蹄形，上颌包着下颌，吻圆钝，能伸缩；须2对；全身覆盖较大的圆鳞，金黄色，各鳞片后部有许多小黑点组成的新月型斑；腹部浅红色，胸鳍、腹鳍、臀鳍下叶均为红色，臀鳍末端至尾鳍基部橙红色，尾鳍暗红；背鳍起点位置在腹鳍之前，胸鳍末端椭圆，不及腹鳍基部，尾鳍叉形，背鳍和臀鳍最后一根不分枝鳍条后缘锯齿状。州河鲤外部形态见图29-1。

图 29-1 州河鲤外部形态

4.1.2 可数性状

4.1.2.1 口须

2 对。

4.1.2.2 背鳍鳍式

D. 3—17~19。

4.1.2.3 臀鳍鳍式

A. 3~5。

4.1.2.4 鳞式

$35 \dfrac{5 \sim 7}{5 \sim 6 - V} 39$。

4.1.2.5 左侧第一鳃弓外侧鳃耙数

19~25。

4.1.3 可量性状

体长 12.5~45.5 cm，体重 50~3 500 g 的个体，实测可量性状比例值见表 29-1。

表 29-1 州河鲤实测可量性状比例值

项目	比值
全长/体长	1.18±0.17
体长/体高	3.59±0.36
体长/体厚	5.91±0.51
体长/头长	4.06±0.48
体长/尾柄长	5.27±0.67
头长/吻长	2.49±0.35
头长/眼径	6.55±0.57
头长/眼间距	2.51±0.29
尾柄长/尾柄高	1.24±0.26

4.2 内部构造特征

4.2.1 鳔

鳔二室，前室较后室大，后室锥形，末端稍尖。

4.2.2 下咽齿

下咽齿3行，臼状，齿式1·1·3/3·1·1。

4.2.3 脊椎骨数

脊椎骨数为32~38。

4.2.4 肠

成鱼肠长与体长之比为1.9~2.2∶1。

5 生长与繁殖

5.1 年龄

年龄主要依据鳞片上的年轮数。

5.2 生长

不同年龄组鱼的实测体长和体重的平均值见表29-2。(州河鲤的生长方程和体长与体重关系式见附录A)

表29-2 不同年龄组鱼的实测体长和体重的平均值

年龄，龄		1+	2+	3+	4+	5+
♂	体长，cm	15.7±6.4	23.5±5.7	33.7±7.5	38.6±4.5	43.5±5.3
	体重，g	246.5±109.6	435.4±152.6	889.5±356.5	1 660.5±321.3	2 387.3±490.3
♀	体长，cm	18.1±7.5	28.8±9.6	35.2±4.5	41.2±5.8	45.1±4.9
	体重，g	265.7±125.3	585.4±148.9	1 085±450.8	1 895.4±405.9	2 670.5±521.7

5.3 繁殖

5.3.1 性成熟年龄

雌鱼为3+龄，雄鱼为2+龄。性成熟个体性腺1年成熟1次，卵分批产出，为黏性卵。

5.3.2 繁殖水温

繁殖水温17~28℃，最适水温18~24℃。

5.3.3 怀卵量

不同年龄组个体怀卵量见表29-3。

表29-3 不同年龄组个体怀卵量

年龄，龄	3+	4+	5+
体重，g	1 105.6±268.4	1 992.2±377.8	2 720.9±469.5
绝对怀卵量，粒	(0.91±0.31)×10⁵	(1.93±0.82)×10⁵	(2.37±0.94)×10⁵
相对怀卵量，粒/g体重	82.3±25.6	96.9±31.2	87.1±28.3

6 遗传学特性

6.1 细胞遗传学特性

体细胞染色体为2倍数，2 n = 100。组型公式：20 m+48 sm+24 st+8 t；染色体臂数：NF = 168。染色体组型见图29-2。

图29-2 州河鲤的染色体组型图

6.2 生化遗传学特性

州河鲤肌肉中酯酶（EST）同工酶电泳酶谱见图29-3，其扫描图见图29-4，各酶带的相对迁移率和活性强度见表29-4。

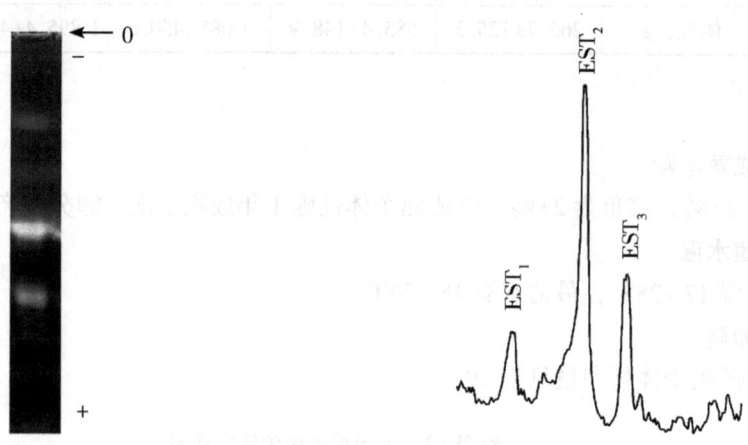

图29-3 州河鲤肌肉EST同工酶电泳酶谱图　　图29-4 州河鲤肌肉EST同工酶酶带扫描图

表29-4 州河鲤肌肉中酯酶（EST）同工酶酶带相对迁移率和活性强度

酶带	EST_1	EST_2	EST_3
相对迁移率	0.61	0.45	0.18
相对活性,%	19.25	55.94	20.89

7 营养成分

肌肉中主要营养成分及蛋白质中主要氨基酸、脂肪中主要脂肪酸含量见标准发布版附录B。

8 检测方法

8.1 检测及抽样

按照GB/T 18654.1的要求，按GB/T 18654.2的规定执行。

8.2 性状测定

按GB/T 18654.3的规定执行。

8.3 年龄的鉴定

按GB/T 18654.4的规定执行。

8.4 繁殖力的测定

按GB/T 18654.6的规定执行。

8.5 染色体组型分析

按GB/T 18654.12的规定执行。

8.6 同工酶的检测

按GB/T 18654.13的规定执行。

8.7 结果判定

按GB/T 18654.1的规定执行

第三十章　地理标志产品　黄花山核桃
（DB12/T 510—2014）

1 范围

本标准规定了地理标志产品黄花山核桃的产地范围、地域环境、栽培技术、果实质量要求、试验方法、检验规则、包装、运输及贮存。

本标准适用于天津市蓟县孙各庄满族乡、下营镇2个乡镇现辖行政区域。

2 规范性引用文件

下列文件对于本文件的应用是必不可少的。凡是注日期的引用文件，仅所注日期的版本适用于本文件。凡是不注日期的引用文件，其最新版本（包括所有的修改单）适用于本文件。

　　GB/T 191　包装储运图示标志

　　GB/T 731　黄麻布和麻袋

　　GB 2761　食品安全国家标准　食品中真菌毒素限量

GB 2762　食品安全国家标准　食品中污染物限量
GB 2763　食品安全国家标准　食品中农药最大残留限量
GB 5009.3　食品安全国家标准　食品中水分的测定
GB/T 5009.6　食品中脂肪的测定
GB/T 6543　运输包装用单瓦楞纸箱和双瓦楞纸箱
GB 7718　食品安全国家标准　预包装食品标签通则
GB/T 19909　地理标志产品　建瓯锥栗
GB/T 24904　粮食包装　麻袋

3　产地

3.1　产地范围

黄花山核桃产区位于北纬40°6′13″~40°15′5.49″，东经117°22′13″~117°39′4″。

3.2　产地环境

产地范围属于暖温带半湿润大陆性季风气候，四季分明。年平均气温11.5℃，≥5℃积温4 464℃，全年无霜期195 d，年平均降水量665.1 mm，年平均日照时数2 616.7 h。

种植区域为海拔200 m以下，地势坡度<15°，土壤类型为石灰岩类淋溶褐土。土壤pH值6.2~8.0，平均有机质含量14.2 g/kg，富含氮、磷、钾、铁、锰、铜、锌、硼、硫等元素。

4　要求

4.1　感官要求

4.1.1　果型

坚果圆形，壳面光滑，色浅，壳较薄。

4.1.2　果仁

饱满、黄白色、口感圆润清香、涩味淡。

4.2　生产技术要求

生产技术要求见原标准附录B。

4.3　理化指标

理化指标见表30-1。

表30-1　理化指标

项目		指标
含水率，%	≤	6.0
脂肪，%		58.5~64.5
出仁率，%	≥	50
单果重，g	≥	12
横径，mm	≥	34
壳厚，mm	≤	1.5

4.4 卫生指标
卫生指标按 GB 2761、GB 2762、GB 2763 执行。

5 试验方法

5.1 感官检测
目测、口尝。

5.2 理化检验

5.2.1 含水率
按 GB 5009.3 中规定的方法执行。

5.2.2 脂肪
按 GB/T 5009.6 中规定的方法执行。

5.2.3 出仁率、单果重

5.2.3.1 出仁率（%）
随机取 100 个坚果，用精度 0.1 g 的电子秤测出质量 M_1，用铁锤敲开果壳，取出全部果仁，测出质量 M_2，计算公式：出仁率（%）= $M_2/M_1 \times 100\%$

5.2.3.2 单果重（M_1）
随机取 100 个坚果，用精度 0.1 g 的电子秤测出质量 M，计算公式：单果重 $M_1 = M/100$

5.2.4 横径、壳厚
以精度 0.1mm 的游标卡尺测量。

5.3 卫生指标
按 GB 2761、GB 2762、GB 2763 的规定执行。

6 检验规则

6.1 组批
同一批采收的核桃为一个检验批次。

6.2 抽样
按 GB/T 19909 中 9.3 的规定执行。

6.3 判定规则
当检验结果全部符合本标准要求时，即判该批产品合格；在整批样品中，感官要求、理化指标有不合格项目时，允许加倍抽样复检，若复验结果为不合格，即该批产品不合格，卫生指标不符合本标准要求时，即判定为该批产品不合格，不得复检。

7 标签、标志

7.1 标签
产品标签按 GB 7718 执行，产品必须加注地理标志产品标识。

7.2 标志
包装标志应符合 GB/T 191 的规定。

8 包装、运输及贮存

8.1 包装
产品应按同一规格进行包装。包装材料应干燥、洁净、无异味，能保护果品不受挤压。

包装麻袋应符合 GB/T 731 的规定、瓦楞纸箱应符合 GB/T 6543 的规定。

8.2 运输

运输工具应洁净、干燥、无污染、无异味，应防雨、防晒、防挤压，堆码整齐。不应与有毒、有害和有异味的物品混装、混运。

8.3 贮存

坚果经过检验、分级和包装后，应及时入库贮存。冷库贮存温度-1~3℃，短期存放最高温度不超过 25℃，相对湿度 60%。

第三十一章　地理标志产品　红花峪桑椹
（DB12/T 577—2015）

1 范围

本标准规定了地理标志产品红花峪桑椹的产地范围、环境、果实质量要求、检验方法、检验规则、包装、运输、贮存及栽培技术。

本标准适用于天津市蓟县别山镇行政区域所产红花峪桑椹。

2 规范性引用文件

下列文件对于本文件的应用是必不可少的。凡是注日期的引用文件，仅所注日期的版本适用于本文件。凡是不注日期的引用文件，其最新版本（包括所有的修改单）适用于本文件。

GB/T 191　包装储运图示标志

GB 2761　食品安全国家标准　食品中真菌毒素限量

GB 2762　食品安全国家标准　食品中污染物限量

GB 2763　食品安全国家标准　食品中农药最大残留限量

GB 5009.3　食品安全国家标准　食品中水分的测定

GB 5009.5　食品安全国家标准　食品中蛋白质的测定

GB 5009.93　食品安全国家标准　食品中硒的测定

GB/T 5009.157　食品中有机酸的测定

GB/T 6195　水果、蔬菜维生素 C 含量测定法（2,6-二氯靛酚滴定法）

GB/T 6543　运输包装用单瓦楞纸箱和双瓦楞纸箱

GB 7718　食品安全国家标准　预包装食品标签通则

GB 9687　食品包装用聚乙烯成型品卫生标准

NY/T 839　鲜李

NY/T 2640　植物源性食品中花青素的测定　高效液相色谱法

3 产地

3.1 产地范围
红花峪桑椹产区范围在天津市蓟县别山镇下辖行政区域。

3.2 产地环境
产地范围属于暖温带半湿润大陆性季风气候，四季分明。年平均气温12.6℃，≥0℃积温4 855.5℃，全年无霜期197 d，年平均降水量615.3 mm，年平均日照时数2 396.5 h。

种植区域为海拔在80~150 m的低山，地势坡度较小（7°~15°），土壤类型为褐土土类淋溶褐土亚类。土壤pH值7.61，平均有机质含量16.0~19.0 g/kg，全氮0.93~0.97 g/kg，速效磷20~45 mg/kg，速效钾154~230 mg/kg。

4 要求

4.1 感官要求

4.1.1 果型
果实饱满，颗粒大而紧。

4.1.2 颜色
颜色分紫黑和乳白，有光泽。

4.1.3 口感
甜软清香多汁。

4.2 生产技术要求
生产技术要求见原标准附录B。

4.3 理化指标
理化指标见表31-1。

表31-1 理化指标

项目		指标
含水率，g/100 g		85~88
可溶性固形物（以20℃折光计），g/100 g		12~15
酸（以柠檬酸计），g/100 g	≤	0.23
蛋白质（以N计），g/100 g	≥	2.00
维生素C，mg/100 g	≥	12.00
原花青素，mg/g	≥	10.00
硒，mg/kg	≥	2.5×10^{-3}
单果重，g	≥	2.50

4.4 卫生指标
4.4.1 食品中真菌毒素限量应符合GB 2761的规定。
4.4.2 食品中污染物限量应符合GB 2762的规定。
4.4.3 食品中农药最大残留限量符合表31-2的规定。

表31-2 农药最大残留限量

农药名称	最大残留限量（mg/kg）
敌敌畏	0.2

5 检验方法

5.1 感官检测
目测、口尝、鼻嗅。

5.2 理化检验

5.2.1 含水率
按 GB 5009.3 中规定的第一法直接干燥法执行。

5.2.2 可溶性固形物
按 NY/T 839 中规定的附录 B.1 的方法执行。

5.2.3 有机酸
按 GB/T 5009.157 中规定的方法执行。

5.2.4 蛋白质
按 GB 5009.5 中规定的方法执行。

5.2.5 维生素 C
按 GB/T 6195 中规定的方法执行。

5.2.6 原花青素
按 NY/T 2640 中规定的方法执行。

5.2.7 硒
按 GB 5009.93 中规定的第一法氰化物原子荧光光谱法执行。

5.2.8 单果重
随机取 100 个果实，用计量器具称重，取平均值（精度 0.1 g）。

5.3 卫生指标

5.3.1 食品中真菌毒素限量按 GB 2761 执行。
5.3.2 食品中污染物限量按 GB 2762 执行。
5.3.3 食品中农药最大残留限量按表 31-3 执行。

表31-3 农药最大残留限量

农药名称	检测方法
敌敌畏	按照 NY/T 761 规定的方法执行

6 检验规则

6.1 组批
同一批次同一品种采收的桑椹为一个检验批次。

6.2 抽样
抽取样品必须有代表性，每批产品随机抽取样品 1 kg（不少于 3 个包装）。

6.3 判定规则

当检验结果全部符合本标准要求时，即判该批产品合格；在整批样品中，感官要求、理化指标有不合格项目时，允许加倍抽样复检，若复验结果为不合格，即该批产品不合格，卫生指标不符合本标准要求时，即判定为该批产品不合格，不得复检。

7 标签、标志

7.1 标签

产品标签按 GB 7718 执行，产品必须加注地理标志产品标识。

7.2 标志

包装标志应符合 GB/T 191 的规定。

8 包装、运输及贮存

8.1 包装

内包装用符合 GB 9687 规定的食具、容器，外包装用符合 GB/T 6543 规定的瓦楞纸箱。包装内鲜食桑椹的可视部分应具有整个包装产品的代表性。

8.2 运输

使用冷藏车运输。

8.3 贮存

贮存在-18℃的冷库中，场所应清洁卫生，不得与有毒、有异味的物品一起贮存。

第三十二章 地理标志产品 宝坻大葱
（DB12/T 1087—2021）

1 范围

本文件规定了地理标志产品宝坻大葱的保护范围、产地环境、品种、种植技术、产品质量、标志等内容。

本文件适用于国家市场监督管理行政主管部门根据《地理标志产品保护规定》批准保护的宝坻大葱。

2 规范性引用文件

下列文件中的内容通过文中的规范性引用而构成本文件必不可少的条款。其中，注日期的引用文件，仅该日期对应的版本适用于本文件；不注日期的引用文件，其最新版本（包括所有的修改单）适用于本文件。

GB 5009.5 食品安全国家标准 食品中蛋白质的测定

GB/T 5009.10 植物类食品中粗纤维的测定

GB 5009.86 食品安全国家标准 食品中抗坏血酸的测定

GB 2762 食品安全国家标准 食品中污染物限量

GB 2763　食品安全国家标准　食品中农药最大残留限量
GB 7718　食品安全国家标准　预包装食品标签通则
NY/T 1056　绿色食品贮存运输准则
NY/T 1278　蔬菜及其制品中可溶性糖的测定

3　术语和定义

本文件没有需要界定的术语和定义。

4　地理标志保护范围

见标准发布版附录A。

5　产地环境

5.1　土地资源

土壤pH值6.37~8.6，全氮含量0.072%~0.223%，平均有机质含量15.0~36.0 g/kg，土壤中富含氮、钾、铜、锰、锌、铁。

5.2　气候条件

地域环境特征属暖温带半湿润大陆性季风气候，一年之中四季分明，春秋季短，冬夏季长，全年平均气温11.6℃。年均降水量612.5 mm，历年无霜期平均为184 d。年平均日照时数为2 480 h。

6　品种

6.1　感官特征

主要分为五叶齐大葱和扁叶葱。五叶齐大葱生长期间始终保持五片绿叶，如手指张开状，叶片上冲，心叶两侧叶等高。株高120~150 cm，葱白直径3~5 cm，长度约45 cm。葱白肥大、细腻、不分蘖、味道微甜辛辣；扁叶葱株高170~180 cm、葱白长70~80 cm、长而实，味道兼具葱香蒜辣。

6.2　理化指标

理化指标见表32-1。

表32-1　宝坻大葱理化指标

项目	指标
可溶性糖,%	≥5.89
抗坏血酸, mg/100 g	≥15.2
粗纤维,%	≤1.2
蛋白质, g/100 g	≥2.48

6.3　检测方法

6.3.1　可溶性糖

按NY/T 1278中规定的方法执行。

6.3.2 抗坏血酸
按 GB 5009.86 中规定的方法执行。

6.3.3 粗纤维
按 GB/T 5009.10 中规定的方法执行。

6.3.4 蛋白质
按 GB 5009.5 中规定的方法执行。

7 种植技术

7.1 育苗
春播育苗在 2 月底至 3 月初，划沟撒籽播种，覆土压实。2~3 叶田间人工拔草，3~4 叶定苗，苗距 3 cm。6 月中旬，假茎粗 1.0~1.5 cm，高 35~40 cm 移栽，移栽前 10 d 停止浇水。

秋播育苗在白露节一星期后进行，秋播育苗与春播相同，小雪至大雪节气之间苗田浇足冻水。秋播大葱小满节前，秧苗超过 25 cm 移栽。

7.2 定植
6 月中下旬至 7 月中上旬定植，翻耕，每亩施入充分腐熟的有机肥 5 000 kg、磷酸二铵 30 kg、硫酸钾 20 kg。

7.3 定制后管理
生长前期注意中耕除草，疏松土壤。立秋后加强浇水、施肥，施肥后高培土，但应不没葱心，每隔 10~15 d 浇水一次，白露前再进行一次追肥，用量和方法同上，收获前 7~8 d 停止浇水。

7.4 生产记录要求
在整个生产过程中，做好化肥、农药、灌水记录。正确清楚地记录化肥，农药的名称、用量及使用日期，并保存好生产记录本，防止记录的损失或丢失；严禁使用高毒、高残留农药，农药、肥料实行进销台账制度，设专人负责管理，使用农药后采收要严格遵守用药安全间隔期规定。农药最大残留限量应按照 GB 2763 执行。

7.5 采收
7.5.1 大葱收获有两种形式，鲜葱收获和冬贮葱收获。
7.5.2 鲜葱收获的大葱鲜嫩、粗大，产量高。但此时高温季节，必须随时收获，随时销售，没有控温措施时，不可搁置时间太长，否则收获的大葱容易黄叶和腐烂。
7.5.3 冬贮大葱的收获一般在立冬前进行，收获时，用铁杈将大葱一侧掘起，用手轻拔，切忌用手直接拔葱，以免因培土过高土壤紧固而伤皮、断茎。收获大葱要抖净泥土，然后摊放在地上晒 1~2 d，使叶片变柔，利于运输和保管。

7.6 贮存
贮存冷库温度为 0~4℃，湿度为 80%~85%。库内堆码应保证气流均匀流通。贮存条件应符合 NY/T 1056 的要求。

7.7 运输
运输前应进行预冷，宜使用冷藏车辆进行运输，冷藏车厢内温度应控制产品中心温度在 4~8℃。装卸时应轻拿轻放，严防机械损伤。运输条件应符合 NY/T 1056 的要求。

8 产品质量安全指标

应按照 GB 2762 的要求执行。

9 标志

产品标签应按照 GB 7718 执行，统一使用"宝坻大葱"和农产品地理标志公共标识相结合的标识标注方法。包装上应标明产品名称、生产单位名称、详细地址、规格、净含量和包装日期等。

宝坻地区"宝坻大葱"生产经营者，在产品或包装上使用该产品地理标志时，须向登记证书持有人提出申请，并按照相关要求规范生产和使用标志。

第三十三章 地理标志产品 宝坻大蒜
（DB12/T 1088—2021）

1 范围

本文件规定了地理标志产品宝坻大蒜的保护范围、产地环境、品种、种植技术、产品质量、标志等内容。

本文件适用于国家市场监督管理行政主管部门根据《地理标志产品保护规定》批准保护的宝坻大蒜。

2 规范性引用文件

下列文件中的内容通过文中的规范性引用而构成本文件必不可少的条款。其中，注日期的引用文件，仅该日期对应的版本适用于本文件；不注日期的引用文件，其最新版本（包括所有的修改单）适用于本文件。

GB 2762 食品安全国家标准 食品中污染物限量

GB 2763 食品安全国家标准 食品中农药最大残留限量

GB 7718 食品安全国家标准 预包装食品标签通则

GB 5009.5 食品安全国家标准 食品中蛋白质的测定

GB/T 5009.10 植物类食品中粗纤维的测定

GB 5009.86 食品安全国家标准 食品中抗坏血酸的测定

GB 5009.268 食品安全国家标准 食品中多元素的测定

NY/T 1056 绿色食品贮存运输准则

NY/T 1278 蔬菜及其制品中可溶性糖的测定

NY/T 1800 大蒜及制品中大蒜素的测定

3 术语和定义

本文件没有需要界定的术语和定义。

4 地理标志保护范围

见本标准发布版附录 A。

5 产地环境

5.1 土地资源

土壤 pH 值 6.37~8.60，全氮含量 0.072%~0.223%，平均有机质含量 15.0~36.0 g/kg，土壤中富含氮、钾、铜、锰、锌、铁。

5.2 气候条件

地域环境特征属暖温带半湿润大陆性季风气候，一年之中四季分明，春秋季短，冬夏季长，全年平均气温 11.6℃。年均降水量 612.5 mm，历年无霜期平均在 184 d。年平均日照时数为 2 480 h。

6 品种

6.1 感官特征

主要分为红皮大蒜和白皮大蒜。红皮大蒜以 6 瓣为主，茎盘上围成一轮，瓣大、均匀，洁白鲜嫩，肉质肥厚，蒜头单重 50 g 左右，口感香辣绵长，风味独特；白皮大蒜外围一圈马牙型大瓣，内含小蒜瓣，蒜叶鲜绿挺拔，不抽苔，只长蒜头和茎叶，肉质脆嫩，辣味浓香。

6.2 理化指标

理化指标见表 33-1。

表 33-1 宝坻大蒜理化指标

项目	指标
还原糖，%	≥0.14
抗坏血酸，mg/100 g	≥6.29
粗纤维，%	≤0.7
蛋白质，g/100 g	≥8.42
硒，mg/kg	≥0.162
大蒜素，mg/kg	≥1 172

6.3 检测方法

6.3.1 还原糖

按 NY/T 1278 中规定的方法执行。

6.3.2 抗坏血酸

按 GB 5009.86 中规定的方法执行。

6.3.3 粗纤维

按 GB/T 5009.10 中规定的方法执行。

6.3.4 蛋白质

按 GB 5009.5 中规定的方法执行。

6.3.5 硒

按 GB 5009.268 中规定的方法执行。

6.3.6 大蒜素

按 NY/T 1800 中规定的方法执行。

7 种植技术

7.1 整地施肥

深翻土壤 25~30 cm，每亩施充分优质腐熟有机农家肥 4 000 kg、磷酸二铵 20~25 kg、硫酸钾 20 kg。

7.2 播种

在 2 月底至 3 月上旬土壤表层解冻后，10 cm 地温稳定在 5℃ 以上时进行播种。栽种密度为 30 000 株/亩左右。

7.3 田间管理

幼苗 6~8 片时，蒜种自身养分逐渐耗尽，在退母前一周进行浇水追肥，可追施尿素 10~15 kg/亩。蒜苔伸长期和鳞芽膨大期要保持土壤湿润，加强肥水，追施硫酸钾 10 kg/亩。蒜苔收货后，及时清除杂草，每亩结合浇水追施尿素 10 kg、磷酸钾 10 kg，收获前 5~7 d 停止浇水。

7.4 病虫综合防治

采用农业、物理、生物等措施控制病虫害发生，减少化学农药使用次数，充分保护利用天敌。严禁使用高毒、高残留农药。大蒜主要病害有叶枯病和紫斑病，叶枯病发病初期可使用克菌丹可湿性粉剂 400~500 倍液喷雾防治，每隔 7~10 d 喷一次，连续防治 3~4 次。紫斑病发病初期可用 30% 异菌脲 800 倍液或 15% 噻霉酮 1 000 倍液喷雾，每隔 10~15 d 喷一次，连续防治 2~3 次；大蒜虫害主要有葱蓟马和蒜蛆，葱蓟马可用 37% 联苯·噻虫胺悬浮剂 20 mL/亩兑水 15 kg 喷雾防治。蒜蛆可喷洒 22% 高效氯氟氰菊酯·噻虫嗪微囊悬浮剂 1 000 倍液喷雾防治。

7.5 收获大蒜

蒜叶枯萎，假茎变软，即可收获。蒜头收获后，就地晾晒，自然风干，避免阳光直射，待蒜秸干后再行堆垛，注意防雨。

7.6 生产记录要求

在整个生产过程中，专人做好化肥、农药、灌水记录。准确清楚地记录化肥、农药的名称、用量及使用日期，并保存好生产记录本，防止记录的损失或丢失；严禁使用高毒、高残留农药，农药、肥料实行进销台账制度，设专人负责管理，使用农药后采收要严格遵守用药安全间隔期规定。农药最大残留限量应按照 GB 2763 执行。

7.7 贮存

产品应贮于清洁、干燥、阴凉、无异味的专用保鲜仓库中，严禁与其他有毒有害、有腐蚀性、发霉以及其他易污染物混存、混放，库房应保持通风干燥，周围应无异气污染。贮存条件应符合 NY/T 1056 的要求。

7.8 运输

运输工具应清洁卫生、无污染，不得与有害、有毒、有腐蚀性物品混运，运输过程中应防潮、防暴晒、防冻、防雨淋。运输条件应符合 NY/T 1056 的要求。

8 产品质量安全指标

应按照 GB 2762 的要求执行。

9 标志

产品标签应按照 GB 7718 执行，统一使用"宝坻大蒜"和农产品地理标志公共标识相结合的标识标注方法。包装上应标明产品名称、生产单位名称、详细地址、规格、净含量和包装日期等。

宝坻地区"宝坻大蒜"生产经营者，在产品或包装上使用该产品地理标志时，须向登记证书持有人提出申请，并按照相关要求规范生产和使用标志。

第四部分

河北篇

第三十四章　地理标志产品 宣化牛奶　葡萄　果品质量 （DB13/T 911.1—2007）

1　范围

本部分规定了宣化牛奶葡萄果品质量的术语和定义、果实分级和质量要求、检验规则、检验方法、采收、包装、标志、运输和贮存要求。

本标准适用于张家口地区宣化牛奶葡萄的生产和销售。

2　规范性引用文件

下列文件中规范的条款通过本标准的引用而成为本标准的条款。凡是注日期的引用文件，其随后所有的修改单（不包括勘误的内容）或修订版均不适用于本标准，然而，鼓励根据本标准达成协议的各方研究是否可使用这些文件的最新版本。凡是不注日期的引用文件，其最新版本适用于本标准。

GB 18406.2　农产品安全质量　无公害水果安全要求

GB/T 8855　新鲜水果和蔬菜的取样方法

3　术语和定义

下列术语和定义适用于本标准。

3.1　果穗整齐

系指果穗形状、大小或重量的基本一致。

3.2　果穗紧密度

果粒在果穗上着生的紧密程度，一般分为中等紧密、紧密和稀疏三种情况。

3.2.1　中等紧密

果穗平放基本不变形。

3.2.2　紧密

果粒着生紧密而使果粒受挤压变形，从而影响了果粒的外观。

3.2.3　稀疏

果穗上的果粒稀少，主梗和侧梗明显地显露空隙，果穗平放时明显变形。

3.3　色泽

本品种成熟时特有的颜色。

3.4　成熟

葡萄果实进入转色期后，糖度不再增加时为成熟。

3.5　果面缺陷

葡萄果面缺陷包括日灼、刺伤、碰压伤、药害、裂果、雹伤、其他药物、泥土污染等。

3.6 果粉

果实表面自然生长的白色粉状物质。果粉是衡量果实外观品质的一项指标,可分为完整、基本完整和较完整三种情况。

4 果实分级和质量要求

4.1 果穗、果粒外观要求

果穗要洁净,无可见的化学药品残留,果面无其他附着物,果穗整齐,成熟良好。具有本品种的正常色泽,果粉完整。果粒要发育充分,成熟充分,果形端正,具有本品种固有的特征。

4.2 质量分级要求

宣化牛奶葡萄鲜果的质量等级见表34-1。

4.3 安全要求

宣化牛奶葡萄的安全要求应符合 GB 18406.2 第4章的要求。

5 检验规则

5.1 抽样

5.1.1 抽样条件

产地生产、收购新鲜葡萄时按本标准规定质量进行检验。凡同一品种、同一次收购的葡萄作为一个检验批次。

5.1.2 抽样方法

按照 GB/T 8855 的规定执行。

5.2 判定规则

5.2.1 各等葡萄对不合格果有一定允许度。允许的不合格果,只能是邻级果,不允许是隔级果。

5.2.2 允许度测定以检验全部抽验包装件的平均值计算。

5.2.2.1 特等果外观特征不允许有不合格果。

5.2.2.2 一等果的外观特征不合格率不能超过2%。

5.2.2.3 二等果的外观特征不合格率不能超5%。

5.2.2.4 超出允许度的果是等外果。

5.2.3 安全要求和可溶性固形物两项中有一项不合格,就视为不合格。

6 检验方法

6.1 操作与评价

6.1.1 果实外观指标和成熟度由感官鉴定。

6.1.2 果粒大小由天平测100粒,随机从抽检样品中抽取100粒果取平均值。

6.1.3 果穗重用经计量检验合格的台秤检验,随机从抽检样品中抽取10穗果,取平均值。

6.1.4 果粒缺陷由目测确定。

6.2 理化指标与安全要求

6.2.1 可溶性固形物含量的测定

可溶性固形物含量的测定按折射仪法,用手持测糖仪检验,应不少于三次重复。

6.2.2 可滴定酸度的测定
可滴定酸度的测定用 0.1 N NaOH 滴定方法进行测定。
6.2.3 安全要求
按 GB/T 18406.2 的规定执行。

表 34-1 宣化牛奶葡萄鲜果质量等级要求

	项目名称	等级		
		特等	一等	二等
感官指标	果粒着生紧密度	中等紧密	中等紧密	紧密或稀疏
	果粉	完整	完整	较完整
	果面缺陷	无	缺陷果粒≤2%	缺陷果粒≤4%
	果色	黄白	黄绿	黄绿
理化指标	可溶性固形物,%	≥15	≥14	≥13
	可滴定酸,%	≤0.42	≤0.47	≤0.55
	果穗重,kg	0.5~0.75	0.5~0.75	≥0.75 或≤0.5
	果粒重,g	≥7.5	≥7.0	≥6.5

7 标志、包装、运输与贮存

7.1 标志
葡萄鲜果的外包装上应有下列标志内容：执行标准编号、商品名称（品种名称）、商标、质量等级、果实净重、包装箱规格（长、宽、高）、产地或企业名称、采收日期、安全运输标识。

7.2 包装
包装容器必须坚实、牢固、干燥、清洁卫生、无异味、无毒、无害。用硬纸箱包装，内铺 1~2 层软纸，每箱装 2.5~4.5 kg。

7.3 运输
葡萄果实的运输工具应清洁卫生，不得与有毒有害物品混运。轻装轻卸，不得重压、碰撞；防止途中颠簸；防止雨淋、暴晒。

7.4 贮存
葡萄的临时贮存场所必须阴凉、通风、清洁、卫生的地方，严防日晒雨淋。中长期贮存应进入标准冷库，不得与有毒、有异味物品一起贮存。并采用无公害保鲜剂处理，库内堆码应保证气流均匀地通过。葡萄出售时应基本保证品种果实具有原有的色、香、味。适宜贮存的温度为-1~0℃，适宜贮存的相对湿度为 80%~90%。

第三十五章　地理标志产品　魏县鸭梨
（DB13/T 998—2008）

1　范围

本标准规定了魏县鸭梨的术语、定义、地理标志产品保护范围、种植技术、质量要求、检验方法、检验规则及其标志、包装、运输和贮存。

本标准适用于国家质量监督检验检疫行政主管部门根据《地理标志产品保护规定》批准的魏县鸭梨。

2　规范性引用文件

下列文件中的条款通过本标准的引用而成为本标准的条款。凡是注日期的引用文件，其随后所有的修改单（不包括勘误的内容）或修订版均不适用于本标准，然而，鼓励根据本标准达成协议的各方研究是否可使用这些文件的最新版本。凡是不注日期的引用文件，其最新版本适用于本标准。

GB/T 5009.11　食品中总砷及无机砷的测定

GB/T 5009.12　食品中铅的测定

GB/T 5009.15　食品中镉的测定

GB/T 5009.18　食品中氟的测定

GB/T 5009.188　蔬菜、水果中甲基托布津、多菌灵的测定

GB 7718　预包装食品标签通则

GB/T 10650　鲜梨

NY/T 761　蔬菜和水果中有机磷、有机氯、拟除虫菊酯和氨基甲酸酯类农药多残留的测定

NY 5011　无公害食品仁果类水果

《地理标志产品保护规定》（国家质检总局第78号局长令发布）

3　术语和定义

GB/T 10650确立的以及下列术语和定义适用于本标准。

魏县鸭梨

在第4条规定的范围内生产，果实呈卵圆形，果梗基部有鸭头状突起，果皮较薄，肉质细脆，核小、渣少、汁多，果实耐贮运，果品质量符合本标准要求的鸭梨。

4　地理标志产品保护范围

魏县鸭梨的产地保护范围限于国家质量监督检验检疫行政主管部门根据《地理标志产品保护规定》批准的范围，见本标准发布版本附录A。

5 种植技术

参见本标准发布版附录 B。

6 质量要求

6.1 等级质量

6.1.1 外观质量等级

魏县鸭梨的外观质量等级指标见表 35-1。

表 35-1 魏县鸭梨外观质量等级指标

项目			特等	一等	二等
单果指标	品质基本要求		果实必须完整良好,新鲜洁净,无病虫害,果实充分发育,具有适于市场销售或贮存要求的成熟度		
	果形		果形端正,果梗完整,具有魏县鸭梨应有的典型特征		
	色泽		具有本品种成熟时应有的黄绿色,套袋鸭梨应具有套袋果实应有的色泽		
	单果重,g ≥		225		200
	果面缺陷	碰压伤	不允许		
		破皮划伤	不允许		
		磨伤	不允许	允许轻微磨伤,总面积不超过 1 cm²	允许轻微磨伤,总面积不超过 2 cm²
		果锈、药害	允许轻微果锈、药害,总面积不超过 1 cm²	允许轻微果锈、药害,总面积不超过 2 cm²	允许轻微果锈、药害,总面积不超过 3 cm²
		日灼	不允许		
		苞伤	不允许		
		虫伤	不允许		
		病害	不允许		
		食心虫果	不允许		
		裂果	不允许		
单位包装指标	色泽		均匀一致		基本一致
	成熟度		一致		基本一致
	串等果		允许有不超过 2% 一等果,不得有一等以下果	允许有不超过 3% 二等果,不得混入等外果	允许有不超过 5% 等外果,且不得有碰伤、异味、开裂未愈合及病虫果
	果实整齐度		果实大小整齐,不符合单果重量区间范围的果实个数不得超过 4%	不符合单果重量区间范围的果实个数不得超过 6%	不符合单果重量区间范围的果实个数不得超过 8%
	开箱腐烂率		允许有不影响食用品质的生理病害、腐烂果实个数不超过 2%	允许有不影响食用品质的生理病害、腐烂果实个数不超过 3%	允许有不影响食用品质的生理病害、腐烂果实个数不超过 5%

6.1.2 重量级别

魏县鸭梨的重量级别指标见表35-2。

表35-2 魏县鸭梨重量级别指标

重量级别	平均单果重,g	重量区间,g
60#	300	275~349
72#	250	238~274
80#	225	200~237

6.2 理化指标

魏县鸭梨果实的主要理化指标见表35-3。

表35-3 魏县鸭梨果实主要理化指标

指标		要求
可溶性固形物含量,%	≥	11.0
总酸量,%	≤	0.16
固酸比	≥	68.75:1
果实硬度,（kg/cm^2）		6.5~8.0

6.3 卫生指标

卫生指标应符合 NY 5011 中 3.2 的规定。

7 检验方法

7.1 等级质量

外观质量等级和重量级别按照 GB 10650 中 6.1 的规定执行。

7.2 理化指标

按照 GB 10650 中附录 B 的规定执行。

7.3 卫生指标

7.3.1 多菌灵

按照 GB/T 5009.188 规定的方法执行。

7.3.2 三唑酮、甲氰菊酯、氯氟氰菊酯、氰戊菊酯、毒死蜱和马拉硫磷

按照 NY/T 761 规定的方法执行。

7.3.3 无机砷

按照 GB/T 5009.11 规定的方法执行。

7.3.4 铅

按照 GB/T 5009.12 规定的方法执行。

7.3.5 镉

按照 GB/T 5009.15 规定的方法执行。

7.3.6 氟

按照 GB/T 5009.18 规定的方法执行。

8 检验规则

8.1 组批
同样等级、包装及贮存条件下存放的鸭梨为一批。

8.2 抽样

8.2.1 抽样方法
抽取样品应具有代表性,应在同批货物的不同部位按 8.2.2 的要求进行抽取。

8.2.2 抽样数量
抽样数量见表 35-4。

表 35-4 抽样数量

每批件数	抽样数量
100	每 100 件抽取 3 件,不足 100 件按 100 件计
101~600	以 100 件抽取 3 件为基数,每增加 100 件增抽 1 件
601~1 200	以 600 件抽取 8 件为基数,每增加 200 件增抽 1 件
>1 200	以 1 200 件抽取 10 件为基数,每增加 300 件增抽 1 件,不足 300 件按 300 件计

8.2.3 理化、卫生指标检验用样品
在检验大样中选取该批梨果具有成熟度代表性的样果 100 个,供理化和卫生指标检测用。

8.3 交收检验
产品交收前应按照本标准要求进行等级质量和可溶性固形物检验,合格的按等级要求分别包装,并将合格证附于包装上。

8.4 型式检验
型式检验项目为本标准全部质量要求,有下列情况之一时应进行型式检验:
a) 每年采摘初期;
b) 贮存条件发生变化时;
c) 国家质量监督机构提出型式检验时。

8.5 判定规则
检验时出现不合格项,允许加倍抽样复检,如仍有不合格项即判为该批产品不合格。卫生指标有一项不合格即判为不合格品,不得复检。

9 包装、标志、运输和贮存

9.1 包装

9.1.1 包装箱
应使用魏县鸭梨地理标志产品专用包装箱,应坚固耐压、清洁卫生、无毒无异味。外表及附属应清洁醒目,箱内应有必要的承压垫板和隔板,箱体内外无损失果实或有碍搬运的尖突物。

9.1.2 内包装材料
要求质地松软并有一定弹性和韧性,色泽大小一致,均匀适度,适用于被包装的果实。

内包装材料和箱内垫衬物应清洁卫生，无毒、无异味。

9.2 标志

应符合 GB 7718 的规定。用于销售的魏县鸭梨，其产品或包装上应标注地理标志产品专用标志，并标明产品名称、等级、生产日期、生产单位、净含量、执行标准代号等。

9.3 运输

运输工具应清洁卫生，无异味。不得与有毒物品混运。装卸时应轻拿轻放。待运时，应批次分明、堆码整齐、环境清洁、通风良好。严禁烈日暴晒、雨淋。注意防冻、防潮、隔热、防鼠，缩短待运时间。

9.4 贮存

魏县鸭梨贮存保鲜应具备相应的贮存条件，控制库内贮存温度和相对湿度等指标。

第三十六章 地理标志产品 泊头鸭梨
（DB13/T 1176—2018）

1 范围

本标准规定了地理标志产品泊头鸭梨的术语和定义、地理标志产品保护范围、质量要求、栽培技术要求、检验方法、检验规则、标志、包装、运输及贮存。

本标准适用于国家质量监督检验检疫行政主管部门根据《地理标志产品保护规定》批准的地理标志产品泊头鸭梨。

2 规范性引用文件

下列文件对于本文件的应用是必不可少的。凡是注日期的引用文件，仅注日期的版本适用于本文件。凡是不注日期的引用文件，其最新版本（包括所有的修改单）适用于本文件。

GB 2762 食品安全国家标准 食品污染物限量

GB 2763 食品安全国家标准 食品中农药最大残留限量

GB/T 10650 鲜梨

GB/T 12456 食品中总酸的测定

《地理标志产品保护规定》（国家质检总局令第 78 号）

3 术语和定义

GB/T 10650 界定的以及下列术语和定义适用于本文件。

泊头鸭梨

在河北省泊头市现辖行政区域内，按本标准第 6 条生产，果品质量符合本标准要求的鸭梨。

4 地理标志产品保护范围

泊头鸭梨的原产地保护范围仅限于原国家质量监督检验检疫行政主管部门根据《地理

标志产品保护规定》批准的范围。

5 质量要求

5.1 感官要求

5.1.1 基本要求

果实新鲜洁净、完整良好、充分发育，成熟度符合市场销售或贮存要求。果皮薄，果点细小，果肉白色，细嫩多汁，石细胞少，味甜清香，酸甜适口。

5.1.2 单果要求

果形端正，具有泊头鸭梨应有的典型特征。色泽应具有泊头鸭梨成熟时应有的绿黄色。单个果实不能有碰伤、压伤、刺伤和雹伤，也不能有药害、日灼、病虫果和裂果。允许有轻微磨伤或果锈，面积不得超过 2.0 cm^2。

5.1.3 同一包装内的果实要求

色泽均匀，成熟度基本一致，果个整齐，无烂果。

5.2 理化指标

应符合表 36-1 的规定。

表 36-1 理化指标

项目	指标
单果重，g	175~265
可溶性固形物含量，%	≥11.5
固酸比	≥58.5
果实硬度，kg/cm^2	4.0~6.5

5.3 污染物限量

应符合 GB 2762 的规定。

5.4 农药最大残留限量

应符合 GB 2763 的规定。

6 栽培技术要求

6.1 土壤条件

土层深厚肥沃，有机质含量 1.0% 以上。

6.2 苗木选择

选用以杜梨为砧木、无病虫害、品种纯正的优质苗木。

6.3 配置授粉树

按 1:8（授粉品种:主栽品种）的比例配置授粉树。

6.4 施肥

每年施有机肥每亩 5 000 kg 以上。

6.5 辅助授粉

人工辅助授粉或利用壁蜂、蜜蜂辅助授粉。

6.6 疏花

疏除一个花序中的中心花。或每隔一个果台留一个花序，其余疏除。

6.7 疏果

每果台只留1个果。并每隔20~25 cm留1个果，或百枝留果40个以下。盛果期鸭梨树每亩留果1.2万~1.3万个，亩产不高于2 500 kg。

6.8 适时采收

用于长期贮存的梨可于盛花期后145~155 d采收。用于短期贮存和直接销售的梨可于盛花期后160 d左右采收。

7 检验方法

7.1 感官要求

按GB/T 10650中5.1的规定执行。单果重用感量0.2 g台秤测定。

7.2 可溶性固形物含量和果实硬度

按GB/T 10650中附录B的规定执行。

7.3 固酸比

按GB/T 12456规定测得总酸（以柠檬酸计）与可溶性固形物的比，计算出固酸比。

7.4 污染物限量

按GB 2762的规定执行。

7.5 农药最大残留限量

按GB 2763的规定执行。

8 检验规则

按照GB/T 10650中第6条的规定执行。

9 标志、包装、运输及贮存

9.1 标志

同一批货物的包装标志，在形式上和内容上应完全统一。达到本标准要求的，方可使用《地理标志产品　泊头鸭梨》的商标标志，包装上标明产品名称、等级、产地、包装日期、加工单位、执行标准代号等。

9.2 包装

9.2.1 应采用纸箱、塑料箱等进行包装，应坚实、牢固、干燥、清洁卫生，无不良气味，对产品应具充分的保护性能。内外包装材料及标记所用的印色与胶水应无毒性。

9.2.2 同一批货物应包装一致（有专门要求者除外），每一包装件内应是同批采收、同一等级规格、同等成熟度的鲜梨。

9.3 运输

运输应快捷，装卸时应轻拿轻放，运输工具应清洁、卫生、无污染，运输过程应防晒、防雨、防虫、防污染。

9.4 贮存

贮存场地应阴凉、通风、清洁、防晒、防雨、防鼠、防虫、无毒、无污染、无异味。

第三十七章 地理标志产品 富岗苹果
（DB13/T 1278—2010）

1 范围

本标准规定了富岗苹果地理标志产品保护的范围、术语和定义、技术要求、检验方法、检验规则、标志、标签、包装、运输和贮存。

本标准适用于国家质量监督检验检疫行政主管部门根据《地理标志产品保护规定》批准保护的富岗苹果。

2 规范性引用文件

下列文件对于本文件的应用是必不可少的。凡是注日期的引用文件，仅所注日期的版本适用于本文件。凡是不注日期的引用文件，其最新版本（包括所有的修改单）适用于本文件。

  GB/T 5009.11 食品中总砷及无机砷的测定
  GB 5009.12 食品安全国家标准 食品中铅的测定
  GB/T 5009.13 食品中铜的测定
  GB/T 5009.14 食品中锌的测定
  GB/T 5009.15 食品中镉的测定
  GB/T 5009.17 食品中总汞及有机汞的测定
  GB/T 5009.18 食品中氟的测定
  GB/T 5009.19 食品中有机氯农药多组分残留量的测定
  GB/T 5009.20 食品中有机磷农药残留量的测定
  GB/T 5009.38 蔬菜、水果卫生标准的分析方法
  GB/T 5009.110 植物性食品中氯氰菊酯、氰戊菊酯和溴氰菊酯残留的测定
  GB/T 5009.123 食品中铬的测定
  GB/T 5009.126 植物性食品中三唑酮残留量的测定
  GB/T 5009.147 植物性食品中除虫脲残留量的测定
  GB/T 8855 新鲜水果和蔬菜 取样方法
  GB/T 10651 鲜苹果
  GB/T 17924 地理标志产品标准通用要求
  GB 18406.2 农产品安全质量 无公害水果安全要求
  NY/T 393 绿色食品 农药使用准则
  NY/T 394 绿色食品 肥料使用准则
  NY/T 844 绿色食品 温带水果
  NY/T 1056 绿色食品 贮存运输准则

3 术语和定义

GB/T 10651 确立的及下列术语和定义适用于本标准。

3.1 富岗苹果 Fugang-apple
源于内丘县行政区域内，选用优质品种且符合 DB13/T 1279 种植的苹果。

3.2 新鲜
新鲜指果实无失水皱皮。

3.3 单果重
单果重指单个果实的质量，以克（g）计。

3.4 痂
痂指果皮上不规则的黑色粗糙斑点或干疤。

3.5 皱裂
皱裂指果实表皮上形似皱状的自然浅裂纹。

3.6 串等果
某一等级果实中混入的低于或高于该等级的果实。

3.7 开箱腐烂率
开箱腐烂率指打开包装箱后统计腐烂果实个数占箱内果实总个数的百分数。

4 地理标志产品保护范围

富岗苹果的产地保护范围限于国家质量监督检验检疫行政主管部门根据《地理标志产品 保护规定》批准的范围，即内丘县侯家庄乡、獐么乡、南赛乡所辖行政区域。

5 技术要求

5.1 自然环境
富岗苹果产地宜在昼夜温差较大的深山区，平均气温 11~13℃，无霜期 174~194 d，年均降水量 500~800 mm，年平均日照时数 2 200~2 800 h；土壤为砂壤土或壤土。

5.2 生产过程农药和肥料的使用要求
富岗苹果生产过程中农药和肥料的使用应符合 NY/T 393、NY/T 394 的规定。

5.3 质量等级
地理标志产品富岗苹果的质量等级指标见表 37-1。

表 37-1 质量等级指标

项目		极品	特一级	特二级	一级	二级
基本要求		果实完整良好，新鲜洁净，无褐变、病果、虫果、异味和不正常外来水分，具有适宜市场或贮存期的成熟度。果梗剪留适宜				
色泽		具有本品种成熟时所固有的色泽				
果形		端正			比较端正	略有缺陷，但不得有畸形果
单果重, g	大型果, ≥	400	350	300	250	200
	中型果, ≥	300	250	200	170	140

（续表）

项目		极品	特一级	特二级	一级	二级
果锈	片状	不超出萼洼和梗洼，不粗糙			轻微超出萼洼和梗洼，表面不粗糙	超过萼洼和梗洼，表面轻度粗糙
	网状	网状薄层不超过果面 2%			网状薄层不超过果面 10%	允许轻微粗糙，总面积不超过果面 20%
果面缺陷	刺伤	无			无	干枯面积不超过 0.03 cm²，1 处
	碰压伤	无			面积<0.5 cm²，1 处	面积<0.5 cm²，2 处
	磨伤	无			允许轻微磨伤，总面积<1.0 cm²	允许轻微磨伤，总面积<2.0 cm²
	水锈	无			<0.5 cm²	<1.0 cm²
	日灼	无			无	轻微日灼，总面积<1 cm²
	药害	无			无	允许果皮浅层伤害，总面积≤1.0 cm
	雹伤	无			无	允许轻微雹伤，总面积≤1.0 cm²
	裂果	无			允许长度<0.5 cm 的风干裂口 1 处	允许长度<1 cm 的风干裂口 2 处
	虫伤	无			无	允许干枯虫伤，总面积≤0.6 cm²
	痂	无			无	总面积<0.6 cm²
	皱裂	无			总面积≤2 cm²	总面积≤4 cm²
	允许度	无			不超过 1 项	不超过 3 项
包装单位容许指标	串等果	无			允许有 3%的串等果	允许有 5%的串等果
	果皮缺陷	无			出现果面缺陷果的比例≤3%	出现果面缺陷果的比例≤5%
	开箱腐烂率	0			0	0
	综合	无			≤3%	≤5%

注：只有果锈为其固有特征的品种才能有果锈缺陷。

5.4 理化指标

地理标志产品富岗苹果果实理化指标见表 37-2。

表 37-2 果实理化指标

项目	指标			
	晚熟富士	早熟富士	美国 8 号	嘎拉
果实去皮硬度, kg/cm² ≥	8	7.5	7	7.5
可溶性固形物, % ≥	14.5	13.5	12.5	12.5
总酸, % ≤	0.4			

5.5 卫生指标

地理标志产品富岗苹果的卫生指标应符合表 37-3 的规定。

表 37-3 果实卫生指标　　　　　　　　　　　　　　单位：mg/kg

序号	项目	指标（最大残留量）
1	总汞（以 Hg 计）	≤0.005
2	总镉（以 Cd 计）	≤0.03
3	总铅（以 Pb 计）	≤0.05
4	总砷（以 As 计）	≤0.05
5	总氟（以 F 计）	≤0.1
6	铬（以 Cr 计）	≤0.5
7	铜（以 Cu 计）	≤10
8	锌（以 Zn 计）	≤5
9	多菌灵	≤0.5
10	三唑酮	不得检出
11	溴氰菊酯	≤0.005
12	乐果	不得检出
13	除虫脲	不得检出
14	高效氯氰菊酯	不得检出
15	六六六	≤0.05
16	滴滴涕	≤0.05
17	敌敌畏	≤0.02
18	杀螟硫磷	≤0.02
19	倍硫磷	≤0.02

注：国家规定禁用农药，不得检出；本表未列农药残留限量，可根据需要增加检测，并按有关规定执行；其他农药施用方式及其限量应符合 NY/T 393、NY/T 844 及相关标准规定。

6 检验方法

6.1 质量等级规格检验

6.1.1 感官要求

将样品苹果展铺在洁净平面上，在自然光下，观察苹果的形状、色泽，并品尝风味，观察记录。

6.1.2 单果重

用台秤称重并记录（用感量 1/10 天平准确称取确定）。

6.1.3 其他项目的检验

按 GB/T 10651 的规定执行。

6.2 理化指标检验

果实去皮硬度、可溶性固形物、总酸按 GB/T 10651 的规定执行。

6.3 卫生指标

6.3.1 试样制备

按 GB/T 10651 的规定执行。

6.3.2 测定方法

按 GB/T 18406.2 的规定执行。

6.3.3 总汞

按 GB/T 5009.17 的规定执行。

6.3.4 总镉

按 GB/T 5009.15 的规定执行。

6.3.5 总铅

按 GB/T 5009.12 的规定执行。

6.3.6 总砷

按 GB/T 5009.11 的规定执行。

6.3.7 总氟

按 GB/T 5009.18 的规定执行。

6.3.8 铬

按 GB/T 5009.123 的规定执行。

6.3.9 铜

按 GB 5009.13 的规定执行。

6.3.10 锌

按 GB 5009.14 的规定执行。

6.3.11 多菌灵

按 GB/T 5009.38 的规定执行。

6.3.12 三唑酮

按 GB/T 5009.126 的规定执行。

6.3.13 溴氰菊酯、高效氯氰菊酯

按 GB/T 5009.110 的规定执行。

6.3.14 乐果、敌敌畏、杀螟硫磷、倍硫磷

按 GB/T 5009.20 的规定执行。

6.3.15 除虫脲

按 GB/T 5009.147 的规定执行。

6.3.16 六六六、滴滴涕

按 GB/T 5009.19 的规定执行。

7 检验规则

7.1 检验分类

7.1.1 型式检验

型式检验是对产品进行全面考核,即对本标准规定的全部要求进行检验。地理标志产品每年检验一次。有下列情形之一者应进行型式检验:

a) 申请绿色食品认证时;
b) 前后两次抽样检验结果差异较大时;
c) 因人为或自然因素使生产环境发生较大变化时;
d) 国家质量监督机构或主管部门提出型式检验要求时。

7.1.2 交收检验

每批产品交收前,应进行交收检验,交收检验内容包括外观质量、包装、标志,检验合格后方可交收。

7.2 检验批次

同一生产基地、同一品种、同一成熟度、同一批采收的产品为一个检验批次。

7.3 抽样方法

按 GB/T 8855 的规定执行。

7.4 判定规则

7.4.1 每批受检样品的外观质量不合格率按受检单位(箱、件)的平均值计算,其值不应超过3%,其中单件的不合格率不超过5%,判为外观质量合格。

7.4.2 外观质量和理化、卫生指标均合格则判定该批产品为合格。

7.4.3 感官不合格或理化、卫生指标有一项不合格,则判定该批产品不合格。

7.5 复检

对包装、标志检验不合格的产品,可复检一次。感官和卫生指标检验不合格不进行复检。

8 标志、标签、包装、运输、贮存

8.1 标志

地理标志产品的使用应符合 GB/T 17924 的规定。

8.2 标签

应有标签,内容包括产品名称、产品执行标准编号、生产单位及详细地址、产地和采收、包装日期等。要求字迹清晰、完整、准确。

8.3 包装

包装容器应坚固耐用、清洁卫生、干燥、无异味,内外均无刺伤果实的尖突物,并有合适的通气孔,对产品具有良好的保护作用。包装材料应无毒、无虫、无异味、不会污染果实。

8.4 运输

运输设备应清洁卫生、无异味,有防雨、防晒、防高温和防冻害设施。不应与有毒、有异味物品混装、混运。长途运输时宜使用具冷藏条件的设备。

8.5 贮存

库房应清洁卫生、无异味，有通风换气条件。中长期贮存应低温冷藏，温度 0~2℃，湿度 90% 以上。产品不应与有毒、有害品和易于传播病虫的物品混合存放，不应使用影响产品质量的保鲜剂和保鲜材料。入库果品应批次分明，堆码整齐。贮存条件参照 NY/T 1056。

第三十八章　地理标志产品　唐县大枣（DB13/T 1315—2010）

1　范围

本标准规定了唐县大枣地理标志产品保护的范围、术语和定义、要求、试验方法、检验规则及标志、标签、包装、运输、贮存。

本标准适用于国家质量监督检验检疫行政主管部门根据《地理标志产品保护规定》批准保护的唐县大枣。

2　规范性引用文件

下列文件对于本文件的应用是必不可少的。凡是注日期的引用文件，仅所注日期的版本适用于本文件。凡是不注日期的引用文件，其最新版本（包括所有的修改单）适用于本文件。

GB 2762　食品中污染物限量
GB 2763　食品中农药最大残留限量
GB 3095　环境空气质量标准
GB/T 5009.8　食品中蔗糖的测定
GB/T 5835　干制红枣
GB/T 6543　运输包装用单瓦楞纸箱和双瓦楞纸箱
DB1306/T 108　唐县大枣生产技术规程

3　术语和定义

GB/T 5835 确立的以及下列术语和定义适用于本标准。

唐县大枣　Tang county jujube

源于唐县行政区域内，选用优质品种且符合 DB1306/T 108 栽培的婆枣及加工产品。

4　地理标志产品保护范围

唐县大枣的产地保护范围限于国家质量监督检验检疫行政主管部门根据《地理标志产品保护规定》批准的范围，即唐县所辖 18 个乡镇。

5 要求

5.1 自然环境

5.1.1 地理环境
保护区范围内海拔高度≤400 m，生产区域无工业企业的直接污染。

5.1.2 土壤条件
土壤类型为褐土，土壤质地为轻壤，pH值6.8~8.5，土壤有机质在0.8%以上。

5.1.3 大气环境
本栽培区域大气通风良好且符合GB 3095的规定。

5.2 感官指标
果型为长圆形或卵圆形，果实饱满、皱缩程度小，平均单果重8.5 g，肉厚且有弹性、外观棕红艳丽具光泽。

5.3 唐县大枣的理化指标
理化指标应符合表38-1要求。

表38-1 理化指标

项目	指标
损伤和缺陷	无霉变果。允许浆头不超过2%，不熟果不超过3%，病虫果、破头果两项不超过5%
总糖含量,%	≥70
含水率,%	≤25
杂质,%	≤0.5

5.4 卫生指标
应符合GB 2762和GB 2763的有关规定。

6 检验方法

6.1 外观和感官特性

6.1.1 外观特性
将样品放在干净的平面上，在自然光下通过目测观察枣果的形状、颜色、光泽、果粒大小及均匀程度、有无外来水分等。

6.1.2 缺陷果
逐个检查样品果有无缺陷，同一果上有两项或两项以上缺陷时，只记录对品质影响最重的一项。根据式（1）计算缺陷果所占比率：

$$Q = \frac{N_1}{N_2} \times 100\% \tag{1}$$

式中：

Q——缺陷果百分率,%；

N_1——缺陷果个数，单位为个；

N_2——样品果实总数，单位为个。

6.1.3 杂质
取不低于10 kg样品，统计尘土、石粒、碎枝烂叶、金属等所有杂质的重量。根据式

(2) 计算杂质所占比率：

$$Z = \frac{W_1}{W_2} \times 100\% \tag{2}$$

式中：

Z——杂质百分率，%；

W_1——杂质总重量，单位为 g；

W_2——样品果实总个数。

6.1.4 异味

将样品取出，或打开包装，直接用嗅觉和用口尝，检查是否有异味和苦味。

6.2 内在品质

6.2.1 果实含水量

取干制红枣样品 200~250 g，切开果肉，去除枣核，将果肉切成薄片放在天平（感量为 0.1 g）上称重，然后将果肉放入 60~65℃烘箱中烘至恒重后再称重，按式（3）计算含水率：

$$W = \frac{M_1 - M_2}{M_1} \times 100\% \tag{3}$$

式中：

W——果实含水率，%；

M_1——烘前果肉重，单位为 g；

M_2——样品总重，单位为 g。

6.2.2 总糖含量

按 GB/T 5009.8 中的方法进行。

6.2.3 卫生指标检测

污染物、农药残留量分别按 GB 2762 和 GB 2763 规定的相应检验方法和标准执行。

7 判定规则

7.1 检验批次

同品种、同一批交货进行销售或调运的干制红枣为一个检验批次。

7.2 抽样方法

在一个检验批次的不同部位按规定数量进行抽样，抽取样应具有代表性。

7.3 抽样数量

每批次干制红枣的抽样数量见表 38-2。如果在检验中发现问题或遇特殊情况，经交接货双方同意，可适应增加抽样数量。

表 38-2 每批次干制红枣的抽样数量

每批件数，件	抽样件数
≤100	5 件
101~500	以 100 件抽验 5 件为基数，每增 100 件增抽 2 件
501~1 000	以 500 件抽验 13 件为基数，每增 100 件增抽 1 件
>1 000	以 1 000 件抽验 18 件为基数，每增 200 件增抽 1 件

7.4 取样

包装抽出后,自每件包装的上中下三部共提取样品 300~500 g,根据检测项目的需要可适当加大样品数量,将所有样品充整混合,按四分法分取所需样品供检使用。

7.5 判定规则

检验结果全部符合本标准规定的,判定该批产品为合格品。若检验时出现不合格项时,允许加倍抽样复检,如仍有不合格项即判定该批产品不合格。卫生指标有一项不合格即判为不合格,不得复检。

8 包装、标志、运输和贮存

8.1 包装

包装容器应坚固、干净、无毒、无污染、无异味。包装材料可用瓦楞纸箱(符合 GB/T 6543 的规定)或塑料箱,不允许使用麻袋和尼龙袋。干制红枣要先装入小塑料袋中密封包装,再放在纸箱或塑料箱中。塑料袋密封包装宜采用 0.25~2.5 kg 的小包装。纸箱包装宜采用 2.5~10 kg 的包装。包装内可放有袋装的干燥剂,但要特别注明,避免误食。包装容器内不得有枝、叶、砂、石、尘土及其他异物。内衬包装材料应洁净、无异味,且不会对枣果造成伤害和污染。

8.2 标志

经检验合格并获得批准的企业,应在外包装上使用地理标志产品专用标志。标签应符合 GB 7718 的规定。

8.3 运输

运输工具清洁卫生、无异味。不与有毒有害物品混运。装卸时轻拿轻放。待运和运输过程中严禁烈日暴晒、雨淋,注意防潮。

8.4 贮存

贮存场所应干燥、通风良好、洁净卫生、无异味。也可在低温冷库(0~10℃)存放。不得与有毒、有害物品混合存放。贮存时需标明贮存期限。贮存过程中要定期检查,以防发生腐烂、霉变、虫蛀。

第三十九章 地理标志产品 赞皇大枣
(DB13/T 1321—2010)

1 范围

本标准规定了赞皇大枣的地理标志产品保护范围、术语和定义、要求、试验方法、检验规则及标志、标签、包装、运输和贮存。

本标准适用于国家质量监督检验检疫行政主管部门根据《地理标志产品保护规定》批准保护的赞皇大枣。

2 规范性引用文件

下列文件对于本文件的应用是必不可少的。凡是注日期的引用文件,仅所注日期的版本适用于本文件。凡是不注日期的引用文件，其最新版本（包括所有的修改单）适用于本文件。

　　GB/T 5835　干制红枣

　　DB1301/T 148　赞皇大枣干制技术规程

3　地理标志产品保护范围

赞皇大枣的地理标志产品保护范围限于国家质量监督检验检疫行政主管部门根据《地理标志产品保护规定》批准保护的范围。

4　术语和定义

GB/T 5835 确定的以及下列术语和定义适用于本标准。

4.1　赞皇大枣　Zanhuang jujube

在本标准第 3 规定范围内栽植的金丝大枣苗木，以本标准栽培技术进行管理，果品质量符合本标准要求的大枣。

4.2　完熟期　Full ripening time

90%以上枣果全红且果皮色泽加深、果肉变软的日期。

5　要求

5.1　自然环境

5.1.1　环境特征

本区域地处太行山中段东麓，地理坐标范围为北纬 37°26′~37°46′，东经 114°2′~114°31′，海拔高度 100~450 m，属暖温带半湿润季风型大陆性气候。气候四季分明，春季干旱多风，夏季炎热多雨，秋季天高气爽，冬季寒冷干燥，形成相对独立的小气候。

5.1.2　日照

年平均日照时数 2 800.1 h；年平均日照百分率 64%；年平均太阳辐射总量 5.65×10^5 J/cm²。

5.1.3　气温

年平均气温 13.3℃，平均无霜期 193 d。

5.1.4　降水

降水主要受来自东南季风的影响，春季降水量为 47.9~78.5 mm，夏季降水量为 299.0~508.6 mm，秋季降水量为 90.6~174.4 mm，冬季降水量为 11.7~24.9 mm。生长期平均降水量 403.6 mm。

5.1.5　土壤

成土母质为花岗岩、片麻岩，土壤以褐土为主，pH 值 6.5~7.5，土层薄，一般在 15~50 cm，上层有机质含量 1%以下，全氮含量平均为 0.169%，速效磷含量平均为 15 mg/kg。

5.2　特性

5.2.1　果树特性

5.2.1.1　染色体

为自然三倍体。

5.2.1.2 树体
乔木型，树体高大，树势强，分枝少而粗壮，干性差。

5.2.1.3 枝条
2~6年生枝条，坐果率高，负载量大。嫩梢前期为浅绿色，后期为褐红色。

5.2.1.4 枣吊
枣吊12~30 cm，16节左右。

5.2.1.5 叶
叶片大而厚实，阔卵圆形，色浓绿，光亮。

5.2.1.6 花
花冠直径0.6cm左右，雄蕊高出雌蕊，柱头分泌黏液多。

5.2.1.7 物候期
4月初开始萌动，5月中旬始花，6月上旬盛花，9月中下旬果实成熟，11月上旬落叶，逐渐进入休眠。

5.2.1.8 抗逆性
极耐干旱、耐涝、耐贫瘠、抗病虫能力较强。

5.2.2 果实特性
果实卵圆、倒卵圆、圆柱形，果核无仁。鲜枣平均单果重18.9 g，大小整齐，深红鲜亮，果皮薄，果肉细脆，绿白色，酸甜可口，含糖量高，富含维生素和矿物质等多种营养。干枣色泽紫红，90~140个/kg，含糖量≥60%，果肉饱满，富有弹性，用手掰开能拉出糖丝。

5.3 苗木繁育

5.3.1 砧木苗培养
酸枣砧木苗的培养：选优良的酸枣种仁，3月中旬至4月中旬播种，行距40 cm、株距15~20 cm，苗高15 cm时定苗。适时中耕除草、病虫害防治，8月初摘心。

5.3.2 嫁接苗培育
选择生长健壮的根茎粗度>0.8 cm的酸枣苗做砧木，选择直径≥0.8 cm的充实健壮的金丝大枣发育枝作为接穗，在4—5月进行劈接和腹接，接后将砧木萌芽及时抹除。适时进行中耕除草、土肥水管理和病虫害防治。

5.3.3 苗木出圃要求
嫁接苗木应在苗高≥60 cm，根茎直径（嫁接口以上5 cm）≥0.8 cm，主根长度≥15 cm，侧根3条以上，根茎至苗高2/3处为灰白或褐红色时出圃。

5.4 栽培技术

5.4.1 栽植
选择土层深厚、土质疏松、排灌条件良好的沙质壤土。株距2~4 m，行距3~5 m，秋栽为宜，春栽亦可。

5.4.2 修剪
修剪时以通风透光，保持树势中庸偏壮为原则进行修剪。

a）整形修剪。运用短截、抹芽、摘心、拿枝软化、拉枝、开甲、疏枝等技术，培养成小冠疏层形、自由纺锤形、多主枝自然圆头形。

b）幼龄树修剪。培养骨干枝、培养结果枝组、利用辅养枝。

c) 结果树修剪。清除徒长枝、处理竞争枝、回缩伸长枝、疏截过密枝和细弱枝、清除损伤枝和病虫枝。

d) 老树更新复壮。疏截结果枝组、回缩骨干枝、停止开甲复壮树体。

5.4.3 土肥水管理

5.4.3.1 松土除草

春秋两季进行土壤翻耕，深度 30 cm。枣树生长期及时中耕除草。

5.4.3.2 施肥

秋施基肥在大枣采收后至落叶前进行，以有机肥为主，化肥为辅，采用放射状或条状或环状沟施法；追肥每年 1～3 次，视树体情况可在萌芽前（4月上旬）、花前（5月中旬）、幼果期（7月上旬果实膨大期）追肥，施肥量及种类依树龄、树势、结果情况、土壤肥力确定。

5.4.3.3 灌水与排水

发芽期、花前期、幼果期、封冻前应视土壤情况及时补水，雨季注意排水防涝。

5.4.4 保花与保果

5.4.4.1 开甲

5年生以上枣树可在盛花期进行开甲，甲口宽度为 0.6～0.8 cm。

5.4.4.2 摘心

利用枣头摘心，提高坐果率，摘心时间为5月下旬至6月上旬。

5.4.4.3 花期喷水

盛花期每隔 2～3 d 傍晚叶面喷清水一次。

5.4.4.4 喷肥和植物生长素

盛花期喷 10～15 mg/kg 的赤霉素或 0.3%～0.5%尿素溶液或 0.3%的硼砂稀释液，可交替使用。

5.4.4.5 花期放蜂

初花期将蜂箱放入园内，每10亩放1箱蜂，放蜂期枣园内禁止喷药。

5.4.5 病虫害防治

病虫害防治以预防为主，综合防治为原则。主要防治龟蜡蚧、枣缨蚊、红蜘蛛、绿盲蝽象、枣桃小、枣锈病、炭疽病、缩果病等病虫害。在病虫害防治中宜使用物理、农业与生物防治。

5.5 采收及干制

5.5.1 采收时间

9月中下旬，大枣完熟期。

5.5.2 采收方法

完熟期用杆震落后捡拾。

5.5.3 干制

按 DB1301/T 148 执行。

5.6 质量要求

5.6.1 感官指标

果实卵圆形至长圆形，色泽紫红至褐红，有光泽；果肉厚实有弹性，呈黄褐色，口感香甜，微有辣感；果核无仁；无霉变果。

5.6.2 理化指标

理化指标应符合表39-1的规定。

表 39-1 理化指标

项目	指标
每千克果数，个/kg ≤	143
杂质,% ≤	0.5
总不合格果率,% ≤	20
可食率,% ≥	85
含水率,% ≤	25
总糖,% ≥	60

5.7 卫生指标

按照GB/T 5835中的5.3执行。

6 检验方法

按照GB/T 5835的第6章相关规定执行。

7 检验规则

按照GB/T 5835的第7章规定执行。

8 包装与标志、标签

按照GB/T 5835的第8章规定执行，并按规定使用地理标志产品专用标志。

9 运输与贮存

按照GB/T 5835的第9章规定执行。

第四十章 地理标志产品 望都辣椒
（DB13/T 1357—2011）

1 范围

本标准规定了地理标志产品望都辣椒的术语和定义、保护范围、要求、试验方法、检验规则、标志、包装、运输及贮存。

本标准适用于国家质量监督检验检疫行政主管部门根据《地理标志产品保护规定》批准保护的望都辣椒。

2 规范性引用文件

下列文件对于本文件的应用是必不可少的。凡是注日期的引用文件，仅所注日期的版本适用于本文件。凡是不注日期的引用文件，其最新版本（包括所有的修改单）适用于本文件。

GB 2763　食品中农药最大残留限量
GB 3095　环境空气质量标准
GB/T 12729.6　香辛料和调味品　水分含量的测定（蒸馏法）
GB/T 12729.7　香辛料和调味品　总灰分的测定
GB/T 14772　食品中粗脂肪的测定
GB/T 21266　辣椒及辣椒制品中辣椒素类物质测定及辣度表示方法
GB/T 22299　辣椒粉　天然着色物质含量的测定
JJF 1070　定量包装商品净含量总检验规则
DB1306/T 120　望都辣椒生产技术规程
国家质检总局（2005年75号令）《定量包装商品计量监督管理办法》

3 术语和定义

下列术语和定义适用于本标准。

3.1 望都辣椒

源于望都行政区域内，选用优质望都传统地方品种且符合DB1306/T 120栽培要求的干制辣椒。果实中含有较多的蛋白质、碳水化合物、脂肪和丰富的多种维生素，肉厚，色红，不易掉柄、掉籽。香味浓郁、辣度适中。

3.2 辣红素

辣红素指辣椒中天然着色物质的含量，单位为g/kg。

4 地理标志产品保护范围

望都辣椒的产地保护范围限于国家质量监督检验检疫行政主管部门根据《地理标志产品保护规定》批准的范围，即望都所辖的全部乡镇。

5 要求

5.1 环境要求

5.1.1 土壤条件

土壤耕层深厚，地势平坦，排灌方便，土壤结构适宜，类型为潮褐土，土壤耕层质地为轻壤、中壤，距地表25~50 cm，理化性状良好，有机质含量15 g/kg以上，碱解氮含量70 mg/kg以上，速效磷含量22 mg/kg以上，速效钾含量100 mg/kg以上，土壤pH值7.0~8.0，适合于辣椒的生长。

5.1.2 自然环境

空气质量符合GB 3095规定，全年降水量500 mm，有效积温2 580 ℃，无霜期189 d。

5.2 感官要求

干制辣椒的感官要求应符合表40-1的规定。

表40-1 干制辣椒的感官要求

项目	要求
外观形状	果面光滑肉质肥厚、富有油性，形似羊角，长13~18 cm
色泽	紫红、光亮
气味、滋味	具有辣椒固定的气味，辣香浓郁
杂质	不允许有其他杂质

5.3 理化要求

干制辣椒的理化要求应符合表40-2的规定。

表40-2 干制辣椒的理化要求

项目	要求
辣椒素，g/kg	0.80~1.00
辣红素，g/kg	3.0~4.0
脂肪含量，% ≥	3.0
水分，% ≤	14
总灰分，% ≤	8.0

5.4 净含量

应符合《定量包装商品计量监督管理办法》的规定。

5.5 农药残留

应符合GB 2763的规定。

6 试验方法

6.1 感官检验

取少量样品，在自然光线下，用感官方法仔细检查。

6.2 理化检验

6.2.1 辣红素

按GB/T 22299的规定进行。

6.2.2 辣椒素

按GB/T 21266的规定进行。

6.2.3 脂肪

按GB/T 14772的规定进行。

6.2.4 水分

按GB/T 12729.6的规定进行。

6.2.5 总灰分

按GB/T 12729.7的规定进行。

6.2.6 农药残留

按 GB 2763 的规定进行。

6.3 净含量检验

按 JJF 1070 的规定进行。

7 检验规则

7.1 组批和抽样

以同一班次、同品种、同规格的产品为一批，每批随机抽取 5 袋进行检验。

7.2 出厂检验

7.2.1 辣椒应由厂质检部门逐批检验合格，并附合格证方可出厂。

7.2.2 每批产品进行出厂检验，检验项目为感官要求、水分、总灰分。

7.3 型式检验

型式检验每年至少检验一次，检验项目为全部指标。有下列情况之一时，也应进行型式检验。

a) 原材料、工艺调整，可能影响产品质量时；
b) 连续正常生产，每年进行一次；
c) 长期停产达到半年的，恢复生产时；
d) 上级质监部门提出要求时。

7.4 判定

检验结果如有一项不合格时，可再取 2 倍数量的样品对不合格项进行复检，农药残留不得复检，复检仍不合格，则整批判定为不合格。

8 标志、包装、运输、贮存

8.1 标志

辣椒销售包装上的标志应标明下列内容：产品名称、净含量、厂名厂址、产品标准编号、生产日期等。

8.2 包装

包装材料应洁净、无毒。

8.3 运输

运输工具应清洁卫生，严禁与有毒、有害、有异味物品混运、运输中应避免受潮、受压、暴晒、长途运输应有防雨设施。

8.4 贮存

8.4.1 产品应贮存于清洁、干燥、通风、阴凉的库房中。

8.4.2 仓库应具有防潮设施，袋装贮存堆垛离墙、离地 30 cm 以上，不得与其他物品混堆、混贮。

第四十一章 地理标志产品 晋州鸭梨
（DB13/T 1366—2023）

1 范围

本文件规定了地理标志产品晋州鸭梨的术语和定义、保护范围、自然环境、品质要求、试验方法、检验规则及其标志、包装、运输和贮存。

本文件适用于原国家质量监督检验检疫行政主管部门根据《地理标志产品保护规定》批准的地理标志产品晋州鸭梨。

2 规范性引用文件

下列文件的内容通过文中的规范性引用而构成本文件必不可少的条款。其中注日期的引用文件，仅该日期对应的版本适用于本文件。不注日期的引用文件，其最新版本（包括所有的修改单）适用于本文件。

GB 2762　食品安全国家标准　食品中污染物限量
GB 2763　食品安全国家标准　食品中农药最大残留限量
GB 7718　食品安全国家标准　预包装食品标签通则
GB 12456　食品安全国家标准　食品中总酸的测定
GB/T 10650　鲜梨
NY/T 5010　无公害农产品　种植业产地环境条件
《地理标志产品保护规定》（国家质量监督检验检疫总局令第78号）

3 术语和定义

下列术语和定义适用于本文件。

晋州鸭梨

在规定的保护范围内生产。果实呈倒卵圆形，果肩一侧呈鸭头状突起，果梗细长、弯向一方，果面光滑微有蜡质、果点小而密、圆形、淡褐色；果实皮薄核小，果肉白色，肉质细腻脆嫩，石细胞残渣极少，汁液丰富，酸甜适中，清香绵长。

4 保护范围

晋州鸭梨的产地保护范围限于原国家质量监督检验检疫行政主管部门根据《地理标志产品保护规定》批准的范围，包括营里镇、总十庄镇、东里庄镇、马于镇、桃园镇、东卓宿镇、周家庄乡、循环经济工业园区。

5 自然环境

5.1 土壤

土壤类型为沙土、砂壤土；土壤pH值7.5~8.4，有机质含量≥0.9%。

5.2 气候

年日照时数 2 563~2 769 h，无霜期 187~195 d，年均降水量 441.5mm，≥10℃的有效积温不少于4 200℃。

5.3 环境条件

产地周围无污染源，产地环境应符合 NY/T 5010 的规定。

6 品质要求

6.1 外观品质

果形端正，果梗完整，新鲜洁净，无异味，刺伤、虫伤及病害。单果重≥185 g。

6.2 理化指标

晋州鸭梨果实的主要理化指标见表 41-1。

表 41-1 晋州鸭梨果实的主要理化指标

指标	要求
果实硬度，kg/cm^2	4.5~7.5
可溶性固形物含量，%	11.0~13.0
总酸含量，% ≤	0.16

6.3 卫生指标

6.3.1 重金属限量

重金属限量应符合 GB 2762 中的规定。

6.3.2 农药最大残留限量

农药最大残留限量应符合 GB 2763 中的规定。

7 试验方法

7.1 外观

外观质量按照 GB/T 10650 中 5.1 的规定执行。

7.2 理化指标

7.2.1
果实硬度和果实可溶性固形物含量按照 GB/T 10650 中附录 B 的规定执行。

7.2.2
果实总酸含量按 GB 12456 的规定执行。

7.3 卫生指标

7.3.1
重金属限量按 GB 2762 的规定执行。

7.3.2
农药最大残留限量按 GB 2763 的规定执行。

8 检验规则

8.1 组批

同样等级、包装及贮存条件下存放的晋州鸭梨为一批。

8.2 抽样

8.2.1 抽样方法

按 GB/T 10650 的规定执行。

8.2.2 抽样数量

抽样数量见表41-2。

表41-2 抽样数量

每批件数，件	抽样数量
100	每100件抽取3件，不足100件按100件计
101~600	以100件抽取3件为基数，每增加100件增抽1件
601~1 200	以600件抽取8件为基数，每增加200件增抽1件
>1 200	以1 200件抽取10件为基数，每增加300件增抽1件，不足300件按300件计

8.3 交收检验

每批产品交收前，应进行交收检验，交收检验内容包括外观质量、包装、标志，检验合格后方可交收。

8.4 型式检验

型式检验项目为本文件全部质量要求，有下列情况之一时应进行型式检验：
a) 前后两次抽样检验结果差异较大时；
b) 因为自然因素使生产环境发生较大变化时；
c) 国家质量监督检验机构提出型式检验要求时。

8.5 判定规则

检验时出现不合格项，允许加倍抽样复检，如仍有不合格项即判为该批产品不合格。卫生指标有一项不合格即判为不合格品，不得复检。

9 标志、包装、运输和贮存

9.1 标志

标签标志应参照GB 7718的规定执行，并按规定使用地理标志产品专用标志。

9.2 包装

采用符合卫生要求的包装材料。

9.3 运输

9.3.1
运输工具应清洁卫生、无异味，不得与有毒物品混运。装卸时应轻拿轻放。待运时，应批次分明、堆码整齐、环境清洁、通风良好。严禁烈日暴晒、雨淋。注意防冻、防潮、防热、防鼠，缩短待运时间。

9.3.2
运输要求快捷，装卸时应轻拿轻放，运输工具应清洁、卫生、无污染，运输过程应有防晒、防雨设施。

9.4 贮存

晋州鸭梨贮存保鲜应低温保存，控制库内贮存温度-1~1℃，相对湿度85%~95%。

贮存场地应阴凉、通风、清洁、防晒、防雨、防冻、无毒、无异味和无污染源。贮存货堆不应过大，货堆间应留有一定的通道。

第四十二章 地理标志产品 顺平桃
（DB13/T 1421—2011）

1 范围

本标准规定了顺平桃的术语和定义、地理标志产品保护范围、分类、要求、检验方法、检验规则及标志、标签、包装、运输、贮存。

本标准适用于国家质量监督检验检疫行政主管部门根据《地理标志产品保护规定》批准保护的顺平桃。

2 规范性引用文件

下列文件对于本文件的应用是必不可少的。凡是注日期的引用文件，仅所注日期的版本适用于本文件。凡是不注日期的引用文件，其最新版本（包括所有的修改单）适用于本文件。

GB/T 8855 新鲜水果和蔬菜 取样方法

NY/T 391 绿色食品 产地环境技术条件

NY/T 586 鲜桃

DB1306/T 114 顺平桃生产管理技术规程

3 术语和定义

NY/T 586确立的以及下列术语和定义适用于本标准。

顺平桃

在顺平县地理标志产品保护区域内，按照DB1306/T 114《顺平桃生产管理技术规程》生产，果实质量符合本标准的桃。

4 地理标志产品保护范围

顺平桃的产地保护范围限于国家质量监督检验检疫行政主管部门根据《地理标志产品保护规定》批准的范围，即顺平县腰山镇、蒲上镇、台鱼乡、安阳乡、白云乡、河口乡、大悲乡、神南乡8个乡镇现辖行政区域。

5 产品分类

按桃成熟期分为：

a) 早熟：指果实生育期71~90 d；代表品种：雨花露。

b) 中熟：指果实生育期91~120 d；代表品种：大京红、大久保。

c) 晚熟：指果实生育期121~160 d。代表品种：绿化九、寒露蜜。

6 要求

6.1 地理环境

海拔 50~400 m，土层厚 80 cm 以上，土壤类型褐土质地壤土，土壤有机质含量 ≥0.7%，土壤 pH 值 5.8~7.8，地下水位 1.0 m 以下。其他环境技术条件应符合 NY/T 391 规定的要求。

6.2 感官指标

感官指标应符合表 42-1 规定。

表 42-1 感官指标

项目	指标要求				
	雨花露	大京红	大久保	绿化九	寒露蜜
色泽	粉红	鲜红	粉红	鲜红	淡红
口感	脆甜	脆甜	脆甜	绵甜	绵甜
味道	甜香	甜香	甜香	香甜	甜香
单果着色面积,% ≥	40	80	60	80	50

6.3 理化指标

理化指标应符合表 42-2 规定。

表 42-2 理化指标

项目	指标要求				
	雨花露	大京红	大久保	绿化九	寒露蜜
可溶性固形物,% ≥	11	12	12	13	14
单果重,g ≥	150	200	225	250	300

6.4 卫生指标

卫生指标应符合 NY/T 586 的规定。

7 检验方法

7.1 感官指标

将样品置于白磁盘中，在自然光线下以感官检验。

7.2 理化指标

7.2.1 可溶性固形物

按 NY/T 586 的规定执行。

7.2.2 单果重

用精度为 0.5 g 的天平测量，取 10 个桃进行测量，取其平均值。

7.2.3 卫生指标

按 NY/T 586 的规定执行。

8 检验规则

8.1 组批
同品种、同时收购的顺平桃作为一个检验批次，批发市场同一品种的顺平桃作为一个检验批次。农贸市场和超市相同进货渠道同一品种的顺平桃作为一个检验批次。

8.2 抽样方法
按 GB/T 8855 的规定执行。

8.3 型式检验
有下列形式之一者进行型式检验。
a) 申请地理标志保护产品标志或进行地理标志保护产品年度抽查检验；
b) 产品评优、国家质量监督机构或行业主管部门提出型式检验要求；
c) 前后两次抽样检验结果差异较大；
d) 因人为或自然因素使环境发生较大变化。

8.4 交收检验
每批产品交收前，生产单位都要进行交收检验，交收检验内容包括感官、标志和包装。检验合格后并附合格证方可交收。

8.5 判定规则
质量指标全部合格，则该批产品为合格。如有一项不合格时，可加倍抽样进行复验，仍有一项不合格，则判该批产品不合格。卫生指标检验不合格不得进行复检。

9 标志、标签、包装、运输、贮存

9.1 标志
获得批准的企业或组织，可在其产品外包装上使用地理标志产品专标志。

9.2 标签、包装、运输、贮存
按 NY/T 586 的规定执行。

第四十三章　地理标志产品　永年大蒜
（DB13/T 1493—2011）

1 范围
本标准规定了永年大蒜的术语、定义、地理标志产品保护范围、种植技术、质量要求、试验方法、检验规则及其标志、包装、运输和贮存。

本标准适用于国家质量监督检验检疫行政主管部门根据《地理标志产品保护规定》批准的永年大蒜。

2 规范性引用文件
下列文件对于本文件的应用是必不可少的。凡是注日期的引用文件，仅所注日期的版本适用于本文件。凡是不注日期的引用文件，其最新版本（包括所有的修改单）适用于本文件。

  GB 5009.5 食品安全国家标准 食品中蛋白质的测定
  GB/T 5009.10 植物类食品中粗纤维的测定
  GB/T 5009.124 食物中氨基酸的测定
  GB/T 6195 水果、蔬菜维生素C含量测定法
  GB 7718 食品安全国家标准 预包装食品标签通则
  GB/T 8855 新鲜水果和蔬菜 取样方法
  GB/T 14772 食品中粗脂肪的测定
  NY 5001 无公害食品 葱蒜类蔬菜

3 术语和定义

下列术语和定义适用于本标准。

永年大蒜

产于本标准第四条规定区域内，符合本标准质量要求的蒜头。

4 地理标志产品保护范围

永年大蒜的地理标志产品保护范围限于国家质量监督检验检疫行政主管部门根据《地理标志产品保护规定》批准的保护范围。

5 技术要求

5.1 品种选择

永年地方品种——永年白皮蒜。

5.2 立地条件

土质为褐土和潮土，壤土偏黏，地势平坦，0~20 cm土层有机质含量≥1.2%，土壤pH值7.0~8.0，耕层≥20 cm。

5.3 感官特点

蒜头横径4~6 cm，4~6瓣，蒜瓣大小均匀，蒜衣与蒜瓣紧密结合不易失水，耐贮存。蒜瓣皮薄、柔嫩、汁多，辛香味浓郁。

5.4 理化指标

理化指标应符合表43-1的规定。

表43-1 理化指标

项目	指标
脂肪,% ≥	0.14
蛋白质,% ≥	7.0
粗纤维,% ≤	0.88
氨基酸总和,% ≥	5.1
大蒜素,（mg/kg） ≥	794
维生素C,（mg/kg） ≥	133

5.5 安全质量指标

应符合 NY 5001 无公害食品　葱蒜类蔬菜中的规定。

6 试验方法

6.1 蒜头横径
蒜头横径用分级板测量确定。

6.2 感觉特征
色泽、形状、滋味等由感官鉴定。

6.3 脂肪的测定
按 GB/T 14772 的规定执行。

6.4 蛋白质的测定
按 GB 5009.5 的规定执行。

6.5 粗纤维的测定
按 GB/T 5009.10 的规定执行。

6.6 氨基酸总和的测定
按 GB/T 5009.124 的规定执行。

6.7 维生素 C 的测定
按 GB/T 6195 的规定执行。

6.8 安全质量指标检验
按 NY 5001 无公害食品　葱蒜类蔬菜的规定执行。

7 检验规则

7.1 组批规则
同一品种、同一产地，相同栽培条件，同时采收的大蒜作为一个检验批次。

7.2 抽样方法
按 GB/T 8855 新鲜水果和蔬菜取样方法中的有关规定执行。

7.3 检验分类

7.3.1 交收检验
每批产品交收前应进行交收检验，交收检验项目为感官特点，检验合格并附合格证后方可交收。

7.3.2 型式检验
型式检验是对产品进行全面考核，即对本标准规定的全部要求进行检验。有下列情形之一者，应进行型式检验：

a) 人为或自然因素使生产环境发生较大变化；
b) 前后两次抽样结果差异较大；
c) 国家质量监督部门提出型式检验要求。

7.4 判定规则
7.4.1 交收检验时，在整批产品中不合格率超过规定值时，判定其不合格。
7.4.2 型式检验时，安全质量指标检验不合格，则判定该批产品不合格。理化指标检验不合格，允许加倍抽样复检，若复检仍有不合格项则判定该批产品不合格。

8 包装、标志、运输和贮存

8.1 包装

包装应大小一致，整洁、干燥、牢固、透气、无污染、无异味。

8.2 标志

在外包装上使用地理标志产品专用标志。产品标签应符合 GB 7718 和《地理标志产品保护规定》的要求。

8.3 运输

轻装轻卸，防止受潮，运输途中严禁暴晒、雨淋，并注意防冻、隔热、防污染。

8.4 贮存

永年大蒜采收后，应充分晾晒干燥后贮存在阴凉通风、干燥处，或在冷库贮存。

第四十四章 地理标志产品
玉田白菜（玉田包尖白菜）栽培技术规程
（DB13/T 1502—2020）

1 范围

本标准规定了玉田白菜（玉田包尖白菜）的术语和定义、产地环境、肥料农药使用准则、生产管理措施、病虫害防治和采收。

本标准适用于原国家质量监督检验检疫行政主管部门根据《地理标志产品保护规定》批准保护的露地秋季玉田白菜（玉田包尖白菜）的生产。

2 规范性引用文件

下列文件对于本文件的应用是必不可少的。凡是注日期的引用文件，仅注日期的版本适用于本文件。凡是不注日期的引用文件，其最新版本（包括所有的修改单）适用于本文件。

GB/T 8321（所有部分） 农药合理使用准则

GB 16715.2 瓜菜作物种子 第2部分：白菜类

NY/T 496 肥料合理使用准则 通则

NY/T 5010 无公害食品 种植业产地环境条件

3 术语和定义

下列术语和定义适用于本文件。

玉田白菜（玉田包尖白菜）

产自玉田境内，叶球呈淡绿色，叶球直筒、拧抱，顶部尖锐，下部较粗，呈圆锥状，口感甘脆的白菜。

4 产地环境

4.1 环境条件
生产区域地势平坦、排灌方便，无工业企业的直接污染；并符合 NY/T 5010 的规定。

4.2 土壤条件
土壤耕层深厚、疏松肥沃的砂壤土、壤土或轻黏壤土地块。

5 肥料农药使用准则

农药使用准则按 GB/T 8321（所有部分）规定执行，肥料使用准则按 NY/T 496 的规定执行。

6 生产管理措施

6.1 选种及种子处理

6.1.1 种子质量
按 GB 16715.2 的规定执行。

6.1.2 种子处理
用种子质量 0.2% 的 75% 百菌清可湿性粉剂或用种子质量 2.5% 咯菌腈悬浮种衣剂拌种。具体方法为：先将种子浸湿后，把药粉均匀拌在种子上，待阴干后播种。

6.2 播种前准备

6.2.1 前茬
为非十字花科蔬菜。

6.2.2 土壤处理
直播或移栽前深翻 30~40 cm，结合整地每亩用 50% 氟啶胺悬浮剂 267~333 mL 兑水 67 kg 进行土壤消毒，预防根肿病等病害。

6.2.3 整地施肥
在中等肥力条件下，结合整地每亩施腐熟有机肥 3 000~4 000 kg，氮磷钾三元素复合肥（$N-P_2O_5-K_2O=15-15-15$）40 kg。起 15 cm 高垄，垄距 60~65 cm。

6.3 播种

6.3.1 播种期
育苗移栽的播种期为 7 月 28 日至 8 月 2 日，直播的播种期为 8 月 2—8 日。

6.3.2 播种量
育苗移栽每亩用种 125~150 g，直播每亩用种 200~250 g。

6.3.3 播种方法
育苗为平畦撒播，直播为高垄条播。播前造墒，覆土 0.5~1.0 cm，搂平压实。

6.4 田间管理

6.4.1 间苗、定苗
幼苗出土后，分别在 2~3 片、3~4 片叶时间苗 2~3 次，拉开苗距，去掉病苗、弱苗和杂苗。5~6 片真叶时按株距 40~45 cm 定苗或栽苗。

6.4.2 中耕、蹲苗
莲座期前，中耕 2~3 次，间苗后及时中耕培土，植株封垄前进行最后一次中耕，由浅入深,不要伤根,同时封沟,蹲苗7~10 d。

6.4.3 浇水、追肥

苗期、莲座期土壤见干见湿,结球期保持土壤湿润。苗期,勤浇小水,降低地温。收获前7~10 d停止浇水。莲座期、结球期结合浇水追肥两次,第一次每亩追施复合肥15~20 kg,第二次每亩追施尿素15~20 kg。结球期用0.5%磷酸二氢钾进行叶面追肥1~2次。

6.4.4 束叶

根据气候条件宜霜降节前后(收获前10~15 d)束叶。

7 病虫害防治

7.1 防治原则

预防为主,综合防治。优先采用农业防治、物理防治及生物防治绿色防控技术,合理使用药剂防治。

7.2 农业防治

实行3~4年轮作,深耕晒垡,培育无病虫害壮苗,创造适宜的环境条件,增施经无害化处理的有机肥,合理使用化肥,加强中耕除草,清洁田园。

7.3 物理防治

温水浸种,黄板诱蚜,频振式杀虫灯诱杀成虫,在棚室内育苗时可用防虫网阻隔、银膜驱蚜。

7.4 生物防治

使用苏云金杆菌(BT)、春雷霉素、井冈霉素、藜芦碱等生物农药防治病虫害,使用昆虫性信息素引诱剂诱杀小菜蛾、斜纹夜蛾、甜菜夜蛾等害虫。

7.5 化学防治

7.5.1 虫害防治

虫害防治见表44-1。

表44-1 虫害防治

虫害名称	防治方法
蟋蟀、蝼蛄	出苗到定棵前用1.1%苦参碱粉剂每亩2 000~2 500 g拌毒饵,撒在苗床上或垄面上
菜青虫、小菜蛾	卵孵化盛期用灭幼脲胶悬剂1 000倍液喷雾,间隔7~10 d喷一次,连续防治2~3次
蚜虫	用10%吡虫啉可湿性粉剂1 500倍液喷雾

7.5.2 病害防治

病害防治见表44-2。

表44-2 病害防治

病害名称	防治方法
病毒病	用20%盐酸吗啉胍悬浮剂200~300 mL兑水45~60 kg均匀喷雾,或1%香菇多糖水剂80~120 mL兑水30~60 kg均匀喷雾,重点喷洒幼嫩组织,10 d喷一次,连续防治2次
霜霉病	用72%恶霜灵锰锌可湿性粉剂500倍液、50%烯酰吗啉可湿性粉剂800倍液或72%霜脲·锰锌可湿性粉剂600倍液喷雾,7~10 d喷一次,连续防治2~3次

(续表)

病害名称	防治方法
软腐病	从莲座期开始防治，用90%新植霉素可溶性粉剂4 000倍液喷雾，7~10 d喷一次，连续防治2~3次
黑腐病	用90%新植霉素可溶性粉剂4 000倍液或3%中生菌素可湿性粉剂600倍液，7~10 d喷一次，连续防治2~3次
黑斑病	发现病株及时喷施75%百菌清可湿性粉剂500倍液、70%代森锰锌可湿性粉剂600倍液，7~10 d喷一次，连续防治2~3次
白斑病	发病初期用25%嘧菌酯悬浮剂1 500倍液或10%苯醚甲环唑水分散颗粒剂900倍液喷雾，7~10 d喷一次，连续防治2~3次
根肿病	用10%氰霜唑1 500~2 000倍液灌根，15 d灌一次

8 采收

立冬前后（最低气温降到-2~-1℃）收获，收获时去掉泥根和外部老叶，露天码放3~4 d。

第四十五章 地理标志产品 深州蜜桃（DB13/T 1514—2018）

1 范围

本标准规定了深州蜜桃的质量要求、试验方法、检验规则、标志、标签、包装、运输、贮存。本标准适用于深州蜜桃的生产。

2 规范性引用文件

下列文件对于本文件的应用是必不可少的。凡是注日期的引用文件，仅注日期的版本适用于本文件。凡是不注日期的引用文件，其最新版本（包括所有的修改单）适用于本文件。

GB 5009.11 食品安全国家标准 食品中总砷及无机砷的测定
GB 5009.12 食品安全国家标准 食品中铅的测定
GB 5009.15 食品安全国家标准 食品中镉的测定
GB 5009.17 食品安全国家标准 食品中总汞及有机汞的测定
GB/T 5009.18 食品中氟的测定
GB/T 5009.19 食品中有机氯农药多组分残留量的测定
GB/T 5009.20 食品中有机磷农药残留量的测定
GB 5009.33 食品中亚硝酸盐与硝酸盐的测定
GB/T 5009.102 植物性食品中辛硫磷农药残留量的测定
GB/T 5009.103 植物性食品中甲胺磷和乙酰甲胺磷农药残留量的测定

GB/T 5009.104　植物性食品中氨基甲酸酯类农药残留量的测定
GB/T 5009.105　植物性食品中百菌清残留量的测定
GB/T 5009.110　植物性食品中氯氰聚酯、氰戊菊酯和溴氰菊酯残留量的测定
GB 5009.123　食品安全国家标准　食品中铬的测定
GB/T 5009.146　植物性食品中有机氯和拟除虫菊酯类农药多残留的测定
GB/T 5009.188　蔬菜、水果中甲基托布津、多菌灵的测定
GB/T 10651　鲜苹果
NY/T 586　鲜桃

3　术语和定义

GB/T 10651、NY/T 586规定的以及下列术语和定义适用于本文件。

3.1　深州蜜桃

在深州市辖区内生产的个头硕大、形态秀美、色泽鲜艳、皮薄肉嫩、果肉细腻、汁甜如蜜、果面洁净、果味纯正、果品质量符合本标准要求的鲜桃，深州蜜桃有红蜜和白蜜两个品系。

3.2　红蜜

红蜜又称"魁蜜""冷桃"，果实长圆形，果顶突出有尖，缝合线深，两边对称，柄短，梗洼深，果色鲜艳，向阳面有红霞。果肉乳白色或淡黄色，黏核，近核处有紫红色射线。

3.3　白蜜

白蜜果实圆形，果顶稍凹，嘴钝，缝合线较深而明显，柄短，梗洼深，色泽微粉红，果肉白色，黏核。

4　要求

4.1　外观

红蜜：果顶凸尖、缝合线深、两边对称、底色黄白、阳面红润。
白蜜：果实圆形、果顶稍凹、缝合线深、色泽粉红。

4.2　规格

单果重≥300 g。

4.3　口感

肉质致密，蜜香多汁。

4.4　理化指标

理化指标应符合表45-1的规定。

表45-1　理化指标

项目	指标
可溶性固形物,%　≥	15.0
总酸,%　≤	0.16

4.5　等级

在符合4.4要求的前提下，深州蜜桃分为特级、一级和二级。等级划分符合表45-2

规定。

表 45-2 深州蜜桃等级划分

项目	特级	一级	二级
果形	具有本品种的固有特性	具有本品种的固有特性	可稍有不正，但不得有畸形果
果重，g	≥500	≥400	≥300
外观	外观无损伤、果形周正、果色鲜艳		

4.6 安全要求
4.6.1 重金属及其他有害物质限量
重金属及其他有害物质限量见表 45-3。

表 45-3 重金属及其他有害物质限量

项目	指标，mg/kg
砷（以 As 计）	≤0.5
汞（以 Hg 计）	≤0.01
铅（以 Pb 计）	≤0.2
铬（以 Cr 计）	≤0.5
镉（以 Cd 计）	≤0.03
氟（以 F 计）	≤0.5
亚硝酸盐（以 $NaNO_2$ 计）	≤4.0
硝酸盐（以 $NaNO_3$ 计）	≤400

4.6.2 农药最大残留限量
农药最大残留限量见表 45-4。

表 45-4 农药最大残留限量

项目	指标，mg/kg
马拉硫磷	不得检出
对硫磷	不得检出
甲拌磷	不得检出
甲胺磷	不得检出
久效磷	不得检出
氧化乐果	不得检出
甲基对硫磷	不得检出
克百威	不得检出

(续表)

项目	指标，mg/kg
六六六	≤0.2
DDT	≤0.1
敌敌畏	≤0.2
乐果	≤1.0
杀螟硫磷	≤0.4
倍硫磷	≤0.05
辛硫磷	≤0.05
百菌清	≤1.0
多菌灵	≤0.5
氯氰菊酯	≤2.0
溴氰菊酯	≤0.1
氰戊菊酯	≤0.2
三氟氯氰菊酯	≤0.2

注：未列项目的农药残留限量标准根据本地实际情况按有关规定执行。

5 试验方法

5.1 外观
目测，用常规量具检测着色面积。

5.2 规格
用常规量具（精度等级为4级及以上）检测。

5.3 口感
用品尝法检测。

5.4 果实品质

5.4.1 取样方法
参照 GB/T 10651 中 C.2 的规定进行。

5.4.2 基本要求、果形、色泽和果面缺陷
按 GB/T 10651 中 C.1.1 的规定进行。

5.4.3 果实质量
按 GB/T 10651 中 C.1.2.3 的规定进行。

5.5 理化指标

5.5.1 可溶性固形物

5.5.1.1 测试样液制备
取试样的可食用部分切碎、混匀，称取 250.0 g，准确至 0.1 g，放入组织捣碎机捣碎，用两层擦镜纸或纱布挤出匀浆汁液测定。

5.5.1.2 测定方法

用手持糖量计检测。

5.5.2 总酸

按 GB/T 10651 中 5.2.4 的规定进行。

5.6 安全指标

5.6.1 砷的测定

按 GB 5009.11 的规定进行。

5.6.2 铅的测定

按 GB 5009.12 的规定进行。

5.6.3 镉的测定

按 GB 5009.15 的规定进行。

5.6.4 汞的测定

按 GB 5009.17 的规定进行。

5.6.5 氟的测定

按 GB/T 5009.18 的规定进行。

5.6.6 六六六、滴滴涕的测定

按 GB/T 5009.19 的规定进行。

5.6.7 马拉硫磷、对硫磷、甲拌磷、久效磷、氧化乐果、甲基对硫磷、敌敌畏、乐果、杀螟硫磷、倍硫磷的测定

按 GB/T 5009.20 的规定进行。

5.6.8 亚硝酸盐、硝酸盐的测定

按 GB 5009.33 的规定进行。

5.6.9 辛硫磷的测定

按 GB/T 5009.102 的规定进行。

5.6.10 甲胺磷的测定

按 GB/T 5009.103 的规定进行。

5.6.11 克百威的测定

按 GB/T 5009.104 的规定进行。

5.6.12 百菌清的测定

按 GB/T 5009.105 的规定进行。

5.6.13 氯氰菊酯、溴氰菊酯、氰戊菊酯的测定

按 GB/T 5009.110 的规定进行。

5.6.14 铬的测定

按 GB 5009.123 的规定进行。

5.6.15 三氟氯氰菊酯的测定

按 GB/T 5009.146 的规定进行。

5.6.16 多菌灵的测定

按 GB/T 5009.188 的规定进行。

6 检验规则

6.1 同品种、同等级、同一批的深州蜜桃作为一个检验批次。

6.2 验收容许度

a) 特等果容许度不得超过3%；
b) 一等果容许度不得超过6%；
c) 二等果容许度不得超过6%。

6.3 不符合本等级品质规格指标，并超出容许度规定的应符合下一等级要求，且在下一等级的容许度范围之内。

7 包装、标志、运输和贮存

7.1 包装

7.1.1 包装容器应坚固耐用，干燥无异味，内外均无刺伤果实的尖突物，并有合适的通气孔，对产品具有良好的保护作用。包装内不得混有杂物，影响果实外观和品质。包装材料及制备标志应无毒性。

7.1.2 包装可采用纸箱、塑料箱等容器。容器的高度应低于宽度，各种包装物的规格为2.5~10 kg，容器内部放码层数不得多于3层。

7.2 标志

7.2.1 外包装应有标志。标志内容应容易理解，文字简明、图案醒目。

7.2.2 外包装应标明产品名称、产品标准、品种名称、果实等级、果实毛重、果实净重（或果实数量）、产地或企业名称、包装日期。

7.3 运输和贮存

7.3.1 桃采后立即按标准规定的质量条件挑选分级，包装验收。并迅速组织调运至销售地或入库贮存。

7.3.2 待运的桃，应批次分明，堆码整齐，环境清洁，通风良好，严禁烈日暴晒、雨淋，注意隔热。

7.3.3 贮放和装卸时应轻搬轻放，运输工具应清洁卫生。严禁与有毒、有异味等有害物品混装、混运。

第四十六章　地理标志产品　隆尧大葱
（DB13/T 2012—2014）

1 范围

本标准规定了隆尧大葱地理标志产品保护范围、术语和定义、种植环境和生产、质量要求、试验方法、检验规则、包装、标识、运输、贮存。

本标准适用于国家行政主管部门根据《农产品地理标志管理办法》批准保护的隆尧大葱。

2 规范性引用文件

下列文件对于本文件的应用是必不可少的。凡是注日期的引用文件，仅所注日期的版本适用于本文件。凡是不注日期的引用文件，其最新版本（包括所有的修改单）适用于本文件。

  GB 4285 农药安全使用标准
  GB/T 8321（所有部分） 农药合理使用准则
  GB/T 8855 新鲜水果和蔬菜 取样方法
  GB 18406.1 农产品安全质量 无公害蔬菜安全要求
  GB/T 18407.1 农产品安全质量 无公害蔬菜产地环境要求
  GB/T 23416.9 蔬菜病虫害安全防治技术规范 第 9 部分：葱蒜类
  SB/T 10158 新鲜蔬菜包装与标识
  中华人民共和国农业部令〔2008〕第 11 号 农产品地理标志管理办法

3 术语和定义

下列术语和定义适用于本文件。

隆尧大葱

隆尧大葱又称隆尧鸡腿大葱，产于本标准第 3 规定区域内，葱头肥大、形状如倒立的鸡腿，符合本标准质量要求的大葱。

4 地理标志产品保护范围

隆尧大葱地理标志产品保护范围为农业部根据《农产品地理标志保护办法》批准的范围，限于东经 114°30′22″~114°59′27″，北纬 37°13′27.9″~37°21′27″内的河北省隆尧县现辖行政区域的 5 个镇、6 个乡、182 个行政村，总面积 80 km²。

5 种植环境和生产

5.1 自然环境

产品种植区域位于河北省太行山东麓，海拔 30~50 m，属半干旱性气候，大陆性气候明显，四季分明，日照充足。

5.2 气候

年平均气温 15℃，年平均无霜期 195 d，年平均有效积温 4 829℃。平均日照时数 2 260 h，年平均降水量 524 mm。

5.3 土壤及灌溉用水

生产区域为隆尧县泜河两岸以及故道流域，土质为石灰性褐土，土壤疏松肥沃。土壤 pH 值 7.2~8.5，平均有机质含量 1%；地下水质为重碳酸型，矿化度<1 g/L，适于长期灌溉。

5.4 其他环境要求

应符合 GB/T 18407.1 的规定。

5.5 生产技术要求

隆尧大葱生产技术要求见标准发布版附录 B。

6 质量要求

6.1 感官特征

葱头肥大，形状如倒立的鸡腿，葱白洁白光亮，口感辣香味浓厚，形状规则，完整，成熟。葱白无腐烂、变质、异味、破裂、空心、汁液外溢和明显失水，无冷冻、病虫害原因引起的病斑和机械等损伤。基部最大横径（φ）≥40 mm，葱白长度28～32 cm。

6.2 安全质量指标

应符合 GB 18406.1 的要求。

7 试验方法

7.1 感官检验

采用嗅、摸、目测，对感官特征进行检测；采用游标卡尺测定样品中每颗大葱的基部横径以及分度值为 1 mm 的直尺测定葱白长度。

7.2 安全质量指标检验

农药残留和有毒有害物质含量的测定按照 GB 18406.1 规定的方法进行。

8 检验规则

8.1 组批规则

同一产地、同一品种、同一包装日期、同一等级的大葱为同一批产品。

8.2 抽样方法

按 GB/T 8855 和表 46-1 的规定执行。

表 46-1 抽样数量　　　　　　　　　　　　　　　　　　　　单位：件

批量件数	≤100	101～300	301～500	501～1 000	>1 000
抽样件数	5	7	9	10	15

8.3 检验分类

8.3.1 交收检验

每批产品交收前应进行交收检验，交收检验内容包括：包装、标识、感官指标，检验合格后附合格证明方可交收。

8.3.2 型式检验

有下列情况之一时，应对质量要求的全部项目进行型式检验。
a) 生态环境发生较大变化时；
b) 前后两次检验结果差异较大时；
c) 国家行政主管部门提出要求时。

8.4 判定规则

8.4.1 交收检验时，包装、标志和感官指标若有一项不合格，则整批交收检验不合格。

8.4.2 型式检验时，安全质量指标出现不合格项时，则整批产品判为不合格；包装、标志和感官指标若有一项不合格，允许加倍抽样复检，若复检仍不合格则整批产品为不合格。

9 标识、包装、运输、贮存

9.1 标识

9.1.1 获得批准的产品，均可在其包装上使用地理标志产品专用标志，定量包装标识应包括：产品名称、等级、净含量、产地、销售单位及地址、联系电话、包装日期、执行标准代

号、运输和贮存注意事项等。

9.1.2 不符合本标准的产品，其产品名称不得使用含有"隆尧大葱"（包括连续或断开）的名称。

9.2 包装

9.2.1 按等级分别包装，批量包装由企业自定，或按合同执行。

9.2.2 定量包装按 SB/T 10158 的规定执行。

9.3 运输、贮存

9.3.1 大葱收获后应就地修整，及时包装、运输。运输时应轻装、轻卸、严防机械损伤，运输工具应清洁、无污染。运输中应注意防冻、防晒、防雨淋和通风换气。

9.3.2 大葱应在阴凉、通风、清洁、卫生的条件下，按品种、规格分别贮存，防暴晒、雨淋、冻害、病虫害危害、机械损伤及有毒物质的污染。

第四十七章　地理标志产品　乐亭甜瓜
（DB13/T 2144—2014）

1 范围

本标准规定了乐亭甜瓜地理标志产品保护的范围、术语和定义、技术要求、试验方法、检验规则、标志、包装、运输及贮存。

本标准适用于国家质量监督检验检疫行政主管部门根据《地理标志产品保护规定》批准保护的乐亭甜瓜。

2 规范性引用文件

下列文件对于本文件的应用是必不可少的。凡是注日期的引用文件，仅所注日期的版本适用于本文件。凡是不注日期的引用文件，其最新版本（包括所有的修改单）适用于本文件。

GB 2763　食品安全国家标准　食品中农药最大残留限量

GB/T 5009.11　食品中总砷及无机砷的测定

GB/T 5009.12　食品安全国家标准　食品中铅的测定

GB/T 5009.15　食品中镉的测定

GB/T 5009.17　食品中总汞及有机汞的测定

GB/T 5009.18　食品中氟的测定

GB/T 5009.33　食品安全国家标准　食品中亚硝酸盐与硝酸盐的测定

GB/T 10786　罐头食品的检验方法

GB/T 8855　新鲜水果和蔬菜取样方法

GB/T 12456　食品中总酸的测定

GB/T 17924　地理标志产品标准通用要求

GB/T 18406.1　农产品安全质量　无公害蔬菜安全标准

GB/T 18407.1　农产品安全质量　无公害蔬菜产地环境要求
DB13/T 2145　地理标志产品　乐亭甜瓜生产技术规程
JJF 1070—2005　定量包装商品净含量计量检验规则
国家质量监督检验检疫总局令〔2005〕第 75 号《定量包装商品计量监督管理办法》

3　术语和定义

下列术语和定义适用于本文件。

乐亭甜瓜

乐亭甜瓜指产自乐亭县现辖行政区域内，按照 DB13/T 2145—2014 生产的，果皮光滑，着色均匀，果皮薄，果皮果肉均为绿色，果型为阔梨形或圆形，口感脆甜的甜瓜。

4　地理标志产品保护范围

乐亭甜瓜的地理标志产品保护范围为国家质量监督检验检疫总局根据《地理标志产品保护规定》批准的地域范围，即河北省乐亭县所辖行政区域。

5　要求

5.1　自然环境

年均日照时数不低于 2 550.2 h，平均气温不低于 10.7℃，降水量不低于 610 mm，无霜期不低于 181 d，土壤为中壤质、轻壤质、砂壤质，pH 值 6.5~7.5，其他环境要求应符合 GB/T 18407.1 的规定。

5.2　栽培技术

按 DB13/T 2145 的规定进行。

5.3　产品质量要求

5.3.1　外观质量指标

感官要求应符合表 47-1 的规定。

表 47-1　感官要求

项目	要求
成熟度	成熟适度、果实新鲜
果形	果形端正呈阔梨形或圆形
果面缺陷	无明显果面缺陷（缺陷包括腐烂、霉变、异味、冷害、冻害、裂缝、病虫斑及机械伤）
色泽	果皮、果肉均为绿色
口感	口感甜脆

5.3.2　理化指标

理化指标应符合表 47-2 的规定。

表 47-2 理化指标

项目	指标
可溶性固形物，g/100 g	≥11.0
总酸（以柠檬酸计），g/100 g	≤0.15

5.3.3 卫生指标

农药残留应符合 GB 2763 中瓜果类水果的规定；其他有毒有害物质无机砷、铅、镉、总汞、氟、亚硝酸盐等指标应符合 GB/T 18406.1 的规定。

5.4 净含量

净含量应符合《定量包装商品计量监督管理办法》的规定。

6 试验方法

6.1 外观质量指标

用目测、口尝、鼻嗅等方法检测。

6.2 理化指标

6.2.1 可溶性固形物

按 GB/T 10786 的相关规定进行。

6.2.2 总酸

按 NY/T 12456 的规定进行。

6.3 卫生指标

6.3.1 无机砷

按 GB/T 5009.11 的规定进行。

6.3.2 铅

按 GB/T 5009.12 的规定进行。

6.3.3 镉

按 GB/T 5009.15 的规定进行。

6.3.4 总汞

按 GB/T 5009.17 的规定进行。

6.3.5 氟

按 GB/T 5009.18 的规定进行。

6.3.6 亚硝酸盐

按 GB/T 5009.33 的规定进行。

6.3.7 农药残留

按 GB 2763 规定的相关方法进行。

6.3.8 其他有毒有害物质

按相关标准规定的方法进行。

6.4 净含量

按 JJF 1070—2005 的规定执行。

7 检验规则

7.1 检验分类

7.1.1 型式检验

型式检验是对本标准规定的全部要求进行检验。产品每年检验一次。有下列情形之一者应进行型式检验。

a) 前后两次产品抽样检验结果差异较大；

b) 因人为或自然因素使生产环境发生较大变化；

c) 国家质量监督部门提出要求。

7.1.2 交收检验

每批产品交收前，应进行交收检验，交收检验内容包括外观质量、标志、包装，检验合格后方可交收。

7.2 检验批次

同一生产基地、同一品种、同一成熟度、同一采收、同一包装的产品作为一个检验批次。

7.3 抽样方法

按 GB/T 8855 的规定进行。

7.4 判定规则

7.4.1 每批受检样品的外观质量不合格率按受检单位（箱、件）的平均值计算，其值不应超过 3%。其中单件不合格率不超过 5%，则判定外观质量合格。

7.4.2 外观质量和理化、卫生指标均合格则判定该批产品合格。

7.4.3 外观质量不合格或理化、卫生指标有一项不合格，则判定该批产品不合格。

8 标志、包装、运输和贮存

8.1 标志

每一包装上应标注产品名称、产品执行标准号、生产者名称和地址、保质期、净含量、包装日期、使用地理标志专用标志应符合 GB/T 17924 的规定。

8.2 包装

包装材料应卫生、洁净、透气，并能避免产品受到损伤。包装材料应符合相关标准要求。

8.3 运输

8.3.1 运输工具应清洁卫生，产品采收后应及时包装、交收和运输。

8.3.2 在装卸运输中应快装快运、轻装轻放，运输途中应防暴晒、雨淋，运输工具的底部及四周与箱体接触的地方应加铺垫物，以防机械损伤。运输用车辆、工具、铺垫物、防雨设施等，应清洁、卫生、干燥、无污染，严禁与有毒、有害、有异味的物品混装、混运。

8.4 贮存

8.4.1 临时贮存时，宜在通风、阴凉、清洁、卫生的场所进行，堆码整齐，防止挤压损伤，防日晒、雨淋、防有毒有害物质的污染。

8.4.2 中长期贮存时，应存入恒温冷库，贮存时应按品种、规格分别贮存，存入前应逐步降温预冷，贮存温度 3~4℃，空气相对湿度 70%~80%。在贮存过程中，应经常进行检查，发现病瓜立即清除。严禁与其他有毒、有害、有异味的物品混合存放。

第四十八章　地理标志产品　新乐西瓜
（DB13/T 2180—2015）

1　范围

本标准规定了地理标志产品新乐西瓜的保护范围、术语和定义、要求、试验方法、检验规则及标志、包装、运输、贮存。

本标准适用于国家质量监督检验检疫行政主管部门根据《地理标志产品保护规定》批准保护的地理标志产品新乐西瓜。

2　规范性引用文件

下列文件对于本文件的应用是必不可少的。凡是注日期的引用文件，仅所注日期的版本适用于本文件。凡是不注日期的引用文件，其最新版本（包括所有的修改单）适用于本文件。

GB 4285　农药安全使用标准

GB/T 8321（所有部分）　农药合理使用准则

GB/T 8855　新鲜水果和蔬菜　取样方法

GB/T 12143　饮料通用分析方法

GB/T 12456　食品中总酸的测定

NY/T 427　绿色食品　西甜瓜

DB1301/T 074　新乐西瓜栽培技术规程

《关于批准对新乐西瓜、清苑熏香、李渡酒、丰城富硒大米、新晃龙脑实施地理标志产品保护的公告》国家质量监督检验检疫总局 2013 年第 6 号

3　地理标志产品保护范围

限于国家质量监督检验检疫行政主管部门根据《地理标志产品保护规定》批准的保护范围，即新乐市东王镇、邯邰镇、大岳镇、承安镇、正莫镇 5 个乡镇。

4　术语和定义

下列术语和定义适用于本文件。

新乐西瓜　Xinle watermelon

在本标准第 3 规定的范围内，按照 DB1301/T 074 生产的，符合本标准产品质量技术要求的，品种为京欣系列，如京欣一号、胜欣等的西瓜果实。

5 要求

5.1 自然环境

5.1.1 环境特征
本区域位于太行山东麓的山前平原地带，平均海拔高度 56.4 m，属暖湿带半湿润季风型大陆性气候，四季分明，气温日差较大。春季气温回升较快，干燥多风；夏季炎热多雨，干湿差异显著；秋季日照充足，秋高气爽；冬季寒冷，干燥。

5.1.2 日照
平均日照时数 2 716.1 h，日照率 61%。

5.1.3 气温
年平均气温 12.2℃，年平均无霜期 211 d。

5.1.4 降水
年平均降水量 428.9mm。

5.1.5 土壤
区域内土壤为砂壤土，有机质含量≥14.1 g/kg，pH 值 7~8，全氮 0.98 g/kg，有效磷 33.8 mg/kg，速效钾 79.9 mg/kg。

5.1.6 水资源
地下水资源可采储量为 8.93 亿 m^3，埋深 23 m，水质甘甜，含有铁、锌、钙、磷等十余种微量元素。

5.2 栽培技术
应符合 DB1301/T 074 的要求。

5.3 质量要求

5.3.1 感官要求
感官要求应符合表 48-1 的规定。

表 48-1 感官要求

项目	要求
果形	圆形
果皮颜色	果皮为绿底上覆墨绿色条纹，覆有白霜
果面	表面平滑，无裂纹，无腐烂、霉变、病虫斑、机械损伤
果瓤	粉红色、艳红色，色泽鲜艳
质地与风味	瓜瓤脆沙、甘甜、多汁、爽口、无黄筋

5.3.2 理化指标
理化指标应符合表 48-2 的规定。

表 48-2 理化指标

项目	指标
单果重，kg	4.0~6.5

(续表)

项目	指标
果皮厚度	厚度不超过 1.2 cm
可溶性固形物,%	平均值≥11
总酸, g/100 g	≤0.15

5.3.3 卫生要求

按 NY/T 427—2007 中 4.4 的规定执行。

6 试验方法

6.1 感官要求

感官要求中的果形、果皮颜色、瓤色以目测确定，质地与风味以品尝确定。

6.2 理化指标

6.2.1 单果重

用精确度为 0.1 kg 的衡器称量。

6.2.2 果皮厚度

用分度值为 0.1 cm 的卡尺测量

6.2.3 可溶性固形物

按 GB/T 12453 的规定进行。

6.2.4 总酸

按 GB/T 12456 的规定进行。

6.2.5 卫生要求

按 NY/T 427 中 5.3 的规定进行。

7 检验规则

7.1 检验批次

同一生产基地、同一品种、同一成熟度、同一包装日期的西瓜为一个批次。

7.2 抽样方法

按 GB/T 8855 的规定进行。

7.3 检验分类

7.3.1 交收检验

7.3.1.1 每批产品交收前，生产单位都应进行交收检验。交收检验合格并附合格证，产品方可交收。

7.3.1.2 交收检验项目为感官要求、包装、标志。

7.3.2 型式检验

7.3.2.1 有下列情形之一者应进行型式检验。

    a）两次交收检验结果差异较大时；

    b）因人为或自然因素使生产环境发生较大变化时；

    c）国家质量检验机构提出要求时。

7.3.2.2 型式检验项目为本标准规定的全部质量要求。

7.3.3 判定规则

当卫生指标不合格时，判为不合格；当其他质量要求不合格时，可以复检，复检仍不合格时，判为不合格。

8 包装、标志、运输、贮存

8.1 包装

产品可散装，也可根据用户需要包装，其包装物应符合相应的卫生要求。

8.2 标志

散装的，应标注在产品果面上；如有包装，应标注在包装物上。

8.3 运输

运输工具应清洁卫生，无异味。不与有毒有害物品混运。

待运时，应批次分明、堆码整齐、环境清洁、通风良好。严禁烈日暴晒、雨淋。

8.4 贮存

新乐西瓜的贮存适宜温度 12~15℃，相对湿度 75%~80%。不与有毒、有害物品混合存放。

第四十九章 地理标志产品 青县羊角脆
（DB13/T 2420—2016）

1 范围

本标准规定了青县羊角脆的术语和定义、地理标志产品保护范围、生产环境及栽培技术、产品质量要求、试验方法、检验规则、标志、包装、运输及贮存。

本标准适用于国家质量监督检验检疫总局根据《地理标志产品保护规定》批准保护的青县羊角脆。

2 规范性引用文件

下列文件对于本文件的应用是必不可少的。凡是注日期的引用文件，仅注日期的版本适用于本文件。凡是不注日期的引用文件，其最新版本（包括所有的修改单）适用于本文件。

GB 2762 食品安全国家标准 食品中污染物限量

GB 2763 食品安全国家标准 食品中农药最大残留限量

GB/T 17924 地理标志产品标准通用要求

NY/T 1055 绿色食品 产品检验规则

NY/T 2637 水果和蔬菜可溶性固形物含量的测定 折射仪法

NY 5010 无公害食品 蔬菜产地环境条件

DB1309/T 154 青县羊角脆生产技术规程

3 术语和定义

下列术语和定义适用于本文件。

青县羊角脆

产自河北省青县现辖行政区域，按照 DB1309/T 154 生产，产品具有果实长锥形，一端大，一端稍细，弯曲似羊角，果皮灰白色，果肉浅绿色，瓜瓤橘黄，单瓜重 500~900 g 的甜瓜。

4 地理标志产品保护范围

青县羊角脆的地理标志产品保护范围限于国家质量监督检验检疫总局根据《地理标志产品保护规定》批准的地域范围，即现河北省青县所辖行政区域。

5 生产环境及栽培技术

5.1 生产环境

5.1.1 气候

青县位于河北省东南部，地处冀中平原和滨海平原之间，东经 116°34′~117°06′，北纬 38°24′~38°45′，属中温带半湿润大陆性气候，年平均气温为 12.7℃，≥10℃ 积温 4 302.6℃，热能资源富足，无霜期 180 d，5—6 月日照充足，月平均日照时数分别为 236.7 h、255.0 h。

5.1.2 土壤

土壤为潮土或盐化潮土，质地为中壤土或砂壤土，pH 值 7~8.5。耕层厚度≥40 cm，有机质含量≥1.2%。

5.1.3 其他环境要求

其他环境要求应符合 NY 5010 的规定。

5.2 栽培技术

按 DB1309/T 154 的规定执行。

6 产品质量要求

6.1 感官

感官应符合表 49-1 的规定。

表 49-1 感官

项目	要求
成熟度	成熟适度、果实新
果形	果实长锥形，一端大，一端稍细而尖，平均果长 25~35 cm
口感	肉质酥脆，香甜爽口
果面缺陷	无明显果面缺陷（缺陷包括腐烂、霉变、异味、冷害、冻害等）
色泽	果实灰白色，肉色淡绿，瓜瓤橘黄色
单果重	500~900 g

6.2 理化指标

理化指标应符合表 49-2 的规定。

表 49-2 理化指标

项目	指标
可溶性固形物,% ≥	10.5

6.3 卫生指标

6.3.1 污染物限量应符合 GB 2762 中的规定。

6.3.2 农药残留应符合 GB 2763 中瓜果类水果的规定。

7 试验方法

7.1 感官

用目测、口尝、鼻嗅等方法检测。

7.2 可溶性固形物

按 NY/T 2637 的规定执行。

7.3 卫生指标

7.3.1 污染物限量

按 GB 2762 的规定执行。

7.3.2 农药残留

按 GB 2763 的规定执行。

8 检验规则

按 NY/T 1055 的规定执行。

9 标志、包装、运输和贮存

9.1 标志

每一包装上应标明产品名称、产品的执行标准编号、生产者名称和地址、保质期、净含量、包装日期、使用地理标志专用标志应符合 GB/T 17924 的规定。

9.2 包装

包装材料应采用卫生、洁净、透气，并能避免产品受到损伤。包装材料应符合相关标准要求。

9.3 运输

9.3.1 运输工具应清洁卫生，产品采收后应及时包装、交收和运输。

9.3.2 在装卸运输中应快装快运、轻装轻放，运输途中应防暴晒、雨淋，运输工具的底部及四周与箱体接触的地方应加铺垫物，以防机械损伤。运输用的车辆、工具、铺垫物、防雨设施等，应清洁、卫生、干燥、无污染，严禁与有毒、有害、有异味的物品混装、混运。

9.4 贮存

9.4.1 临时贮存时，宜在通风、阴凉、清洁、卫生的场所进行，堆码整齐，防止挤压损伤，防日晒、雨淋、防有毒有害物质的污染。

9.4.2 中长期贮存时,应存入冷库,贮存时应按品种、规格分别贮存,存入前应逐步降温预冷,贮存温度 3~4℃,空气相对湿度 70%~80%。在贮存过程中,应经常进行检查,发现病瓜立即清除。严禁与其他有毒、有害、有异味的物品混合存放。

第五十章　地理标志产品　饶阳葡萄
（DB13/T 454—2017）

1　范围

本标准规定了地理标志产品饶阳葡萄的术语和定义、要求、试验方法、检验规则、标签、标志、包装、运输、贮存。

本标准适用于国家质量监督检验检疫行政主管部门根据《地理标志产品保护规定》批准保护的地理标志产品饶阳葡萄。

2　规范性引用文件

下列文件对于本文件的应用是必不可少的。凡是注日期的引用文件,仅注日期的版本适用于本文件。凡是不注日期的引用文件,其最新版本（包括所有的修改单）适用于本文件。

GB 2762　食品安全国家标准　食品中污染物限量

GB/T 8855　新鲜水果和蔬菜　取样方法

NY/T 393　绿色食品　农药使用准则

NY/T 394　绿色食品　肥料使用准则

NY/T 857　葡萄产地环境技术条件

DB1311/T 084　饶阳葡萄栽培技术规程

农产品包装和标识管理办法（中华人民共和国农业部令第 70 号）

3　地理标志产品保护范围

限于国家质量监督检验检疫行政主管部门根据《地理标志产品保护规定》批准的保护范围,即饶阳县大官亭镇、大尹村镇、饶阳镇、五公镇、留楚乡、王同岳乡、东里满乡 7 个乡镇。

4　术语和定义

下列术语和定义适用于本文件。

饶阳葡萄

饶阳县大官亭镇、大尹村镇、饶阳镇、留楚乡、王同岳乡、五公镇、东里满乡范围内,选用维多利亚、藤稔、巨峰、红宝石无核等本地优质鲜食葡萄品种,按照 DB1311/T 084 等标准种植的葡萄。

5 要求

5.1 自然环境

5.1.1 产地环境
符合 NY/T 857。

5.1.2 栽培环境

5.1.2.1 日照
年平均日照时数为 2 672.3~2 895.5 h，日照率>60%。

5.1.2.2 气温
年平均气温 11.1~13.5℃，无霜期 185~200 d。

5.1.2.3 降水
年平均降水量为 540.2~560.8 mm。

5.1.2.4 土壤
土壤系潮土，主要为砂壤土或轻壤土，pH 值 6.7~7.5，土壤比阻小、透气性强、土层深厚、有机质丰富。

5.2 生产控制
生产过程中农药使用应符合 NY/T 393 的规定，肥料使用应符合 NY/T 394 的规定。按照 DB1311/T 084 进行生产管理。

5.3 质量要求

5.3.1 感官指标
饶阳葡萄感官指标应符合表 50-1 的规定。

表 50-1 饶阳葡萄感官指标

项目	腾稔	巨峰	维多利亚	红宝石无核
果穗和果形	果穗呈圆锥形	果穗呈圆锥形或圆柱形	果穗大、稍长，呈圆锥形	果穗大，圆锥形，有歧肩，穗形紧凑，果粒较小
色泽	果实呈紫红	果实呈红色	果实呈黄绿色	果实呈红宝石色
口感	肉脆、酸甜适口	果肉硬且脆甜，汁多有肉囊	果肉硬且脆甜，无酸味	果肉脆，无核，味甜爽口

5.3.2 理化指标
饶阳葡萄理化指标应符合表 50-2 的规定。

表 50-2 饶阳葡萄理化指标

项目	腾稔	巨峰	维多利亚	红宝石无核
穗重，kg ≥	0.5	0.5	0.6	0.8
粒重，g ≥	14	12	10	4
可溶性固形物含量，% ≥	15	17	14	20

5.4 卫生指标

卫生指标应符合 GB 2762 的规定。

6 试验方法

6.1 感官指标

将样品放于洁净的瓷盘中,在自然光线下用肉眼观察葡萄果穗的形状、颜色和果粒的均匀程度、紧密度并品尝。

6.2 理化指标

6.2.1 粒重、穗重

粒重用感量 0.1 g 的天平测定;穗重采用感量 1 g 的天平测定。

6.2.2 可溶性固形物

用手持测糖仪测定,测量三次取算术平均值。

6.3 卫生指标

按 GB 2762 的规定进行。

7 检验规则

7.1 组批

同一品种、同一包装、在同一贮存条件下存放的葡萄为一批。

7.2 抽样方法

在每批产品中随机抽取不少于 3 kg 的样品,取样方法按 GB/T 8855 的规定进行。

7.3 检验分类

7.3.1 田间检验

产品包装前应按照本标准要求进行检验,并将合格证附于包装箱内。

7.3.2 型式检验

型式检验项目为本标准全部技术要求,有下列情况之一时应进行型式检验。

a) 每年采摘初期时;
b) 国家质量监督部门提出型式检验要求时。

7.4 交货验收

供需双方在交货现场按交售量随机抽取不少于 3 kg 的样品,按照本标准规定的产品质量要求验收合格后交货。

7.5 判定规则

检验结果应符合本标准规定。理化指标有一项不合格时,允许加倍抽样复检,如仍有不合格项,则判定为该批产品不合格。卫生指标有一项不合格,则判定为不合格品,不得复检。

8 标志、包装、运输、贮存

8.1 标志、包装

标志和包装应符合《农产品包装和标识管理办法》的规定。

8.2 运输、贮存

采用预冷运输、冷藏车或冷藏集装箱运输,贮存时应冷藏。

第五十一章 地理标志产品 赵县雪花梨（赵州雪花梨）（DB13/T 2652—2018）

1 范围

本标准规定了地理标志产品赵县雪花梨（赵州雪花梨）的定义和术语、保护范围、自然环境、质量要求、检验方法、检验规则及其包装、运输和贮存。

本标准适用于国家质量监督检验检疫行政主管部门根据《地理标志产品保护规定》批准的地理标志产品赵县雪花梨（赵州雪花梨）果实收购与销售。

2 规范性引用文件

下列文件对于本文件的应用是必不可少的。凡是注日期的引用文件，仅注日期的版本适用于本文件。凡是不注日期的引用文件，其最新版本（包括所有的修改单）适用于本文件。

GB 7718　预包装食品标签通则
GB/T 5009.11　食品中总砷及无机砷的测定
GB/T 5009.12　食品中铅的测定
GB/T 5009.15　食品中镉的测定
GB/T 5009.17　食品中总汞及有机汞的测定
GB/T 5009.123　食品中铬的测定
GB/T 5009.19　食品中有机氯农药多组分残留量的测定
GB/T 23380　水果蔬菜中多菌灵残留的测定　高效液相色谱法
GB/T 8855　新鲜水果和蔬菜　取样方法
GB/T 10650　鲜梨
NY/T 5010　无公害农产品　种植业产地环境条件
NY/T 423　绿色食品　鲜梨
NY/T 839　鲜李
NY/T 761　菜和水果中有机磷、有机氯、拟除虫菊酯和氨基甲酸酯类农药多残留的测定
《地理标志产品保护工作细则》（国质检科〔2009〕222 号）

3 定义

赵县雪花梨（赵州雪花梨）指原产于河北省赵县地域内的白梨系优良品种，因果肉洁白如玉、似霜如雪而得名。因赵县古称赵州，又被称为赵州雪花梨，其突出特征是果实硕大、呈卵圆形或阔圆形，果面色泽绿黄且具蜡质、果点浅褐色、皮较薄；肉质脆嫩多汁，有冰糖味和特殊的怡人香气。贮存后，果皮渐呈金黄色。

4 术语

4.1 果形
赵县雪花梨（赵州雪花梨）成熟时应有的形状，即果实呈卵圆形或阔圆形。果形端正，指果实没有明显凸凹以及外形偏缺现象；反之即为畸形果。

4.2 色泽
色泽指果实成熟时固有的光泽，不套袋果为黄绿色，套袋果为黄色或乳黄色。

4.3 碰压伤
果实受碰撞或外力挤压而造成的损伤。

4.4 刺伤
刺伤指果皮被刺破造成的损伤。

4.5 虫伤
梨黄粉蚜、康氏粉蚧、茶翅蝽、食心虫等害虫对果实造成的伤害。

4.6 病害
病害指黑星病、轮纹病等病害对果实造成的伤害。

5 保护范围

赵县雪花梨（赵州雪花梨）的产地保护范围限于国家质量监督检验检疫行政主管部门根据《地理标志产品保护规定》批准的范围，即赵县县域内的范庄镇、谢庄乡全部区域；南柏舍镇的唐家寨、南李家疃、北李家疃；高村乡的南田村、高村、东大里寺；沙河店镇的丁村、小浩、东北营、东浩、东杨村、西杨村、中冯，共5个乡镇73个行政村。

6 自然环境

6.1 气候
年平均气温为 8.5~14℃，年平均降水量 450~900 mm；年平均日照时数 1 925~2 751.2 h，无霜期 187~226 d，≥10℃年积温不少于 4 200℃。

6.2 土壤
土壤为沙土或砂壤土；土壤 pH 值 6.5~8.3，有机质含量≥0.9%。

6.3 灌溉用水
灌溉用水的质量应符合 NY/T 5010—2016 中 3.1 的规定。

6.4 生产技术要求
按地理标志产品赵县雪花梨（赵州雪花梨）生产技术规程执行。

7 质量要求

7.1 感官特性指标
感官特性指标应符合表 51-1 的规定。

表 51-1 感官特性指标

项目		等级		
		优等品	一等品	二等品
基本要求		果实充分成熟，新鲜洁净，果梗完整，无异味		
果形		果形端正，具有赵县雪花梨固有的果形特征	果形正常，具有赵县雪花梨固有的果形特征	果形允许略有缺陷，但仍保持赵县雪花梨果实的基本特征
单果重（大小整齐度），g		≥300	≥225	≥190
色泽		果皮黄绿色，具浅褐色斑点，套袋果为黄色或乳黄色		
果面缺陷	碰压伤	不允许		
	刺伤	不允许		
	磨伤	不允许	不允许	允许轻微磨伤，总面积≤1.0 cm^2
	锈斑	允许轻微；总面积不超过果面的1/20	允许轻微；总面积不超过果面的1/10	允许轻微；总面积不超过果面的1/5
	药害	不允许	允许轻微药害，总面积≤0.5 cm^2	允许轻微药害，总面积≤1.0 cm^2
	日灼	不允许		
	雹伤	不允许	不允许	允许轻微雹伤2处，总面积≤0.5 cm^2
	虫伤	不允许	允许干枯虫伤1处，总面积≤0.1 cm^2	
	病害	不允许		

注：果面缺陷允许优等≤1项，一等≤2项，二等≤3项。

7.2 理化指标

理化指标应符合表 51-2 的规定。

表 51-2 理化指标

项目	等级		
	优等品	一等品	二等品
果实硬度，kg/cm^2	5.0~9.0	5.0~9.0	5.0~9.0
可溶性固形物含量，%	≥12	≥11.5	≥11
可滴定酸含量，%	≤0.25	≤0.28	≤0.30
固酸比	≥48.0	≥41.1	≥36.7

7.3 卫生指标

卫生指标应符合表 51-3 的规定。

表 51-3 卫生指标

项目	指标，mg/kg
多菌灵 carbendazim	≤0.5
辛硫磷 pboxim	≤0.05
毒死蜱 chiorpyrifos	≤0.5
氧乐果 omethoate	<0.02
对硫磷 parathion	<0.01
马拉硫磷 malathion	<0.03
氰戊菊酯 fenvalerate	≤0.2
溴氰菊酯 deltamethrin	≤0.1
六六六（BHC）	≤0.05
滴滴涕（DDT）	≤0.05
铅（以 Pb 计）	≤0.1
镉（以 Cd 计）	≤0.05
汞（以 Hg 计）	≤0.01
砷（以 As 计）	≤0.05
铬（以 Cr 计）	≤0.5

注：其他农药施用方式及其限量应符合《中华人民共和国农药管理条例》的规定。

8 检验方法

8.1 感官特性指标

按 GB/T 10650 中 5.1 的规定执行。

8.2 理化指标

8.2.1 果实硬度和可溶性固形物含量

按 GB/T 10650 中附录 B 的规定执行。

8.2.2 果实可滴定酸

按 NY/T 839 中附录 B 的规定执行。

8.2.3 固酸比

可溶性固形物与可滴定酸数值之比

8.3 卫生指标

8.3.1 多菌灵

按 GB/T 23380 的规定执行。

8.3.2 辛硫磷

按 GB/T 5009.102 的规定执行。

8.3.3 六六六、滴滴涕

按 GB/T 5009.19 的规定执行。

8.3.4 毒死蜱、氧乐果、对硫磷、马拉硫磷、氰戊菊酯、溴氰菊酯

按 NY/T 761 的规定执行。

8.3.5 砷

按 GB/T 5009.11 的规定执行。

8.3.6 铅

按 GB/T 5009.12 的规定执行。

8.3.7 镉

按 GB/T 5009.15 的规定执行。

8.3.8 汞

按 GB/T 5009.17 的规定执行。

8.3.9 铬

按 GB/T 5009.123 的规定执行。

9 检验规则

9.1 组批

同品种、同等级、同一批次收购、包装及贮存条件下存放的赵县雪花梨（赵州雪花梨）为一个批次。

9.2 抽样

9.2.1 抽样方法

按 GB/T 8855 的规定执行。以一个检验批次为一个抽样批次。抽取的样品必须具有代表性，应在本检验批次的不同部位随机抽取，样品的检验结果适用于整个检验批次。

9.2.2 抽样数量

抽样数量见表 51-4。

表 51-4 抽样数量

每批件数，件	抽样数量
100	每 100 件抽取 3 件，不足 100 件按 100 件计
101~600	以 100 件抽取 3 件为基数，每增加 100 件增抽 1 件
601~1 200	以 600 件抽取 8 件为基数，每增加 200 件增抽 1 件
>1 200	以 1 200 件抽取 10 件为基数，每增加 300 件增抽 1 件，不足 300 件按 300 件计

9.3 型式检验

型式检验项目为本标准全部质量要求，有下列情况之一时应进行型式检验。

a) 每年采摘初期；
b) 国家质量监督检验机构提出型式检验要求时。

9.4 判定规则

检验时出现不合格项，允许加倍抽样复检，如仍有不合格项既判为该批产品不合格。卫生指标有一项不合格既判为不合格品，不得复验。

10 包装、标志、运输和贮存

10.1 包装
按 GB/T 10650 中 8.1 的规定执行。

10.2 标志
标志标签应符合 GB 7718 的规定，如按果实数量包装，应标明具体数量。同一批货物的包装标志，在形式和内容上应完全统一，并按《地理标志产品保护工作细则》的规定执行。

10.3 运输
按 NY/T 423 中 8.2 的规定执行。

10.4 贮存
按 NY/T 423 中 8.3 的规定执行。

第五十二章　地理标志产品　兴隆山楂
（DB13/T 2694—2018）

1 范围

本标准规定了兴隆山楂的术语和定义、地理标志产品保护范围、自然环境、生产技术、果实质量要求、检验方法、检验规则、标志、包装、运输和贮存。

本标准适用于国家质量监督检验检疫行政主管部门根据《地理标志产品保护规定》批准保护的兴隆山楂。

2 规范性引用文件

下列文件对于本文件的应用是必不可少的。凡是注日期的引用文件，仅注日期的版本适用于本文件。凡是不注日期的引用文件，其最新版本（包括所有的修改单）适用于本文件。

GB/T 191　包装储运图示标志

GB 3095　环境空气质量标准

GB 5009.7　食品安全国家标准　食品中还原糖的测定

GB 5084　农田灌溉水质标准

GB/T 12456　食品中总酸的测定

GB 15618　土壤环境质量标准

DB1308/T 230　雾灵紫肉山楂生产技术规程

3 术语和定义

下列术语和定义适用于本文件。

兴隆山楂

在兴隆县行政区域范围内20个乡镇中，符合地理环境，采用科学栽植方法，选用适合本地栽培的优良品种：燕瓢红、燕瓢青、雾灵红、雾灵紫肉、秋金星、大旺，按照本标准生产出的具有兴隆山楂特点的山楂。

4 地理标志产品保护范围

兴隆县行政区域内 20 个乡镇，包括兴隆镇、南天门乡、半壁山镇、孤山子镇、八卦岭乡、挂兰峪镇、青松岭镇、陡子峪乡、六道河镇、上石洞乡、雾灵山镇、平安堡镇、北营房镇、李家营镇、大杖子镇、蘑菇峪乡、三道河镇、蓝旗营镇、安子岭乡、大水泉乡。

5 自然环境

5.1 地理环境

兴隆县地处东经 117°12′~118°15′，北纬 40°12′~40°43′，属暖温带，半湿润向半干旱过渡的大陆性季风型山地气候。产地范围内海拔高度 150~1 000 m。石质山区，地下蕴藏矿产资源丰富，适宜兴隆山楂的生长。

5.2 土壤

土壤类型主要为花岗岩、片麻岩风化而成的砾质棕壤和褐土，土壤 pH 值 5.5~7.5，土层厚度≥40 cm，有机质平均 1.5%，并符合 GB 15618 的要求。

5.3 灌溉用水

水源无污染，水质符合 GB 5084 的要求。

5.4 空气

应符合 GB 3095 的要求。

5.5 气候

年平均气温 6.5~10.3℃，极端最高气温 36.6℃，极端最低气温-29.1℃，≥10℃年有效积温 3 117.5℃，年平均降水量 450~750 mm，无霜期 140~175 d，夏、秋季昼夜温差大于 12℃，年日照时数 2 841.8 h，≥10℃年日照时数 1 393.2 h，太阳辐射总量 133.373 kcal/cm^2。7—9 月共 3 个月光照充足。

6 生产技术

参照 DB1308/T 230 执行。

7 果实质量要求

7.1 感官要求

果面深红色，鲜艳洁净，果肉粉红色、粉白色至青白色，酸甜适口。

7.2 理化指标

理化指标应符合表 52-1 的要求。

表 52-1 理化指标

品种	每千克果个数，个	总还原糖（以葡萄糖计），g/100 g	总酸（以苹果酸计），g/100 g
燕瓢红	≤100	≥4.8	≤2.3
燕瓢青	≤100	≥4.5	≤3.0

（续表）

品种	每千克果个数，个	总还原糖（以葡萄糖计），g/100 g	总酸（以苹果酸计），g/100 g
雾灵红	≤100	≥5.0	≤2.5
雾灵紫肉	≤145	≥2.5	≤2.5
秋金星	≤143	≥11.0	≤2.3
大旺	≤100	≥8.5	≤2.3

7.3 安全及其他质量技术要求

产品安全及其他质量技术要求应符合国家相关规定。

8 检验方法

8.1 感官检验

目测、口尝。

8.2 每千克果个数的检验

随机取样3次，用感量0.1 g的天平称重，每次1 000.0 g，计数果实个数，取3次平均值。

8.3 总还原糖的检验

按GB 5009.7的规定执行。

8.4 总酸的检验

按GB/T 12456的规定执行。

9 检验规则

9.1 组批

同品种一次调运或出售的山楂为一批。

9.2 抽样

50件以内的按实际重量的3%~5%随机抽样；50~100件的抽样4件；100件以上的，以100件为基数，超出部分增抽1%。

9.3 判定规则

质量指标中有一项不合格，则判该批产品不合格。

10 标志、包装、运输和贮存

10.1 标志

包装标志符合GB/T 191的规定。

10.2 包装

用坚固耐压的纸质或塑料果箱包装，内设洁净、干燥、柔软的衬垫物。果箱每件5~10 kg。不同品种的山楂要分别包装，不得混装。每个包装标明品名、净重、产地、包装日期等。

10.3 运输

在运输过程中不得与有害物质混放，并防止烈日暴晒、雨淋。长途运输应采取防冻保湿措施。

10.4 贮存

贮存山楂的场所应阴凉通风，注意防冻、防晒，不得与有害物质混放。

第五十三章 地理标志产品 定州鸭梨
（DB13/T 2829—2018）

1 范围

本标准规定了地理标志产品定州鸭梨的术语和定义、保护范围、自然环境、种植技术、品质要求、检验方法、检验规则及其标志、包装、运输和贮存。

本标准适用于国家质量监督检验检疫行政主管部门根据《地理标志产品保护规定》批准的地理标志产品定州鸭梨的生产和销售。

2 规范性引用文件

下列文件对于本文件的应用是必不可少的。凡是注日期的引用文件，仅注日期的版本适用于本文件。凡是不注日期的引用文件，其最新版本（包括所有的修改单）适用于本文件。

GB 5009.11 食品中总砷及无机砷的测定

GB 5009.12 食品中铅的测定

GB 5009.15 食品中镉的测定

GB 5009.17 食品中总汞及有机汞的测定

GB/T 5009.19 食品中有机氯农药多组分残留量的测定

GB/T 5009.102 植物性食品中辛硫磷农药残留的测定

GB 5009.123 食品中铬的测定

GB 7718 预包装食品标签通则

GB/T 8855 新鲜水果和蔬菜 取样方法

GB/T 10650 鲜梨

GB/T 12456 食品中总酸的测定

GB/T 23380 水果蔬菜中多菌灵残留的测定

NY/T 423 绿色食品 鲜梨

NY/T 761 蔬菜和水果中有机磷、有机氯、拟除虫菊酯和氨基甲酸酯类农药多残留的测定

NY/T 1078 鸭梨

NY/T 5010 无公害农产品 种植业产地环境条件

3 术语和定义

下列术语和定义适用于本文件。

3.1 定州鸭梨

在定州市辖区内按本标准第 6 条生产，果品质量符合标准要求的鸭梨。果实呈卵圆形，果肩一侧呈鸭头状凸起，果梗细长、弯向一方，果面光滑微有蜡质、果点小而密、圆形淡褐色；果实皮薄核小，果肉白色，肉质细腻脆嫩，石细胞极少，汁液丰富，酸甜适中，清香绵长。

3.2 虫伤

梨黄粉蚜、康氏粉蚧、茶翅蝽、食心虫类蛀食果皮和果肉引起的表面伤痕，包括伤口及其周围已木栓化部分。

4 保护范围

定州鸭梨的产地保护范围限于国家质量监督检验检疫行政主管部门根据《地理标志产品保护规定》批准的范围。

5 自然环境

5.1 土壤

土壤类型为沙土、砂壤土；土壤 pH 值 7.5~8.4，有机质含量≥0.9%。

5.2 环境条件

产地周围无污染源，产地环境应符合 NY/T 5010 的规定。

6 栽培管理

6.1 苗木繁育

以杜梨为砧木嫁接育苗。

6.2 栽植时间

3 月中旬至 4 月上旬或 9 月中旬至 10 月上旬。

6.3 栽植密度

每亩栽植株数≤300 株。

6.4 施肥

每年每亩施腐熟有机肥≥2 000 kg。

6.5 整形修剪

以冬剪为主，夏剪为辅，每亩留枝量≤50 000 枝。

6.6 产量控制

每亩产量≤3 000 kg。

6.7 采收

9 月下旬，可溶性固形物含量≥11%后开始采收。

7 品质要求

7.1 外观品质

定州鸭梨果实的主要外观品质见表 53-1。

表 53-1　定州鸭梨果实的外观品质等级指标

项目			特等	一等	二等
单果指标	品质基本要求		果实必须完整良好，新鲜洁净，无异嗅或异味，不带不正常外来水分，充分发育，具有适于市场销售或贮存要求的成熟度		
	果形		果形端正，果梗完整，具有定州鸭梨应有的典型特征		
	色泽		具有本品种成熟时应有的黄绿色，套袋鸭梨应具有套袋果实应有的色泽		
	单果重，g		≥180		
	果面缺陷	碰压伤	不允许		
		破皮划伤	不允许		
		枝磨	不允许	允许轻微枝磨，面积不超过 1 cm²	允许轻微枝磨，面积不超过 2 cm²
		果锈、药害	允许轻微果锈、药害，面积不超过 0.5 cm²	允许轻微果锈、药害，面积不超过 1 cm²	允许轻微果锈、药害，面积不超过 2 cm²
		日灼	不允许		
		雹伤	不允许		
		虫伤	不允许		
		病害	不允许		
		食心虫果	不允许		
		裂果	不允许		
单位包装指标	色泽		均匀一致		基本一致
	成熟度		一致		基本一致
	串等果		允许有不超过 2%一等果，不得有一等以下果	允许有不超过 3%二等果，不得混入等外果	允许有不超过 5%等外果，且不得有果面缺陷
	果实整齐度		果个整齐，不符合单果重量要求的果实个数不得超过 2%	果个整齐，不符合单果重量要求的果实个数不得超过 4%	果个整齐，不符合单果重量要求的果实个数不得超过 6%
	开箱腐烂率		允许有不影响食用品质的生理病害、腐烂果实个数不超过 2%	允许有不影响食用品质的生理病害、腐烂果实个数不超过 3%	允许有不影响食用品质的生理病害、腐烂果实个数不超过 5%

7.2　理化指标

定州鸭梨果实的主要理化指标见表 53-2。

表 53-2　定州鸭梨果实的主要理化指标

指标	要求
可溶性固形物含量,%	11~13
总酸，g/L	0.10~0.18
果实硬度，P	4.5~7.5

7.3 卫生指标

定州鸭梨卫生指标见表 53-3。

表 53-3 定州鸭梨卫生指标

项目	指标，mg/kg
多菌灵 carbendazim	≤0.5
辛硫磷 pboxim	≤0.05
毒死蜱 chiorpyrifos	≤0.5
氧乐果 omethoate	不得检出（<0.02）
对硫磷 parathion	不得检出（<0.01）
马拉硫磷 malathion	不得检出（<0.03）
氰戊菊酯 fenvalerate	≤0.2
溴氰菊酯 deltamethrin	≤0.1
六六六（BHC）	≤0.05
滴滴涕（DDT）	≤0.05
铅（以 Pb 计）	≤0.1
镉（以 Cd 计）	≤0.05
汞（以 Hg 计）	≤0.01
砷（以 As 计）	≤0.05
铬（以 Cr 计）	≤0.5

注：其他农药施用方式及其限量应符合《中华人民共和国农药管理条例》的规定。

8 试验方法

8.1 外观品质

外观质量等级按照 NY/T 1078 的规定执行。

8.2 理化指标

8.2.1 可溶性固形物

按照 GB/T 10650 附录 B 的规定执行。

8.2.2 总酸

按照 GB/T 12456 的规定执行。

8.2.3 果实硬度

按照 GB/T 10650 的规定执行。

8.3 卫生指标

8.3.1 多菌灵

按照 GB/T 23380 的规定执行。

8.3.2 辛硫磷

按照 GB/T 5009.102 的规定执行。

8.3.3 毒死蜱、氧乐果、对硫磷、马拉硫磷、氰戊菊酯、溴氰菊酯
按照 NY/T 761 的规定执行。

8.3.4 六六六
按照 GB/T 5009.19 的规定执行。

8.3.5 滴滴涕
按照 GB/T 5009.19 的规定执行。

8.3.6 铅
按照 GB/T 5009.12 的规定执行。

8.3.7 镉
按照 GB/T 5009.15 的规定执行。

8.3.8 汞
按照 GB/T 5009.17 的规定执行。

8.3.9 砷
按照 GB/T 5009.11 的规定执行。

8.3.10 铬
按照 GB/T 5009.123 的规定执行。

9 检验规则

9.1 组批
同样等级、包装及贮存条件下存放的定州鸭梨为一个批次。

9.2 抽样

9.2.1 抽样方法
按照 GB/T 8855 的规定执行。

9.2.2 抽样数量
抽样数量见表 53-4。

表 53-4 抽样数量

每批件数，件	抽样数量
100	每 100 件抽取 3 件，不足 100 件按 100 件计
101~600	以 100 件抽取 3 件为基数，每增加 100 件增抽 1 件
601~1 200	以 600 件抽取 8 件为基数，每增加 200 件增抽 1 件
>1 200	以 1 200 件抽取 10 件为基数，每增加 300 件增抽 1 件，不足 300 件按 300 件计

9.3 型式检验
型式检验项目为本标准全部质量要求，有下列情况之一时应进行型式检验：
——每年采摘初期；
——国家质量监督检验机构提出型式检验要求时。

9.4 判定规则
检验时出现不合格项，允许加倍抽样复检，如仍有不合格项即判为该批产品不合格。卫

生指标有一项不合格则判为不合格品，不得复验。

10 包装、标志、运输和贮存

10.1 包装

采用符合卫生要求的包装材料。

10.2 标志

标签标志应符合 GB 7718 的规定，并按规定使用地理标志产品专用标志。

10.3 运输

按照 NY/T 423—2000 中 8.2 的规定执行。

10.4 贮存

按照 NY/T 423—2000 中 8.3 的规定执行。

第五十四章　地理标志产品　鹿泉香椿
（DB13/T 2915—2018）

1 范围

本标准规定了地理标志产品鹿泉香椿的术语和定义、保护范围、产地环境、栽培管理、质量要求、试验方法、检验规则、标志、包装、运输、贮存。

本标准适用于国家质量技术监督检验检疫行政主管部门根据《地理标志产品保护规定》批准的地理标志产品鹿泉香椿。

2 规范性引用文件

下列文件对于本文件的应用是必不可少的。凡是注日期的引用文件，仅注日期的版本适用于本文件。凡是不注日期的引用文件，其最新版本（包括所有的修改版）适用于本文件。

　　GB 5009.5　食品安全国家标准　食品中蛋白质的测定
　　GB 5009.6　食品安全国家标准　食品中脂肪的测定
　　GB 5009.10　植物食品中粗纤维的测定
　　GB 5009.86　食品安全国家标准　食品中抗坏血酸的测定
　　GB 5009.91　食品安全国家标准　食品中钾、钠的测定
　　GB 5009.92　食品安全国家标准　食品中钙的测定
　　GB/Z 21922　食品营养成分基本术语
　　GB 23200.19　食品安全国家标准　水果和蔬菜中阿维菌素残留量的测定　液相色谱法
　　GB/T 23379　水果蔬菜及茶叶中吡虫啉残留的测定　高效液相色谱法
　　NY/T 2103　蔬菜抽样技术规范
　　DB13/T 2022　无公害香椿生产技术规程

3 术语和定义

下列术语和定义适用于本文件。

鹿泉香椿

产自石家庄市鹿泉区现辖行政区域内划定的鹿泉香椿地理标志产品保护范围，按照本标准生产种植的，梗叶完整、有光泽，梗质鲜嫩，香味浓郁，色泽呈紫褐色或紫红色的香椿。

4 保护范围

鹿泉香椿的地理标志产品保护范围为国家质量监督检验检疫总局依据《地理标志产品保护规定》批准的地域范围，即河北省石家庄市鹿泉区所辖行政区域内白鹿泉乡、石井乡、上庄镇、获鹿镇。

5 产地环境

东经 114°10′~114°31′，北纬 37°53′~38°17′，属暖温带半湿润季风型大陆性气候，四季分明，日平均气温为 12.6~13.5℃，年均降水量 536 mm。土壤为石灰性褐土，土壤 pH 值 6.5~8.4，有机质含量≥1.8%。

6 栽培管理

按 DB13/T 2022—2014 的规定执行。

7 要求和试验方法

7.1 感官要求

香椿芽的感官要求应符合表 54-1 的规定。

表 54-1 香椿芽的感官要求

项目	指标	检测方法
组织形态	梗质鲜嫩、梗叶完整、无木质纤维，无泥土、灰尘、鸟虫粪等污物	目测
色泽	呈紫褐色或紫红色、有光泽	目测
香味	香味浓郁	鼻嗅

7.2 理化指标（表 54-2）

表 54-2 理化指标

项目	指标	检验方法
芽长，cm ≤	15	直尺或钢卷尺测
芽头，个/kg ≥	35	人工计数
维 C（抗坏血酸），% ≥	0.04	GB 5009.86
碳水化合物，% ≥	7.0	GB/Z 21922
蛋白质，% ≥	4.0	GB 5009.5
粗脂肪，% ≥	0.4	GB 5009.6
粗纤维，% ≤	4.8	GB 5009.10
钾，% ≥	0.4	GB 5009.91

（续表）

项目	指标	检验方法
钙，% ≥	0.05	GB 5009.92

7.3 安全及其他质量要求

产品的安全及其他质量要求应符合国家相关规定。常用农药残留指标应符合表54-3的规定。

表 54-3 农药残留指标

项目	指标	检验方法
阿维菌素，mg/kg ≤	0.05	GB 23200.19
吡虫啉，mg/kg ≤	0.1	GB/T 23379

注：对生产中使用的其他农药的限量应符合相关标准规定。

8 检验规则

8.1 组批与抽样

8.1.1 组批

同一产地、同一采收日期的香椿芽，作为一个检验批次。

8.1.2 抽样

按 NY/T 2103—2011 中 5.1、5.2 规定的方法进行。

8.2 判定规则

所有检验项目合格时，则判该批产品为合格。感官指标、理化指标有一项检验不合格时，允许从同一批产品中加倍抽样对不合格项进行复检，如仍不合格，则判该批产品不合格。卫生指标不得复检。

9 标志、包装、运输、贮存

9.1 标志

包装上应标明产品名称、标准编号、商标、生产单位名称、详细地址、净含量和包装日期等，标志上的字迹应清晰、完整、准确。

9.2 包装

包装容器应保持干燥、清洁、无污染。冷藏产品包装箱内包装应用保鲜膜袋，要留有合适的通气孔。

9.3 运输

运输工具应清洁，运输过程中应防止日晒、雨淋、受潮、污染。不得与有腐蚀性、有毒、有异味的物品混运。长途运输宜采用冷链物流。

9.4 贮存

临时贮存应在阴凉通风、清洁卫生的条件下，防日晒、雨淋及有毒有害物质的污染；短期贮存，货堆不可过大，保持通风散热。

第五十五章 地理标志产品 涉县黑枣
（DB13/T 5226—2020）

1 范围

本标准规定了涉县黑枣的术语和定义、地理标志产品保护范围、环境条件、栽培技术、采收加工以及质量要求、试验方法、检验规则及包装、标志、运输、贮存。

本标准适用于根据《地理标志产品保护规定》批准保护的涉县黑枣。

2 规范性引用文件

下列文件对于本文件的应用是必不可少的。凡是注日期的引用文件，仅注日期的版本适用于本文件。凡是不注日期的引用文件，其最新版本（包括所有的修改单）适用于本文件。

GB/T 191 包装储运图示标志
GB 2762 食品安全国家标准 食品中污染物限量
GB 5009.3 食品安全国家标准 食品中水分的测定
GB 5009.85 食品安全国家标准 食品中维生素 B_2 测定
GB 5009.90 食品安全国家标准 食品中铁的测定
GB 5009.92 食品安全国家标准 食品中钙的测定
GB 16325 干果食品卫生标准
HJ/T 332 食用农产品产地环境质量评价标准
JJF 1070 定量包装商品净含量计量检验规则
《定量包装商品计量监督管理办法》（原国家质量监督检验检疫总局令第 75 号）
《地理标志产品保护规定》（原国家质量监督检验检疫总局令第 78 号）

3 术语和定义

下列术语和定义适用于本文件。

3.1 黑枣

黑枣，别名软枣，为柿树科柿树属君迁子（*Diospyros lotus* Linn.）的成熟果实，包括有核、无核两种类型。

3.2 涉县黑枣

在本标准第 4 条规定的范围内，按本标准第 5、6、7 生产，且果品质量符合本标准要求的无核黑枣。

4 保护范围

地理标志产品涉县黑枣的保护范围限于国家市场监督管理总局根据《地理标志产品保护规定》批准的范围，即涉县行政辖区的偏城镇、偏店乡、鹿头乡、辽城乡、索堡镇、河南店镇、固新镇、西达镇、合漳乡、关防乡、更乐镇、井店镇、西戌镇、龙虎乡、木井乡、涉城镇、神头乡 17 个乡镇 308 个行政村。

5 环境条件

5.1 产地环境

产地环境符合 HJ/T 332，海拔 200~1 500 m 的梯田、坡地。

5.2 土壤

要求土层厚度 70 cm 以上，pH 值 7.9~8.3。

5.3 气候

年平均日照时数为 2 288.6 h，年平均气温 12.4℃，≥0℃的年活动积温平均 4 700℃，年平均降水量 550 mm。

6 栽培技术

6.1 园地选择

选择在通风透光条件好，土壤肥沃、土层厚度 70 cm 以上的梯田、坡地栽植，也可选择在地边或堰根栽植。

6.2 苗木选择

栽植苗木选用嫁接苗，苗高 1 m 以上、直径 1 cm 以上（嫁接口以上 2~3 cm 处），芽体饱满、根系完整、须根发达且无病虫害、无机械损伤的优质嫁接苗。

6.3 栽植密度与方式

梯田或地边栽植，一般为单行，株距 4~5 m；成片建设密植园，株距 3 m，行距 4~5 m。

6.4 栽植时间

春季、秋季均可栽植，以春季萌芽前为宜。

6.5 栽后管理

6.5.1 土壤管理

每年在土壤结冻前对树盘深翻 1 次，全年中耕除草 2~3 次。

6.5.2 肥水管理

干旱年份，可在春季萌芽前和果实膨大期各浇一次水。密植园，一般于黑枣采收后结合深翻施基肥，基肥以腐熟的有机肥为主；追肥一般于花前、花后和果实膨大期进行，每亩施三元复合肥（$N-P_2O_5-K_2O=22-8-16$）20~30 kg，结合施肥应适当浇水。

6.5.3 整形修剪

散生栽培树形一般采用自然圆头形，密植园一般采用疏散分层形、自然开心形，以冬季整形、修剪为主，结合夏季修剪进行。

7 采收加工

7.1 采收

立冬后（一般 11 月中旬），果实由黄褐色变为黑色，含水量下降，果皮皱缩，手握柔软而不破损成块时，选择晴天采收。

7.2 加工

采收回的果实，除去碎枝条、碎叶及杂物，然后进行晾晒。一般采收后需在阳光下晾晒

10~15 d，果实含水量应控制在 27%~30%。

8 质量要求

8.1 感官要求

感官要求应符合表 55-1 的规定。

表 55-1 感官要求

项目	要求
外观	果粒大小均匀、果实完整无破损，无虫蛀、不霉烂
组织形态	果实近球形（圆形）或长椭圆形，果顶圆，果粉少，果皮松，果肉松软有弹性，单果重≥2.30 g
色泽	外观鲜亮、表面呈灰褐色至黑褐色
滋味	具有黑枣特有的甜香味，无异味，无涩味
杂质	无肉眼可见外来杂质

8.2 理化指标

理化指标应符合表 55-2 的规定。

表 55-2 理化指标

项目	要求
水分，%	≤30.0
铁（Fe），mg/100 g	≥1.35
钙（Ca），mg/100 g	≥90.0
核黄素（VB2），mg/kg	≥0.12

8.3 质量安全卫生指标

8.3.1 卫生指标

卫生指标应符合 GB 16325—2005 中的相关要求。

8.3.2 重金属限量指标

重金属限量指标应符合 GB 2762—2017 中的相关要求。

9 试验方法

9.1 感官指标

取 100 g 样品置于白色瓷盘中，观察其外形、色泽，嗅其气味，品尝其滋味。

9.2 理化指标

9.2.1 水分

按 GB 5009.3 规定的方法进行测定。

9.2.2 铁

按 GB 5009.90 规定的方法进行测定。

9.2.3 钙

按 GB 5009.92 规定的方法进行测定。

9.2.4 核黄素（VB_2）

按 GB 5009.85 规定的方法进行测定。

10 检验规则

10.1 组批

同一产区、同一采收时间、同一等级的产品作为一个检验批次。

10.2 抽样

每批产品随机抽取≥1 kg。

10.3 检验类型

10.3.1 交（验）收检验

检验项目为感官要求、水分。

10.3.2 型式检验

每年进行一次，检验项目为第8条的全部项目。有下列情况之一时也应进行型式检验：
a) 生长环境、栽培技术有重大改变，可能影响产品质量时；
b) 国家质量监督行政部门提出型式检验要求时。

10.4 判定规则

交收检验或型式检验结果符合本标准要求时，则判定该批产品为合格批或该周期型式检验合格。

感官要求、理化指标中有一项不合格的，应在同一批次产品中加倍取样或对备样复检不合格项，复检仍不合格的，则判定为不合格。

安全卫生指标有一项不合格时，则判定为不合格。

11 包装、标志、运输、贮存

11.1 包装

包装材料应选择清洁无毒、无异味，无污染的包装材料。包装净含量应符合 JJF 1070 的规定。

11.2 标志

获得批准的企业，可在其产品包装上使用地理标志产品专用标志，地理标志产品专用标志的使用应符合《地理标志产品保护规定》要求。标签标志应标明产品名称、等级、产地、加工单位、净含量、批号或生产日期、执行标准号等。

11.3 运输

运输工具应清洁卫生，不得与农药、化肥等其他有毒有害物品混运。运输过程应通气、干燥、防雨、防潮、防污染。

11.4 贮存

产品应贮存在阴凉、通风、干燥的环境中，并保持清洁卫生，注意防尘、防虫、防鼠，不得与有毒有害、有异味、易挥发腐蚀的物品混放，摆放整齐，离地离墙距离均应大于 20 cm。

第五十六章 地理标志产品 迁西栗蘑
（DB13/T 5278—2020）

1 范围

本标准规定了迁西栗蘑的术语和定义、地理标志产品保护范围、生产技术要求、质量要求、试验方法、检验规则、标志、包装、运输、贮存。

本标准适用于原国家质量监督检验检疫行政主管部门根据《地理标志产品保护规定》批准保护的迁西栗蘑。

2 规范性引用文件

下列文件对于本文件的应用是必不可少的。凡是注日期的引用文件，仅注日期的版本适用于本文件。凡是不注日期的引用文件，其最新版本（包括所有的修改单）适用于本文件。

GB 4806.7 食品安全国家标准 食品接触用塑料及制品
GB 5009.3 食品安全国家标准 食品中水分的测定
GB 5009.4 食品安全国家标准 食品中灰分的测定
GB/T 5009.88 食品中膳食纤维的测定
GB 5749 生活饮用水卫生标准
GB/T 6543 运输包装用单瓦楞纸箱和双瓦楞纸箱
GB 7096 食品安全国家标准 食用菌及其制品
GB 7718 食品安全国家标准 预包装食品标签通则
GB/T 12728 食用菌术语
NY/T 1742 食用菌菌种通用技术要求
JJF 1070 定量包装商品净含量计量检验规则
国家质量监督检验检疫总局第 75 号令 《定量包装商品计量监督管理办法》

3 术语和定义

GB/T 12728 界定的以及下列术语和定义适用于本文件。

3.1 迁西栗蘑

栗蘑学名灰树花（*Grifola frondosa*），隶属担子菌亚门（Basidiomycotina）、非褶菌目（Aphyllophorales）、多孔菌科（Polyporaceae）、树花菌属（*Grifola*）。迁西栗蘑是在本标准规定范围内，按照本标准要求生产的，符合本标准质量要求的栗蘑子实体。

3.2 菌肉厚度

菌盖除菌管以外最厚处的组织厚度。

4 地理标志产品保护范围

限于原国家质量监督检验检疫行政主管部门根据《地理标志产品保护规定》批准的保

护范围,即河北省迁西县现辖行政区域。

5 生产技术要求

迁西栗蘑生产技术要求见附录 B。

6 质量要求

6.1 产品分类

按水分含量不同分为迁西栗蘑鲜品和迁西栗蘑干品。

6.2 感官要求

迁西栗蘑鲜品直径 15～60 cm,单菌重 1～10 g。菌柄分支多,菌盖直径 2～7 cm,菌肉厚度 2～7 mm,菌管长度≤1.5 mm;菌盖灰白色至灰黑色,菌肉、菌管白色。韧性好不易破碎,口感脆嫩,香味浓郁。

6.3 理化指标

理化指标应符合表 56-1 的规定。

表 56-1 迁西栗蘑理化指标

项目	要求	
	鲜品	干品
水分,%	≤92	≤12
灰分(干样计),%	≤8	
膳食纤维(干样计),%	≤36	

6.4 卫生要求

卫生要求应符合 GB 7096 的规定。

6.5 净含量

净含量应符合《定量包装商品计量监督管理办法》的要求。

7 试验方法

7.1 感官要求

7.1.1 形状、色泽、气味

用感官方法进行测定。

7.1.2 菌管长度

将迁西栗蘑菌盖沿菌柄中心纵向切开,用卡尺测量菌盖中部的菌管长度。

7.1.3 菌肉厚度

将迁西栗蘑菌盖沿菌柄中心纵向切开,用卡尺测量菌肉最厚处的菌肉厚度。

7.1.4 子实体直径

将迁西栗蘑子实体沿菇根中心纵向切开,用直尺测量子实体两边间的最长距离。

7.2 理化指标测定

7.2.1 水分

按 GB 5009.3 的规定进行。

7.2.2 灰分
按 GB 5009.4 的规定进行。

7.2.3 膳食纤维
按 GB/T 5009.88 的规定进行。

7.3 卫生要求
按 GB 7096 的规定进行。

7.4 净含量
按 JJF 1070 的规定进行。

8 检验规则

8.1 组批
同产地、同品种、同批次、同等级的迁西栗蘑鲜品作为一个检验批次；同生产工艺、同品种、同规格、同批次、同等级的迁西栗蘑干品作为一个检验批次。

8.2 抽样

8.2.1 抽样数量
在整批货物中，包装产品以同类货物的小包装袋（盒、箱等）为基数，散装产品以同类货物的质量（kg）或件数为基数，按下列整批货物件数的基数进行随机取样：
——整批货物 100 件以下，抽样基数为 5 件；
——整批货物 101~300 件，抽样基数为 7 件；
——整批货物 301~500 件，抽样基数为 9 件；
——整批货物 501~1 000 件，抽样基数为 10 件；
——整批货物 1 001 件以上，以 15 件为最低限度。

8.2.2 抽样方法
应从整批货物的不同位置和不同层次进行随机取样。每次随机抽取样品 1 000 g，其中 500 g 作为检样、500 g 作为存样。型式检验应从交收检验合格的产品中抽取。

8.3 检验分类

8.3.1 交收检验
每批产品交收前，生产者应进行交收检验。交收检验内容包括感官要求、标志和包装。检验合格后，附合格证方可交收。

8.3.2 型式检验
型式检验为全项检验。有下列情形之一者应进行型式检验：
a) 国家质量监督机构或行业主管部门提出型式检验要求时；
b) 前后两次抽样检验结果差异较大时；
c) 因人为或自然因素使生产技术或生产环境发生较大变化时。

8.4 判定规则
检验结果中感官要求、灰分、膳食纤维、净含量指标中如有一项不合格，允许在同批次产品中加倍抽样，对不合格项目进行复检，若仍有一项不合格，则判定该批产品不合格；卫生指标、水分指标中有一项指标不合格，则判定该批产品不合格。

9 标志、包装、运输和贮存

9.1 标志
产品最小销售包装应有清晰牢固的标志,并符合 GB 7718 规定。经申请后可标明地理标志产品标识图案。

9.2 包装
内包装用食品聚乙烯成型塑料袋密封,外包装材料应坚固、洁净、干燥、无破损、无异味、无毒、无害,包装箱(袋)应符合 GB 4806.7 和 GB/T 6543 的规定。

9.3 运输
适合各种运输方式,运输工具应清洁、卫生、无污染物、无杂物。运输时应轻装、轻卸、防重压、防日晒、防雨淋,避免机械损伤,不得与有毒、有害、有异味的物品和鲜活动物混装、混运,不可裸露运输。

9.4 贮存
9.4.1 严禁与有毒、有害、有异味物品混合存放。
9.4.2 迁西栗蘑鲜品:在 0~5℃ 的冷库中贮存。
9.4.3 迁西栗蘑干品:在避光、常温、通风、阴凉干燥、洁净、有防潮设备及防虫蛀和防鼠设施的条件下贮存。

附录 A 略
附录 B
(规范性附录)
迁西栗蘑生产技术规程

B.1 种源
迁西野生栗蘑菌株人工驯化的迁西栗蘑品种。

B.2 立地条件
基地海拔 100~500 m;栽培用地土壤为片麻岩风化土,pH 值 5.6~7;生产用水应符合 GB 5749 的规定。

B.3 生产过程

B.3.1 生产季节
11 月至翌年 9 月底结束。

B.3.2 生产菌袋

B.3.2.1 原材料
应选用无腐烂、无污染的迁西板栗剪枝废弃树枝粉碎的木屑,木屑直径 3~8mm。

B.3.2.2 配方
栗木屑 55%、棉籽壳 15%、麦麸 18%、红糖 1%、石膏 1%、片麻岩风化土 10%。含水量 60%~65%,pH 值 6~7。

B.3.2.3 拌料
按配方称好原料,加水充分搅拌均匀。

B.3.2.4 装袋

选用折径（17~22）cm×（30~33）cm 或（15~18）cm×（55~58）cm 的高密度低压聚乙烯或聚丙烯筒袋，装料应松紧适度，并扎好袋口。

B.3.2.5 灭菌

常压灭菌温度100℃，应在 2~4 h 内使锅内温度达到100℃，保持 10~12 h；高压灭菌温度121~125℃，时间 2.5~4 h。

B.3.2.6 菌种质量

迁西栗蘑菌袋生产应采用二级菌种，菌种质量应符合 NY/T 1742 的规定。

B.3.2.7 冷却、接种

在无菌的条件下，使菌袋料温降到30℃以下，按无菌操作接种。

B.3.2.8 发菌管理

温度 23~25℃，湿度 55%~65%，黑暗或弱光，空气新鲜。

B.3.2.9 菌袋贮存

菌丝满袋后可堆放在室外，堆高不超过 1 m，用草帘或棉被等覆盖遮阴。气温高时应贮存在 0~5℃ 的冷库内。

B.3.2.10 菌袋标准

菌袋菌丝洁白，无杂菌感染，有迁西栗蘑菌丝独特的芳香味。

B.3.3 栽培管理

B.3.3.1 栽培场地选择

选择地势高、避风、向阳且不积水的板栗树林地或空旷的平地，水源充足，交通方便，通风良好，远离污染源和大型工矿企业。

B.3.3.2 作畦覆土

4 月上旬至 5 月上旬，挖东西走向的小畦，畦长 2.5~3.0 m，宽 45~55 cm，深 25~30 cm，间距 60~80 cm。栽种前用生石灰消毒。脱袋后顺畦摆放，横竖对齐，畦面填片麻岩风化土，土厚 1.5~2.5 cm。浇水后再覆土，土厚 1.0~1.5 cm。将畦埂用地膜覆盖；在畦上搭建小拱棚或双管-双网-单膜-双带的中型拱棚。浇水 2~3 次后在出现原基前摆放直径 2~3 cm 的石子。

B.3.4 出菇管理

B.3.4.1 出菇前管理

应每隔 5~7 d 浇一次透水，浇水时用一小块塑料布或编织袋垫在水管下面。棚的两端留 10~15 cm 的通风口，保持棚内空气新鲜。

B.3.4.2 出菇管理

出菇时温度 20~26℃，空气湿度 85%~95%，每天通风 2~3 次，每次 0.5~1.0 h，光照强度 300~1 000 Lux。

B.3.4.3 采收

B.3.4.3.1 采收时间

当子实体菌盖背面刚形成菌孔，或菌盖边缘的生长点由白变暗、与其他处界限不明显、边缘稍向内卷时，即可采收。采收前 1 d 禁止直接向子实体浇水。

B.3.4.3.2 采摘方法

采摘时，用手托住子实体的下表面，用力向一侧托起即可掰断菇根，及时清除子实体上的泥土等杂质和菇根。

B.3.4.4 转潮管理

采收后，清理菇片和菇根等残留物，在菇根处重新覆土，5~7 d 内禁止浇水。出菇管理按 B.3.4.1 和 B.3.4.2 进行。迁西栗蘑每年可采 3~4 潮菇。

B.3.5 病虫害防治

贯彻"预防为主"原则。用生石灰处理杂菌，用黑光灯、频振式杀虫灯或粘虫板等诱杀害虫。

第五十七章 地理标志产品 饶阳甜瓜
（DB13/T 5370—2021）

1 范围

本文件规定了饶阳甜瓜的术语和定义、技术要求、质量要求、试验方法、检验规则及包装、标签、运输和贮存要求。

本文件适用于根据《地理标志产品保护规定》批准保护的地理标志产品饶阳甜瓜。

2 规范性引用文件

下列文件中的内容通过文中的规范性引用而构成本文件必不可少的条款。其中，注日期的引用文件，仅该日期对应的版本适用于本文件；不注日期的引用文件，其最新版本（包括所有的修改单）适用于本文件。

GB/T 191　包装储运图示标志

GB 2762　食品安全国家标准　食品中污染物限量

GB 2763　食品安全国家标准　食品中农药最大残留限量

GB 7718　食品安全国家标准　预包装食品标签通则

GB/T 8321　农药合理使用准则

GB/T 12456　食品中总酸的测定方法

GB/T 25870　甜瓜　冷藏和冷藏运输

NY/T 496　肥料合理使用准则通则

NY/T 2637　水果和蔬菜可溶性固形物含量的测定　折射仪法

NY/T 5010　无公害农产品　种植业产地环境条件

DB1311/T 086　饶阳甜瓜露地栽培技术规程

3 术语和定义

下列术语和定义适用于本文件。

饶阳甜瓜

地理标志产品保护范围内，按照 DB1311/T 086 种植的，符合本标准质量要求的甜瓜。

4 地理标志产品保护范围

限于《地理标志产品保护规定》批准的保护范围。

5 环境要求

产地环境条件应符合 NY/T 5010 的要求。饶阳县境内滹沱河两岸，年平均日照总时数 2 745 h 以上，年平均气温 12.3℃，年平均降水量 552.6 mm，无霜期 191 d，土壤 pH 值 6.7~7.5 的砂质沉积壤土。

6 管理要求

生产过程中农药使用应符合 GB/T 8321 的规定，肥料使用应符合 NY/T 496 的规定。按照 DB1311/T 086 进行生产管理。

7 质量要求

7.1 感官指标

感官指标详见表 57-1。

表 57-1 感官指标

项目	指标
果皮颜色	灰白、灰绿或白
外观整洁度	果皮表面清洁、无损伤、无病斑
果实形状	长锥型或弯角型
单果重，kg	0.6~0.8
果肉厚度，cm	≥2.0
口感	质地酥脆，汁多清甜

7.2 理化指标

理化指标详见表 57-2。

表 57-2 理化指标

项目	指标
可溶性固形物，%	≥10.0
总酸，g/100 g	≤0.2

7.3 卫生指标

7.3.1 污染物限量

按 GB 2762 规定的方法执行。

7.3.2 农药残留限量

按 GB 2763 规定的方法执行。

8 检验方法

8.1 感官指标
采用目测法观测果皮颜色、外观整洁度及果肉颜色。测单果重、果肉厚度。

8.2 理化指标

8.2.1 可溶性固形物
果实纵切，取中部果肉，挤出果汁，按 NY/T 2637 规定的方法测定。

8.2.2 总酸
按 GB/T 12456 规定的方法执行。

9 标志、标签、包装、运输和贮存

9.1 标志
地理标志产品专用标志应符合《关于发布地理标志保护产品专用标志比例图的公告》的规定。标志的使用应符合《地理标志产品保护规定》的要求。外包装储运图示标志应符合 GB/T 191 的规定。

9.2 标签和包装
应符合 GB 7718 的有关规定。

9.3 运输和贮存
应符合 GB/T 25870 的有关规定。

第五十八章 地理标志产品 平泉滑子菇
（DB13/T 5657—2023）

1 范围
本文件规定了平泉滑子菇的术语和定义、地理标志产品保护范围、产地环境、生产技术要求、质量要求、试验方法、检验规则、标志、包装及运输和贮存要求。

本文件适用于农业农村部根据《农产品地理标志管理办法》批准保护的平泉滑子菇。

2 规范性引用文件
下列文件中的内容通过文中的规范性引用而构成本文件必不可少的条款。其中，注日期的引用文件，仅该日期对应的版本适用于本文件；不注日期的引用文件，其最新版本（包括所有的修改单）适用于本文件。

GB/T 191 包装储运图示标志
GB 2762 食品安全国家标准 食品中污染物限量
GB 2763 食品安全国家标准 食品中农药最大残留限量
GB 4806.7 食品安全国家标准 食品接触用塑料材料及制品
GB 5009.4 食品安全国家标准 食品中灰分的测定

GB 5009.5 食品安全国家标准 食品中蛋白质的测定
GB 5009.6 食品安全国家标准 食品中脂肪的测定
GB 5009.11 食品安全国家标准 食品中总砷及无机砷的测定
GB 5009.12 食品安全国家标准 食品中铅的测定
GB 5009.15 食品安全国家标准 食品中镉的测定
GB 5009.17 食品安全国家标准 食品中总汞及有机汞的测定
GB 5009.34 食品安全国家标准 食品中二氧化硫的测定
GB 5009.85 食品安全国家标准 食品中维生素 B_2 的测定
GB 5009.87 食品安全国家标准 食品中磷的测定
GB 5009.123 食品安全国家标准 食品中铬的测定
GB 5009.124 食品安全国家标准 食品中氨基酸的测定
GB 5749 生活饮用水卫生标准
GB/T 6543 运输包装用单瓦楞纸箱和双瓦楞纸箱
GB 7096 食品安全国家标准 食用菌及其制品
GB 7718 食品安全国家标准预包装食品标签通则
GB/T 8321（所有部分） 农药合理使用准则
GB 9689 食品包装用聚苯乙烯成型品卫生标准
GB/T 12533 食用菌杂质测定
GB/T 12728 食用菌术语
NY/T 749 绿色食品 食用菌
NY/T 1742 食用菌菌种通用技术要求
NY/T 1056 绿色食品 贮存运输准则
NY/T 1935 食用菌栽培基质质量安全要求
NY/T 2375 食用菌生产技术规范
JJF 1070 定量包装商品净含量计量检验规则

3 术语和定义

GB/T 12728 界定的以及下列术语和定义适用于本文件。

3.1 平泉滑子菇

在地理标志产品保护范围内平泉市全域特有环境条件下，栽培技术要求及质量符合本文件要求的滑子菇。

3.2 开伞度

菌盖相对两卷边内边缘的距离与菌盖直径的比例。

注：开伞度以"分"表示，比值为1时，即菌盖平展时开伞度为10分。

4 地理标志产品保护范围

限于中华人民共和国农业农村部批准的保护范围，即平泉市卧龙镇、平泉镇、杨树岭镇、台头山乡、松树台乡、榆树林子镇、茅兰沟乡、平房乡、黄土梁子镇、北五十家子镇、柳溪乡、七家岱乡、七沟镇、王土房乡、党坝镇、郭杖子乡、小寺沟镇、南五十家子镇、道虎沟乡19个乡镇291个行政村，地理坐标为118°21′00″~119°15′00″，北纬40°24′00″~40°40′00″。

5 产地环境

属大陆性季风气候。年均最高气温37℃，最低气温-24℃，年平均气温7.3℃，≥10℃的积温为3 000~3 200℃，年降水量约550 mm，无霜期135 d。

6 生产技术要求

平泉滑子菇生产技术要求见附录B。

7 质量要求

7.1 感官指标

感官指标应符合表58-1的规定。

表58-1 感官指标

项目	要求
外观形状	子实体菇型圆整、大小均匀，组织致密、饱满有弹性
色泽、气味	菌盖颜色黄白、黏液层薄、不易开伞，菌柄较长、少有鳞片，具有特殊清香味，无酸、无臭、霉变等异味
杂质	无肉眼可见外来异物（包括杂菌）
破损菇	≤5%
虫蛀菇	无
霉烂菇	无

7.2 理化指标

理化指标应符合表58-2的规定。

表58-2 理化指标（以干品计）

项目	要求
粗蛋白质，g/100 g	≥20.0
粗脂肪，g/100 g	≥2.6
维生素B_2，mg/100 g	≥0.13
氨基酸总量，mg/100 g	≥9 271.1
灰分，%	≤8
磷，mg/100 g	≥440.2

7.3 安全指标

应符合GB 2762、GB 2763及NY/T 749的规定。

7.4 净含量

预包装产品应符合原国家质量监督检验检疫总局《定量包装商品计量监督管理办法》（总局令第75号）的规定。

8 试验方法

8.1 感官指标
8.1.1 颜色、形状、气味
取 500 g 样品,采用目测法观测其外形、色泽;鼻子嗅闻辨别气味。

8.1.2 杂质的测定
按照 GB/T 12533 的规定执行。

8.1.3 破损菇、虫蛀菇、霉烂菇的测定
按照 NY/T 749 的要求进行测定。

8.2 理化指标
8.2.1 粗蛋白质
按照 GB 5009.5 规定的方法测定。

8.2.2 粗脂肪
按照 GB 5009.6 规定的方法测定。

8.2.3 灰分
按照 GB 5009.4 规定的方法测定。

8.2.4 维生素 B2
按照 GB 5009.85 规定的方法测定。

8.2.5 磷
按照 GB 5009.87 规定的方法测定。

8.2.6 氨基酸
按照 GB 5009.124 规定的方法测定。

8.3 安全指标
8.3.1 砷
按照 GB 5009.11 规定的方法测定。

8.3.2 汞
按照 GB 5009.17 规定的方法测定。

8.3.3 铅
按照 GB 5009.12 规定的方法测定。

8.3.4 镉
按照 GB 5009.15 规定的方法测定。

8.3.5 铬
按照 GB 5009.123 规定的方法测定。

8.3.6 二氧化硫的测定
按照 GB 5009.34 定的方法测定。

8.3.7 农药残留
按照 GB 2763 中规定的方法进行测定。

8.4 净含量
按照 JJF 1070 规定的方法测定。

9 检验规则

9.1 组批
同一产区、同一品种、同一潮次的产品作为一个检验批次。

9.2 抽样

9.2.1 抽样数量
在整批货物中，包装产品以同类货物的小包装袋（盒、箱等）为基数，散装产品以同类货物的质量（kg）或件数为基数，整批货物按照表58-3随机抽样。

表58-3 抽样量

货物量，件或kg	取样量，件或kg
≤100	5
100~300	7
301~600	9
601~1 000	11
>1 000	15

9.2.2 抽样方法
从整批货物的不同位置进行随机取样，将随机抽取的样品混匀后取1.0 kg，其中0.5 kg作为检样，剩余的0.5 kg作为存样。型式检验应从出厂检验合格的产品中抽取。

9.3 检验分类

9.3.1 出厂检验
每批产品应进行出厂检验，感官要求检验合格后方可交收。

9.3.2 型式检验
型式检验每年进行一次，检验内容包括规定的全项指标。有下列情形之一时，应对产品进行型式检验：

a) 国家市场监督管理部门提出型式检验要求时；
b) 前后两次抽样检验结果差异性较大时；
c) 因人为或自然因素导致生产环境、栽培技术发生较大变化时。

9.3.3 判定规则
安全指标有一项不合格，则判定该批产品为不合格；当感官指标、理化指标、净含量指标有一项不合格时，可以申请复检，复检结果仍不合格，则判定为不合格。

10 包装、标志、运输和贮存

10.1 包装
包装应符合GB 4806.7、GB/T 6543与GB 9689的规定。

10.2 标志
地理标志产品专用标志的使用应符合《农产品地理标志管理办法》《农产品地理标志使用规范》的规定。包装储运图示标志应符合GB/T 191的规定。包装标签应符合GB 7718的规定。

10.3 运输、贮存

运输工具应清洁、卫生、无污染，不可与有毒、有害、有异味的物品混装、混运；运输时应轻装、轻卸、防重压，避免机械损伤，运输过程应防晒、防雨、防污染。鲜菇应在1~4℃的条件下进行冷链运输、贮存，贮存运输应符合NY/T 1056的规定。

附录A 略

附录B
（规范性）
平泉滑子菇生产技术规程

B.1 生产工艺流程

配料→装袋→灭菌→冷却→接种→栽培设施处理→养菌→转色→出菇管理→采收。

B.2 原料

阔叶树木屑、麦麸（米糠）、石膏、石灰、过磷酸钙等原料应符合NY/T 1935的规定。

B.3 配方

阔叶木屑78%，麦麸（或米糠）20%，石膏1%，过磷酸钙1%，含水量60%~63%。

B.4 拌料、装袋

按照配方拌料均匀，拌好的料应在4 h之内完成装袋。选用高密度聚乙烯塑料袋或聚丙烯塑料袋，塑料袋规格为15.5 cm（折径）×55 cm（长度）×0.05 mm（厚度），装料长度为42~45 cm，每袋装湿料1.9~2.2 kg。拌料装袋操作应符合NY/T 2375的要求。

B.5 灭菌

采用高压或常压灭菌，常压灭菌温度应在4 h内温度升至100℃，维持10~12 h；高压灭菌温度为124~126℃，维持3.0~4.0 h。

B.6 冷却、接种

袋料中心冷却至28℃以下时，采用接种帐熏蒸接种或百级净化接种线接种。选择高产、抗逆性强的优良品种，例如"早生2号""早丰112""C3-3"等，菌种质量应符合NY/T 1742的规定。冷却、接种操作应符合NY/T 2375的规定。

B.7 栽培设施处理

日光温室及冷棚均可栽培，需在棚外或棚内加盖遮阳网，遮光率为70%左右。棚室进行彻底清扫，提前进行高温闷棚7 d以上，并采用食用菌杀菌、杀虫剂进行消毒、杀虫处理，农药使用应符合GB 8321（所有部分）的规定；门及通风口安装60~80目的防虫网隔；栽培场地处理应符合NY/T 2375的要求。

B.8 养菌

适宜温度控制在20~22℃，空气相对湿度不超过60%，保持黑暗或弱光条件，二氧化碳浓度应低于0.15%。

B.9 转色

菌丝满袋后，20℃条件下继续培养，待菌棒菌膜70%以上变成浅黄色时完成转色。

B.10 出菇管理

B.10.1 开袋

完成转色的菌棒层架或码垛出菇，层架出菇方式用经过消毒的刀片将菌棒上面割掉1/2~2/3的塑料袋，上架单层摆放；码垛出菇的将菌棒两头塑料袋割掉露出整个料面，把菌棒摆成"井"字形，每层2袋或4袋，垛高不超过1 m。

B.10.2 环境条件调控

出菇阶段适宜温度为8~12℃，保持10℃以上的温差；开袋24 h后进行喷水，轻喷、勤喷雾状水，水质符合GB 5749的规定，保持空气相对湿度85%~90%；二氧化碳浓度小于0.15%；光照强度为300~800 Lux。

B.11 采收

以超过80%子实体的菌盖呈半球状、开伞度小于6分、直径达2 cm左右、菌膜未开裂时采收；用手握住菌柄基部旋转拧下，将采收的子实体周转筐内，周转筐应符合GB 4806.7的规定。

B.12 转潮管理

采收后，清理残菇和菇柄，停水休菌2~3 d，再按照第一潮菇出菇阶段管理。可采收2~3潮菇。

参考文献

[1]《定量包装商品计量监督管理办法》（原国家质量监督检验检疫总局〔2005〕第75号令）

[2]《农产品地理标志管理办法》（原中华人民共和国农业部令〔2007〕第11号）

[3]《农产品地理标志使用规范》（农业部公告第1071号）

第五十九章　地理标志产品　沧州金丝小枣（DB13/T 5680—2023）

1 范围

本文件规定了沧州金丝小枣的术语和定义、保护范围、种植技术、质量要求、试验方法、检验规则及包装、标签、运输和贮存。

本文件适用于原国家质量监督检验检疫行政主管部门根据《地理标志产品保护规定》批准保护的沧州金丝小枣。

2 规范性引用文件

下列文件中的内容通过文中的规范性引用而构成本文件必不可少的条款。其中，注日期的引用文件，仅该日期对应的版本适用于本文件；不注日期的引用文件，其最新版本（包括所有的修改单）适用于本文件。

GB/T 191　包装储运图示标志

GB 2762　食品安全国家标准　食品中污染物限量

GB 2763　食品安全国家标准　食品中农药最大残留限量

GB 5009.3　食品安全国家标准　食品中水分的测定

GB/T 5835　干制红枣

GB/T 6543　运输包装用单瓦楞纸箱和双瓦楞纸箱

GB 7718　食品安全国家标准　预包装食品标签通则

GB/T 10782　蜜饯质量通则

GB/T 17924　地理标志产品　标准通用要求

GB/T 26150　免洗红枣

GB/T 26908　枣贮存技术规程

NY/T 393　绿色食品　农药使用准则

NY/T 896　绿色食品　产品抽样准则《农产品包装和标识管理办法》

3　术语和定义

下列术语和定义适用于本文件。

沧州金丝小枣

在地理标志保护范围沧州市境内，按本文件第 5 条规定栽培，且质量符合本文件要求的沧州金丝小枣。

4　保护范围

地理标志产品沧州金丝小枣的保护范围限于原质检总局 2004 年第 101 号公告中批准的地域保护范围，包括沧州市行政区域内 12 个乡镇（现辖的范围），总区域面积 586 km^2。分别为沧县的黄递铺乡、高川乡、崔尔庄镇、杜生镇、大官厅乡、杜林镇、大褚村回族乡、纸房头镇；泊头市的齐桥镇；献县的淮镇、高官镇；河间市的景和镇。

5　种植技术

5.1　栽培条件

5.1.1　土壤条件

土层深厚肥沃的中壤质体黏潮土，pH 值 7.5~8.5，有机质含量 1.0% 以上。

5.1.2　气候条件

暖温带半湿润半干旱大陆性季风气候区，年平均日照时数为 2 567.5 h，年平均气温 13.6℃，≥0℃ 积温 5 137.8℃，无霜期为 224.3 d，年均降水量 532.7 mm。

5.2　苗木繁育

见附录 B。

5.3　苗木定植

采用沧州金丝小枣优良品种苗木，苗木应符合附录 B 中的相关规定。秋季落叶后或春季芽体萌动时栽植，南北行向。栽植密度、株行距因枣园类型而定，如表 59-1 所示。

表 59-1 株行距　　　　　　　　　　　　　单位：m

枣园类型	株距	行距
传统枣园	2.0~3.0	4.0~5.0
密植枣园	1.0~1.5	3.5~4.5
计划密植枣园	0.5~1.0	1.0~2.0
设施枣园	1.0~2.0	2.0~3.0

5.4 修剪

沧州金丝小枣为喜光树种，培养通风、透光，枝量适宜的良好树形。传统枣园采取小冠疏层形、开心形或圆头形等树形，株距2.0 m以下的密植园采取枣头形等树形。

5.5 土肥水管理

幼树施以氮、磷为主的肥料。结果期树以腐熟的有机肥为主，并辅以适量的氮、磷、钾复合肥料及生物肥，有机肥按"斤果斤肥"施入。绿色有机枣果生产按相应的施肥标准执行。根据土壤墒情，做好萌芽期、初花期、幼果期、封冻期的水分供给。

5.6 保花保果

开花量占花蕾总数的30%~50%时进行开甲，甲口宽度为0.5~1.0 cm，开甲后进行甲口保护。同时通过花期喷植物生长调节剂、喷肥、枣头摘心及枣园放蜂等措施提高坐果率。

5.7 病虫草害防治

病虫防治采取预防为主，综合防治的原则。春季枣芽萌动时，主要防治食芽象甲、枣瘿蚊、绿盲蝽等害虫；5月底至7月中旬防治红蜘蛛；7月初至8月底防治桃小食心虫。7月上旬开始预防防治枣锈病、烂果病、缩果病、裂果等病害，适时防治草害。在病虫草害防治中综合使用物理、农业和生物方法。采摘前20 d禁止使用农药。用药种类应符合NY/T 393的要求。

5.8 果实采收

用于干制红枣的在完熟期采收，用于鲜食枣的在脆熟期采收。

6 质量要求

6.1 鲜枣的质量要求

鲜枣的质量应符合表59-2的要求。

表 59-2 鲜枣的质量要求

项目	要求
感官特征	果实完整良好，新鲜洁净，无异味。着色好，果皮细薄，果面平滑富有韧性。果肉乳白略带淡绿色，味甜微酸
色泽	浅棕红色
果形	具有本品种的特征果形
有核果单果重，g	4~6
无核果单果重，g	3.0~4.5
缺陷果，%	3~7

6.2 干枣的质量要求

干枣的质量应符合表59-3的要求。

表59-3 干枣的质量要求

项目	要求
感官特征	品种纯正，果形端正，有光泽，果皮薄而坚韧，果面皱纹细浅，果肉肥厚富有弹性，呈金黄色，滑腻香甜
单果重，g	≥3.4
色泽	深红色或紫红色
缺陷果，%	3~7

6.3 干枣的理化指标

干枣的理化指标应符合表59-4的规定。

表59-4 干枣的理化指标

项目	指标
总糖，%	≥78
水分，%	≤28
可食率，%	≥91

6.4 安全质量指标

食品中污染物限量应符合GB 2762的规定，农药最大残留限量应符合GB 2763的规定。

7 试验方法

7.1 感官特征的测定

随机抽取100个样枣，将样品放于洁净的瓷盘中，在自然光下用肉眼观察样枣的形状、颜色、光泽和果粒的均匀程度，并品尝。查点缺陷果的比例，并作记录。

7.2 理化指标

7.2.1 可食率的测定

按GB/T 5835中6.3.3规定的方法测定。

7.2.2 水分的测定

按GB 5009.3规定的方法测定。

7.2.3 总糖的测定

按GB/T 10782规定的方法测定，样品制备取可食部分，以干物质计。

7.3 安全质量测定

按GB 2762和GB 2763规定的方法测定。

8 检验规则

8.1 组批

凡在地理标志保护范围内栽培、生产的金丝小枣，同品种品系、同等级、同一技术生产方式、同期采收的果实每5 hm^{2}为一个检验批次。市场：同一产区、同等级、同一产品、一个运输单位或出售的枣果作为一个检验批次。田间不足5 hm^{2}或市场不足一个运输单位以一个检验批次计算。

8.2 抽样

8.2.1 种植产品抽样方法
按 NY/T 896 中 6 的规定执行。

8.2.2 预包装产品抽样方法
按 GB/T 26150 中 7.2 的规定执行。

8.3 判定规则
检验时出现一项不合格时，允许加倍抽样复检，如仍有不合格项即判定该批产品不合格。安全质量指标有一项不合格即判为不合格品。

9 包装、标签、运输和贮存

9.1 包装
采用符合卫生要求的包装材料。包装箱可用瓦楞纸箱，应符合 GB/T 6543 的规定。

9.2 标签、标志

9.2.1 标签
食用农产品的标签应符合《农产品包装和标识管理办法》和 GB/T 17924 的规定，预包装食品的标签应符合 GB 7718 和 GB/T 17924 的规定。

9.2.2 标志
包装储运图示标志应符合 GB/T 191 的规定。

9.3 运输和贮存

9.3.1 鲜枣的运输和贮存
按 GB/T 26908 的规定执行。

9.3.2 干枣露天存放
应选择阴凉通风地点，根据气候条件，用适宜覆盖物覆盖。

9.3.3 干枣的待运和贮存
贮存必须批次分明，堆码整齐，环境整洁，通风良好。严禁烈日暴晒和雨淋。注意防冻、隔热，尽量缩短待运时间。贮存枣果不得与有异味、有毒、有害物品混合存放，注意防潮、防虫、防鼠，温湿度要控制适宜。

9.3.4 运输
运输工具应清洁、干燥，有防晒、防雨设施，不得与有异味、有毒、有害物品混合运输。

附录 A 略

附录 B
(资料性)
苗木繁育

苗木繁育

B.1.1 砧木苗的选择
以枣树根蘖苗、实生苗、野生酸枣苗或酸枣仁直播实生苗为砧木，苗木地径 0.4 cm 以上。

B.1.2 接穗的处理及嫁接

选"金丝丰""金丝蜜""无核红"等，经过国家、省审定（认定）的沧州金丝小枣优良品种母树上的一年至两年生枣头或粗壮的二次枝为接穗，于落叶后至发芽前采集，剪成单芽枝段，封蜡，蜡温控制在 95~100℃。蜡封接穗保存于 0~5℃ 的冷库或地窖中。4—5月进行嫁接，采用劈接、插皮接、切接或腹接等嫁接方法。

B.1.3 嫁接苗管理

及时抹芽、肥水管理及防治病虫害。

B.1.4 苗木出圃要求

嫁接苗木达到表 59B-1 规定时出圃。

表 59B-1 苗木规格

级别	苗高，cm	基茎粗，cm	根系	
			侧根数量，条	平均长，cm
一级	120~180	≥1.0	≥5	≥15
二级	100~120	≥0.8	≥4	≥12

注：整形带有饱满主芽 5 个以上；嫁接部位为愈合良好；无严重机械伤和病虫害。

第六十章 地理标志产品 满城草莓
（DB13/T 5784—2023）

1 范围

本文件规定了满城草莓的术语和定义、地理标志产品保护范围、要求、试验方法、检验规则、标志、包装、运输和贮存等技术要求。

本文件适用于农业农村部根据《农产品地理标志管理办法》批准保护的满城草莓。

2 规范性引用文件

下列文件中的内容通过文中的规范性引用而构成本文件必不可少的条款。其中，注日期的引用文件，仅该日期对应的版本适用于本文件；不注日期的引用文件，其最新版本（包括所有的修改单）适用于本文件。

GB/T 191　包装储运图示标志
GB 2762　食品中污染物限量
GB 2763　食品中农药最大残留限量
GB 5009.86　食品中抗坏血酸的测定
GB 5009.92　食品中钙的测定
NY/T 391　绿色食品　产地环境技术条件
NY/T 444　草莓

NY/T 3848　设施草莓生产技术规程
DB13/T 2438　草莓集约化穴盘育苗技术规程

3　术语和定义

下列术语和定义适用于本文件。

满城草莓

在本标准规定的保护范围内，按照规定的生产技术规程生产并达到相应质量要求的草莓果实。

4　地理标志产品保护范围

限于《地理标志产品保护规定》批准的保护范围，即保定市满城区现辖的行政区域内。

5　要求

5.1　自然环境

暖温带大陆性季风气候，四季分明，光照充足，雨热同期。年平均气温 12.9 ℃，年日照时数 2 447~2 874 h，无霜期 190 d 左右，年均降水量 550~650 mm。

5.2　产地环境

壤土以褐土为主，pH 值 6.8~8.1，平均值有机质含量 16.1 g/kg，碱解氮 77 mg/kg，速效磷 19.9 mg/kg，速效钾 147 mg/kg。环境空气质量、农田灌溉水质等应符合 NY/T 391 的规定。

5.3　育苗与栽培技术

5.3.1　穴盘育苗按 DB13/T 2438 的规定执行。

5.3.2　设施栽培技术按 NY/T 3848 的规定执行。

5.4　果实质量

5.4.1　感官品质指标

果实圆锥形，果面鲜红色，富有光泽；酸甜可口，香味浓郁；单果重 20~50 g。

5.4.2　理化指标

理化指标应符合表 60-1 的规定。

表 60-1　理化指标

项目	指标
可溶性固形物,% ≥	10
维生素 C, mg/100 g ≥	63
可滴定酸,% ≤	0.9
钙, mg/100 g ≥	14

5.4.3　安全指标

5.4.3.1　污染物限量

污染物限量应符合 GB 2762 的规定。

5.4.3.2 农药残留限量

农药残留限量应符合 GB 2763 的规定。

6 试验方法

6.1 感官品质指标

按 NY/T 444 的规定进行。

6.2 理化指标

6.2.1 可溶性固形物

按 NY/T 444 的规定进行。

6.2.2 可滴定酸

按 NY/T 444 的规定进行。

6.2.3 维生素 C

按 GB 5009.86 的规定进行。

6.2.4 钙

按 GB 5009.92 的规定进行。

6.3 卫生要求

按 GB 2762、GB 2763 的规定进行。

7 检验规则

7.1 组批

同一生产基地、同一品种、同一成熟度、同一包装日期的草莓为一个批次。

7.2 抽样

按 NY/T 444 的规定进行。

7.3 检验分类

7.3.1 交收检验

7.3.1.1 每批产品交收前,生产单位应进行交收检验。交收检验合格并附合格证。

7.3.1.2 交收检验项目为感官品质指标、包装、标志。

7.3.1.3 判定规则:在整批样品中感官品质指标、包装和标志若有一项不合格,判定交收检验不合格。

7.3.2 型式检验

7.3.2.1 型式检验每年进行一次,有下列情形之一者亦应进行型式检验:
 a) 前后两次抽检结果差异较大时;
 b) 因人为或自然因素使生产环境发生较大变化时;
 c) 国家质量监督管理部门提出型式检验要求时。

7.3.2.2 型式检验为本标准规定的全部要求。

7.3.2.3 判定规则:在检验指标中有一项不合格时,允许加倍抽样复检,复检仍不合格即判为不合格。卫生指标不得复检。

8 标志、包装、运输和贮存

8.1 标志

地理标志产品专用标志应符合《关于发布地理标志保护产品专用标志比例图的公告》

的规定。标志的使用应符合《地理标志产品保护规定》的要求。外包装贮运图示标志应符合 GB/T 191 的规定。

8.2 包装

8.2.1 同一批草莓的包装箱（盒）应装入成熟度一致的产品。

8.2.2 内包装材料采用符合食品卫生要求的材质。外包装箱应坚固耐用、清洁卫生、干燥无异味、对产品具有良好的保护作用，有通气孔。

8.3 运输和贮存

按 NY/T 444 的规定执行。